U0941625

中国人民大学
中国社会发展研究报告 2010

走向更加合理的社会：社会资源及其合理配置

RENMIN UNIVERSITY OF CHINA
RESEARCH REPORTS ON CHINA SOCIAL DEVELOPMENT 2010

MOVING TOWARDS A MORE REASONABLE SOCIETY:
SOCIAL RESOURCE AND ITS DISTRIBUTION

顾　问　袁宝华　程天权
主　编　郑杭生
副主编　刘少杰　洪大用

中国人民大学出版社
· 北京 ·

出版说明

近几年来，中国人民大学年度系列发展报告（即《中国人民大学中国社会发展研究报告》、《中国人民大学中国经济发展研究报告》和《中国人民大学中国人文社会科学发展研究报告》）的出版发行，引起了社会各界和广大读者的广泛关注，产生了较大的社会影响，成为我校一个重要的学术品牌，这让我们深感欣慰，也增强了我们继续做好这项工作的责任和信心。正是基于这样的责任和信心，加上近一年的努力，我们又编写出版了中国人民大学系列发展报告 2010。

中国人民大学系列发展报告 2010 的各个子报告均由编委会负责审定选题、整体框架、主要内容和编写体例，组织有关专家召开研讨会，审核报告的写作提纲。各报告实行主编负责制，主编由校学术委员会主任、秘书长会议确定，学校聘任；主编聘请副主编或执行副主编。各报告根据主题，分别聘请相关部门的领导和知名学者担任顾问。中国人民大学社会学理论与方法研究中心、中国人民大学中国经济改革与发展研究院和中国人民大学人文社会科学发展研究中心分别作为《中国人民大学中国社会发展研究报告》、《中国人民大学中国经济发展研究报告》和《中国人民大学中国人文社会科学发展研究报告》的依托单位，在组织和写作方面发挥了主要作用。其中，经学者建议学校同意，《中国人民大学中国人文社会科学发展研究报告》逢奇数年出版。

报告的编写出版工作现已纳入学校的年度工作规划，成为一项常规性工作。

由于报告所涉及的问题大多具有重大、复杂和前沿性的特点，加上写作与出版周期较短及研究水平的局限，尽管我们尽了努力，报告中的不足或易引起争议的地方仍在所难免。欢迎专家和学者批评指正。

中国人民大学发展研究报告编委会

2010 年 3 月 1 日

目　　录

Contents

Abstract

2010 Research report on China social development contains 11 parts, including introduction, education development, labor employment and social security etc. The topic of this report is optimizing social resource distribution and constructing new-type socialism. The contents consist of special column articles from Chapter 1 (Introduction) and 2 to Chapter11.

In the introduction (Chapter 1), the author generalized process and experiences of development during 30 years of China reforming and opening, pointing out that China development has been advancing from primary development to scientific development. The primary development is a kind of development related with old modernity. Old modernity refers to the modernization, in which conquering nature and controlling resource are the center, society is not harmonious with nature, individual is not harmonious with society, both nature and society pay costs. Scientific development is a advanced step from primary development, while scientific development idea is a generalization on practical trends of scientific development, and theoretical conclusion of past development idea and development patterns. Consistent with changes in development forms and idea, the direction of social resource distribution goes through downwards diffusion, upwards centralization and downwards diffusion again. In other words, it passes through the transition from the high-centralized plan economic system to socialist market economy, from one-dimension pattern to three-dimension pattern of social resource distribution.

Based on conclusion of China social development experiences, the Introduction (Chapter 1) shows that 'China experience' is explored and carried out by both the central and the basic level. It is in the exploration that social resource and opportunity distribution situation and system move towards reasonable direction, and have been adjusted and refined both on macro and micro levels. After some people have become rich first, the trend of resource distribution is inclined to weak groups, rural, undeveloped areas and basic levels. Those significant changes indicate that socialist exploration and practice enter into a new step never seen before as China development is moving towards a new process of modernization, and socialist development of modern China has been entering in a new era, that is constructing new-type socialism. The new-type socialism with Chinese characteristics is full of energy, and will have hopeful future in her growth. In the process of growth, social resource and opportunity distribution system will become more and more reasonable, social equity and justice will be achieved more and more adequately.

In Chapter 2 the author reviewed education development and education equality in China, arguing that contradiction between strong demands for education by people in modern construction and shortage of education resource supply still exists as a state of large population. Referring to the progress of education reform and education equality in 2009, measures of improving, guarding and achieving education equality are pushed forward continually, the strength becoming higher. The path has found to make public education resource to incline to poor areas, minority ethnicity areas, improving education develop harmoniously between rural and urban, eastern and mid-western areas based on Chinese state situation and regional differences. The Outline of State Education and Development Mid-long-term Plan will play im-

portant role in promoting education equality and satisfying people.

Chapter 3　reviewed and discussed employment of China in the situation of international financial crises. It argued that the financial crises had large-scope, wide and long-lasting influences, affecting employment in China complicatedly. The situation of employment has taken place new changes and new problems or contradictions in China. Facing the challenge of financial crises, some new characteristics and trends formed in the field of state employment policy, human resource management strategy of enterprises, and job idea and job choice of social members. The author reviewed the public employment policy under the financial crises, discussed the more positive employment policy put forward by government for coping with employment pressure of financial crises, and concluded a series of system in employment resource and opportunity allocation facing the economic fluctuation.

Chapter 4　reviewed and discussed reform and development of social security system. The author generally reviewed changes in social security system of China first, displaying the background and important changes after social security system reform enters into rural-urban unification era from the beginning of new century, mainly valuating the important measures of medical reform, peasant oldness security, peasant-worker social security, university students listed in urban basic medical security and rural-urban house security put forward in 2009. The author also discussed the difficulties and direction of Chinese social security reform in further.

Chapter 5　reviewed and discussed the historical development, situation and important policy-making by the party and government in rural and urban medical system reform in China. The author first reviewed series of important policies and institution arrangement in urban medical system reform, rural cooperative medical system and public health system reform since the new China was established, and concluded experiences and learning from the history. The author paid more important attention to *Recommendation on Deepening Reform of Medical and Health System* promulgated by the State Council in 2009, arguing that it is a well-plan document, which synthesizes different reform plan, and makes detail arrangement for further reform in medical and health field according to China's reality. The author also pointed out that the plan aims to build up and refine the basic medical and health system covering rural and urban areas, which will be a milestone mark in medical and health system reform history in China.

Chapter 6 reviewed and discussed changes in organization and institution since the reform. The author pointed out that China has taken place great changes in organization and institution in the process of gradual reform dominated by the state since 1978. During the period, the party and government persist on four basic principles, while promoting innovation in idea, system and mechanism. Marketization has pushed the process of modernization in China. With the interaction between marketization and modernization, great changes took place in the basic economic structure, political organization and public participation and social management system in China, promoting the self-development and refining of socialist system, and the process of modernization in China.

Chapter 7 reviewed and discussed basic moral issues in China market economy. The author pointed out that market economy developed fast in China, which is known to all, but phenomena such as selling bad products, selling counterfeit, cheating customers to get high profit appear anywhere in Chinese market, which reflects the lack of moral basis in fast market economy in China. Based on investigation on Zhongguancun electronics market in Beijing and auto fittings market in Changchun, the author argued that familiar and unfamiliar exchange bargain exist in market exchange, unfamiliar relation lacking of trust, while high degree of trust in familiar relation. With respect of this, we could construct moral basis for market economy by using local resources in familiar society of China.

Chapter 8 reviewed and discussed urgent collective event and its resolution mechanism in social transition in China. The authors pointed out that China society is ongoing fast transition from traditional society to modern society, with old social control mechanism losing validity, and new social control mechanism having low effects for being establishing and refining. The result of this condition is that many collective events take place, while gov-

ernments of every level are busy with coping. This situation brings risks to social safety in China, so it should be dealt with carefully. From the beginning of new century, more and more urgent collective events have taken place grows higher with more and more people joining in. Looking back at Wengan Event in Guizhou, Shishou Event in Hubei, Lasa Event in Tibet and Wulumuqi Event in Xinjiang, the authors discussed how to realize, cope with and resolute urgent collective events like those, and gave some suggestions.

Chapter 9 reviewed and discussed situation and tendencies of social ideological and cultural development in China. The author first introduced 10 important events taking place in the field of ideology and culture in China. Then, he concluded social popular color, which is black, social popular word, which is shocking, social popular culture, which are magic and two-turn performance. By analyzing changes in ideology and value of social members through those social phenomena, he concluded that characteristics of ideological and cultural development in 2009 show in three aspects, which are emphasis on social solidarity, sustainable development and independent innovation. The author discussed people's lifestyle, social identity and issues in the field of ideology and culture.

Chapter 10 reviewed and discussed new trends in urban development and community construction in China. The author discussed the tendency of Chinese macro economic adjustment and economic policy under financial crisis, and analyzed how Chinese government made the crisis to become opportunities, and improved city groups and advanced community construction, promoting social resource distribution to communitization so as to refine social resource distribution. The author also introduced experience of community construction in Shangcheng District of Hangzhou City, arguing that many new explorations of this district make the comprehensive community mechanism of social resource distribution play significant roles, and enhance reasonability and validity by transferring any kind of social resource into controllable resource of community through vivid ways.

Chapter 11 reviewed and discussed a pop topic today in socio-economic life in China, which is low-carbon economy and low-carbon society. The author deeply discussed the meanings and significance of low-carbon economy and low-carbon society, displaying the relation between low-carbon economy and low-carbon society, thinking that if there wasn't low-carbon society construction, low-carbon economy couldn't develop, and global climate change could be solved successfully. With respect of resource allocation, we should utilize necessary resource to construct low-carbon society. The author also discussed the advantages and facing issues in developing low-carbon economy and constructing low-carbon society in China, and gave some policy suggestions.

[总　论]

第一章　优化社会资源配置　建设新型社会主义

郑杭生*

引　言

所谓“社会资源”，其内涵是指社会赖以生存和发展所需的人力、财力、物力、机会等生产和生活资料。社会资源的外延，按不同划分标准，可分为可再生资源和不可再生资源，人力资源和非人力资源，经济资源和非经济资源，物质资源和非物质资源（即硬资源和软资源）等。人们还经常按不同领域来划分广义的社会资源，于是又有了政治资源、经济资源、文化资源、社会生活资源等。人们还按照公私关系，把社会资源分为“公共物品”和“私人物品”①。从性质上看，社会资源都是价值性、有限性和主体性的统一。

---

* 郑杭生，中国人民大学社会学理论与方法研究中心教授。

① “公共物品”（public goods）指具有外在性、共享性、垄断性的资源，如国防、公安系统、公共道路、环境保护以及制度规则等。“私人物品”（private goods）则指具有独立性、排他性、竞争性的资源，这类资源在数量上占绝对优势。但现实生活中存在大量兼有公共物品性质和私人物品性质的资源，如自来水、电力、教育、卫生、信息服务等。它们既有公共物品的经营垄断性又有私人物品的消费排他性。参见陈振明主编：《公共管理学》，224页，北京，中国人民大学出版社，1999。

所谓“社会资源配置”是指上述各种资源在各种不同的使用方向之间的分配。社会资源配置，大体可分为合理的和非合理的配置，有效的和非有效的配置，或低效的和高效的配置。只有选择合理的、高效的社会资源配置方式，才能使有限资源的开发利用达到最佳效果。

社会学的核心命题之一是社会资源和社会机会的合理配置和分配。社会学学科的许多基本范畴，如社会正义、社会资本、阶层阶级等，都要用社会资源的配置或获取来定义。现在提出一些重要概念，如社会建设、民生问题等，也不例外。“社会学作为研究社会良性运行和协调发展的条件和机制的综合性具体科学”，其社会良性运行和协调发展归根到底离不开社会资源和社会机会的合理配置和获取。抓住更合理地配置社会资源和社会机会这一核心观点，对我们理解改革开放以来的发展历程和中国社会的未来发展道路也同样是重要的。

应该说，社会主义社会从根本上、总体上是能够良性运行和协调发展的。因为社会主义经济是以生产资料的公有制为基础的，它与生产的社会化是一致的。这正是社会主义优越于资本主义的地方。但是，说社会主义社会能够良性运行和协调发展还只是一种可能性，而不是现实性。不仅如此，建国以来的经验和教训从正反两个方面告诉我们：如果搞得不好，社会主义社会也会经常处于中性运行和模糊发展之中；如果再不注意，还会陷入恶性运行和畸形发展。

一、从初级发展到科学发展

改革开放以来，中国社会在资源配置方向上，经历了向下扩散、向上集中、再向下扩散的曲线。这一曲线与这三十多年我国发展的轨迹紧密相连。

（一）资源配置方向的曲线

大体说来，上世纪80年代，社会资源和社会机会基本上是向下扩散，向农村、向边远地区扩散。因此，总体上看，农村受益，农业获利，农村经济实心化，农民负担较轻，致富面较大，乡镇企业异军突起，欣欣向荣。当然也不是没有问题，如差距开始拉开，环境开始污染，但还不明显，而且有

些差距还在合理的范围之内。

到上世纪 90 年代，社会资源和社会机会则基本上是向上集中，向城市、向中心地区集中。城市，特别是大城市日益繁荣，如有的大城市连续五年每年投入 2 000 亿，确实一年比一年好；由于大城市的带动和辐射，郊区农村，特别是近郊的情况，发展得不错，不过，它们只占中国广大农村的一小部分。而广大农村的情况却与 80 年代不同，出现了相反的趋势：许多地方农业生产，特别是粮食生产，不获利，越丰收，亏得越多；经济空心化，乡镇财政负债和村负债问题严重；农民负担加重；青壮年往外跑，农村往往留下“三八、六一、九九部队”，即妇女、儿童和老人；乡镇企业多走下坡路。所以有“农村穷、农民苦、农业危险”之说。

到新世纪，特别是从 2004 至 2006 年，中共中央连续三年制定出台了关于“三农”问题的三个一号文件。这三个文件及其主要内容如下：(1) 2004 年 2 月 8 日下发的《中共中央国务院关于促进农民增加收入若干政策的意见》，这是改革开放以来中央第六个一号文件。文件要求，要调整农业结构，扩大农民就业，加快科技进步，深化农村改革，增加农业投入，强化对农业支持保护，力争实现农民收入较快增长，尽快扭转城乡居民收入差距不断扩大的趋势。(2) 2005 年 1 月 30 日下发的《中共中央国务院关于进一步加强农村工作提高农业综合生产能力若干政策的意见》，这是改革开放以来中央第七个一号文件。文件要求，要稳定、完善和强化各项支农政策，切实加强农业综合生产能力建设，继续调整农业和农村经济结构，进一步深化农村改革，努力实现粮食稳定增产、农民持续增收，促进农村经济社会全面发展。(3) 2006 年 2 月 21 日下发的《中共中央国务院关于推进社会主义新农村建设的若干意见》，这是改革开放以来中央第八个一号文件。文件要求，要完善强化支农政策，建设现代农业，稳定发展粮食生产，积极调整农业结构，加强基础设施建设，加强农村民主政治建设和精神文明建设，加快社会事业发展，推进农村综合改革，促进农民持续增收，确保社会主义新农村建设有良好开局。各地根据自己的实际贯彻这三个文件，有力促进了农民增产增收，提高了农业综合生产能力，开始了社会主义新农村建设的新进程，也标志着资源配置开始向下扩散。

回过头来看，改革开放以来的 30 年发展实际上显示出一条从初级发展到科学发展的轨迹。其中差不多有 20 年的时间是沿着初级发展的路径前进的。

（二）发展的初级性

改革开放 30 年发展的初级性从多方面显示出来。发展的初级性归根到底也是获取资源和资源配置的初级性。

第一，发展的目标是初级的。

肇始于 1978 年的改革开放初期，中国社会最直接的发展目标是解放和发展生产力，摆脱贫困状态。这是因为，那时国家经济社会发展的状况和人民生活水平状况都集中地表现为贫穷，也即生产生活资料的匮乏。国门一打开，与富裕国家一比，贫穷这一中国社会最大的特点，更成了压在每个中国人心上的石头，脱贫的渴望成为一股不可抑止的潮流。

邓小平非常理解这一客观现实和社会心理，他联系社会主义的本质，对这个问题进行了深入反思，提出了一个引起强烈共鸣的观点“贫穷不是社会主义”。他说：“从一九五八年到一九七八年这二十年的经验告诉我们：贫穷不是社会主义，社会主义要消灭贫穷。不发展生产力，不提高人民的生活水平，不能说是符合社会主义要求的”①。不仅“贫穷不是社会主义”，邓小平进一步指出“发展太慢也不是社会主义”②。他给中国发展生产力制定了三步走的目标，第一步是脱贫，第二步是小康，第三步是达到中等发达国家的水平，这差不多已经到了 21 世纪中叶了。

脱贫、小康的目标的提出，是符合当时中国国情实际和反映人民意愿的，但很显然是与不发达状态联系在一起的，因而是初级的。

第二，发展的手段是初级的。

一个中心，即以经济建设为中心，是在当时关于社会主义本质的认识上形成的。按照一个中心，经济因素成为国家社会生活中的核心驱动因素，经济的思路和办法，成为解决其他政治问题、社会问题的手段。在 1979 年 10 月 4 日《关于经济工作的几点意见》中，邓小平明确阐述了“要用经济办法解决政治问题、社会问题”这一手段和方法，指出：“就业问题，上山下乡知识青年回城市问题，这些都是社会、政治问题，主要还是从经济角度来解决。经济不发展，这些问题永远不能解决。所谓政策，也主要是经济方面的

① 《邓小平文选》，第 3 卷，116 页，北京，人民出版社，1993。

② 同上书，255 页。

政策。现在北京、天津、上海搞集体所有制，解决就业问题，还不是经济的办法？这是用经济政策来解决政治问题。解决这类问题，要想得宽一点，政策上应该灵活一点。总之，要用经济办法解决政治问题、社会问题。"①

这种以经济办法解决政治问题和社会问题的思路在特定的历史条件下为推动经济社会改革提供了出路，是当时的一种最佳选择，曾经起过巨大的历史作用。但是也应该看到，由于过分强调经济因素和经济办法，在实践中就形成了追求 GDP 增长的政策取向，在一定程度上造成了经济与社会失调、效率与公平失衡，付出了过大的环境资源代价。采取这样的手段和办法，来发展经济，来配置社会资源，归根到底也是与不发达状况相联系的，因而不能不是初级的。

第三，用于发展的资源是初级的。

改革开放 30 年我们用于发展的主要资源，一是土地，用它来实现城市化、现代化；二是廉价劳动力，用它来降低成本，增加对外出口的竞争力；三是自然资源的过度开采和使用，出现不少资源枯竭型的城市；四是生态环境的代价：空气污染、水污染、沙漠化等已经非常严重。土地、廉价劳动力、自然资源、生态环境，这些都是发展的初级资源，它们不是无限的，而是有极限的。这样使用初级资源，向自然界过度索取，是不可持续的，终有一天会无以为继。

第四，参与发展的各主要方面的关系是初级的。

实施发展的社会三大部门，也即配置社会资源的三大主体——政府组织、市场组织、社会组织的关系仍然失衡。政府往往错位，过分使用自己的主导作用，管了许多不该管、管不了、管不好的事情，结果是吃力不讨好，反而使自己成为社会矛盾的焦点。市场往往越位，一些不该市场化的公共领域，如教育、医疗、廉价房等往往被市场化甚至过度市场化，造成很多的社会问题。社会则往往缺位，它既没有政府那样的权威，又缺乏市场那样的力量，本身又很弱小，还不能有效弥补政府失灵和市场失灵，也不能有效起到降低政府管理成本的作用，因而还没有真正成为合格的社会发展的重要主体之一。这样的三大部门之间的关系，不能不是初级的、迫切需要提升的。

第五，发展的结果也是初级的。

发展的结果之一是形成了诸多的"类发展困境"，如：差距困境、环境

---

① 《邓小平文选》，2 版，第 2 卷，195～196 页，北京，人民出版社，1994。

困境、公平困境、腐败困境、弱势群体困境，等等。所谓“类发展困境”，是指总体发展起来了，但不少方面发展的实际结果与发展的预定目标正好相反，这是属于总体发展顺境中的“发展困境”。[①] 本来，发展的预定目标是减缩差距、改善环境、提高公平度、减少腐败现象、缩小弱势群体，但是发展的实际结果却是差距的增大、环境的恶化、公平度的降低、腐败现象的蔓延、弱势群体的扩大。这种“类发展困境”与那种发展的实际结果与发展的预定目标完全相反的情况，即很想发展、就是发展不起来或很难发展起来的情况——典型的“发展困境”——是不同的。但“类发展困境”毕竟是一种困境，说明发展的结果仍然是初级的、有待于进一步提升的。

（三）发展的初级性与旧式现代性

从理论上说，发展的初级性是一种与旧式现代性相联系的发展。这里，所谓旧式现代性就是那种以征服自然、控制资源为中心，社会与自然不协调，个人与社会不和谐，自然和社会付出双重代价的现代性。[②]

从这一观点看，联系上面的分析，可以知道，改革开放 30 年的发展，在取得伟大成绩、取得连续多少年的两位数的增长的同时，也付出了巨大的代价。初级性的发展中很多是那类与“征服自然、控制资源为中心”相联系的发展。上述指出的自然资源的过度开采和使用，资源枯竭型城市的形成和出现，生态的恶化，环境的污染，以及健康的受损，疾病的增加等等不良后果，表明了这一点。这样的初级过程，不可能不造成越来越严重的“绿色惩罚”，从而引发社会与自然不协调、天人关系的紧张。“非典”的肆虐、沙尘暴的逞凶，警示了这一点。这样的初级过程，也不可能不催生人欲的激发和资源的匮乏两者的矛盾，从而引发对资源控制权力的争夺，导致价值尺度的扭曲、伦理准则的变形、个人与社会的关系的恶化。坑蒙拐骗，制假造假，尤其是在食品中掺入有害物质，同样警示了这一点。总之，这样的初级过程，确实使自然和社会付出了双重代价。

在上世纪与本世纪的交替期间，旧式现代性已经进入明显的危机时期，

---

① 参见郑杭生：《警惕“类发展困境”——社会学视野下我国社会稳定面临的新形势》，载《中国特色社会主义研究》，2002 (3)。

② 参见郑杭生：《新型现代性与中国社会学》，载《宁波市委党校学报》，2004 (5)。

全球社会生活景观因此呈现出重大转折的种种迹象。在世界，在中国，探索新型现代性便成为一种势在必行的潮流和趋向。改革开放 30 年发展本身，也酝酿着这种积极的转变。人们必须对发展目标、发展手段、发展利用的资源、发展主体之间的关系、发展的后果，用新的观点来重新加以审视和定位。

应当指出的是，对于我国这样一个不发达的大国来说，发展的初级性是无法跳过的，代价是无法完全避免的。中国的幅员是如此之广，地区差别是如此之大，发展初始条件是如此之低，只能实事求是地确定适合自己情况的发展目标、发展手段、发展可利用的资源。我们只能要求经过努力把代价减少到最低限度，把初级发展的时限缩短到最小期限。在这方面，用比较研究的眼光来看一些初始条件与中国差不多、甚至比中国好的国家，应该客观地说，中国是做得很不错的。但是，初级发展的无可避免性，并不给就此止步提供根据，相反，它表明对初级发展的建设性反思的必要。

（四）从初级发展到科学发展的轨迹

科学发展是对初级发展进入更高一级发展的概括。科学发展观既是对科学发展实际趋势的思想提炼，又是对以往发展观和发展模式的理论提升。科学发展观的内容，按照十七大报告系统总结的，第一要义是发展，核心是以人为本，基本要求是全面协调可持续，根本方法是统筹兼顾。

在科学发展这个概念的形成过程中，不能不特别提到 2003 年应对“非典”这样的新型风险和不安全因素的实践，给予全社会的重要启示，这就是要注意协调发展。人们认识到，城乡发展不平衡，经济和社会发展不平衡，就如同一个人一条腿长一条腿短一样，一定会跌跤的。

当我们说，科学发展是对我国以往发展实践的深刻总结时，就意味着，它对初级发展既有继承的一面，又有创新的一面。

首先，科学发展肯定了初级发展中的最主要的精华之点。我们都记得邓小平的名句“发展才是硬道理”。正是发展创造了“中国奇迹”，正是发展推动了中国从地区性大国走向了世界性大国。科学发展把发展确定为第一要义，正是肯定了这一精华之点，就是说，科学发展同初级发展在把发展放在第一位上，是没有不同的。

其次，科学发展适应新的发展要求适时地提出一系列创新之点。

——科学发展把“以人为本”作为自己的核心。这就是把人的全面发展作为自己的根本目标，特别是包含着要让社会弱势群体共享发展成果的深意，从而开始纠正过去的种种发展多多少少都把弱势群体当作发展代价、甚至当作发展牺牲品的弊病，当然这种纠正的过程还有很长的路要走。

——科学发展把全面协调可持续作为自己的基本要求。所谓全面，就是双赢互利或共赢互利，就是使构成我们社会的各方、参与我们社会发展的各方，特别是强势和弱势各方，都能获得共赢互利，而不是通过牺牲一方来使另一方得益获利。所谓协调，就是社会方方面面的关系良性互动和协调发展，就是全体人民各尽其能、各得其所而又和谐相处。所谓可持续，就是既满足当代，又不伤害后代。这实际上指出了：那种通过牺牲一方来使另一方得益获利的“零和游戏”式的发展，是片面的、不协调的、不可持续发展的旧式发展观的集中体现。

——科学发展把统筹兼顾作为自己的根本方法。统筹兼顾，就是使经济和社会、城市和乡村、东中西部不同区域、人和自然、国内发展和对外开放等这些主要关系各方，都获得自己应有的发展，而不是片面重视一方，轻视另一方，甚至损害另一方。这对纠正过去的种种发展一般重经济轻社会、重城市轻农村、重东部轻中西部、重人的短期需要轻自然的长期保护的倾向，是很重要的。

正是这些科学观念，促使我国资源配置方向，从资源向上集中重新又回到了向下扩散。

总之，从初级发展到科学发展的轨迹表明，科学发展源于初级发展，又高于初级发展，既继承，又提高。但是这种提高不是一般的提高，而是一种带有质的飞跃的提高。

科学发展观产生于对初级发展到科学发展实际轨迹的理论提炼，同时又是发展理论和发展模式的新的探索。

首先，它是发展理论的巨大进步。概括地说，自第二次世界大战以来，发展观的演变大体经历了经济增长观、综合发展观、可持续发展观、人的发展和科学发展观。这些理论大体上反映了从单纯重视经济增长，到横向重视经济社会文化综合发展，再到纵向重视本代与后代的可持续发展，再到全面重视人的发展的曲折过程。科学发展观汲取了所有这些发展理论的积极因素，根据中国的发展经验加以理论创新，并作为国家发展战略回过来指导发展实践。

其次，它又形成了一种中国特色的发展模式，即“科学发展模式”，它是继当今文献中出现频率较高的“北欧模式”、“拉美模式”、“东亚模式”之后，对发展模式的某种创新。它认真研究自己的国情和自己的经验，认真研究别人成功的经验和失败的教训，认真汲取对自己有益的经验，在此基础上创造适合自己国情的模式，开辟可行的发展道路。这是比较成功的做法。

（五）科学发展与新型现代性

从理论上说，科学发展是一种与新型现代性相联系的发展。所谓新型现代性，是指那种以人为本，人和自然双盛、人和社会双赢，两者关系协调和谐，并把自然代价和社会代价减少到最低限度的现代性。①从中国社会转型加速期取得的巨大社会进步和付出的种种社会代价中，我们都能从正反两方面，亲身体会到新型现代性的深刻意涵。

科学发展和新型现代性两者是非常吻合的：两者都主张“以人为本”，都主张双赢互利，都主张协调和谐，都主张减缩代价；只是两者的表述不同：科学发展在表述上更注重对实践的指导，新型现代性则更注重学术的提炼和感悟。

总的说来，科学发展的提出，与和谐社会的提出一样，是中国执政党积极应对中国进入社会矛盾、不协调因素多发期的客观形势，直接面对传统风险和新型风险等不安全因素活跃期的社会现实，自觉适应世界从旧式现代性向新型现代性转变的国际潮流，深刻总结建国以来特别是“文化大革命”中用破坏旧世界的思路和方法来建设新世界的经验教训，深入参考我国优秀文化中人伦和谐、天人协调的精华思想，认真汲取包括社会学在内的哲学社会科学关于社会协调发展的积极成果，而作出的意义深远的理论和实践的创新。正如十七大报告总结的：科学发展观，是立足社会主义初级阶段基本国情，总结我国发展实践，借鉴国外发展经验，适应新的发展要求提出来的。它是中国执政党和政府最高层治理国家、治理社会的根本战略观念的转变，是社会发展和社会建设理论的新的探索。

① 参见郑杭生、杨敏：《社会互构论的提出》，载《中国人民大学学报》，2003（4）；郑杭生：《新型现代性与中国社会学》，载《宁波市委党校学报》，2004（5）。

二、与市场经济相适应的社会资源配置格局

在现代市场经济条件下，社会资源的配置主体，是政府组织、市场组织和作为第三部门的社会组织，从而形成社会资源配置的“三维模式”①。这与高度集中的计划经济体制下，社会资源的配置主体实际上只有政府组织一家，是不同的。

在我国计划经济体制下，政府组织这个唯一的主体，实际上经历了从“政府是第一推动力”到“政府失灵”的过程。②

所谓“政府是第一推动力”，是指曾包揽一切经济事务、社会事务的政府，在建国之初我国经济基础薄弱、经济发展动力不足的情况下，在短时间内积聚了大量的人力、物力进行大生产，迅速建立起现代化工业体系，促进了经济的突飞猛进，实现经济的腾飞。这样，全能型的政府成为推动发展的“第一推动力”。

所谓“政府失灵”，是指全职全能的政府对企业生产活动的干预，影响了企业生产的积极性，割断了企业与市场的天然联系。同时，这种权力过大的政府，导致机构重叠庞大，滋生官僚主义，助长种种不正之风。这些都阻碍市场对资源的优化配置，并表明政府推动的效率和利益是递减的。这种种失灵，无疑是造成建国后30多年商品严重短缺、人民生活长期得不到改善的体制原因。

正是这种从“政府是第一推动力”到“政府失灵”的过程，使人们越来越认识到从过去高度集中的计划经济体制转变为社会主义市场经济、从往昔社会资源配置的“一维模式”转变为“三维模式”的必要性。

（一）三个主体在配置社会资源中的作用是不同的

在“三维模式”这种现代社会经济制度体系中，政府组织、市场组织、社会组织是三种基本的制度安排，在现阶段的中国社会，政府和市场显现出

① 段华治、王荣科：《试论社会资源配置的三维模式——兼论公共管理的社会定位》，载《合肥教育学院学报》，2002（3）。

② 参见黄晓、宾雄意：《政府与市场的作用及其关系研究》，载《大众科技》，2006（1）。

较强的作用与功能，社会组织还不大、不强、不成熟，其功能的发挥有一个培育成长的过程，其被人们认识也有一个很长的过程。

三个主体在配置社会资源中有其不同的作用，并各有其局限：

第一，政府主体主要的责任是制定规则、监管调控、维护秩序，提供公共物品。政府主体，在价值理念上应当代表国家利益和社会公共利益，按照维护国家主权和安全、维护社会公共利益的原则来调整社会资源的分配，在市场机制缺损或失灵的情况下，弥补市场功能不足，提供依靠市场机制无法有效供给的公共物品，如环境保护，社会保障，公共安全，公共信息等。

但是，政府主体也有明显的局限性，如：从交易对象看，政府适应于交易与配置“公共物品”，却不适应交易与配置“私人物品”；从交易方式看，政府一般用强制性的命令服从关系在当事人之间进行交易，实现资源的配置，而不善于通过平等当事人之间进行资源交易来实现资源配置，这既能在某些方面实现交易成本的降低和规模效应，也会产生另外的交易成本和效益的损失；从交易目标看，政府适合于一种基于社会福利目标的“公共选择”，而不适合于基于私人利益目标的“自主选择”。①如果政府主体涉及后一方面，就会出现“政府失灵”。

第二，市场主体的作用主要是在经济领域保障供给、实现交换、创造财富、增进福利。以追求利润最大化的企业为代表的市场主体，具有强烈的谋取经济利益动机，在社会微观层面上有着旺盛的经济活力，按照商品价值规律自发地调整社会资源的分配，使资源向利润率水平高的领域和行业流动。

同样，市场主体也有明显的局限性，如：它与政府主体相反，适应于交易与配置“私人物品”；适合于基于私人利益目标的“自主选择”；善于通过平等当事人之间进行资源交易来实现资源配置，但是在涉及多人的情况下，就需要政府的公共谈判和强制性协调，以保证效率。从这些方面看，如果完全按照市场主体的利益要求来配置资源，就会出现市场缺陷和“市场失灵”。

第三，社会主体的责任主要是公益性和志愿性的。以非营利性的非政府组织为代表的社会主体，是基于公共道德准则，按照自治互助的方式形成的社区性、社团性的组织。它们的作用主要是体现社会公平和社会监督，保障基本生活秩序，维系和调整日常人际关系，组织社会自治和社会救助。一般来说，作为第一部门的政府主体、作为第二部门的市场主体不容易受到忽

① 参见陈振明主编：《公共管理学》，224～225页，北京，中国人民大学出版社，1999。

视，最容易受到忽视的是作为第三部门的社会主体。但是第三部门的兴起，有其必然性，因为，从根本意义上说，它既能弥补市场失灵，又能弥补政府失灵。相对于政府行政运行，它的运行方式能够降低社会管理的成本；相对于市场调节，它的调节方式更能够保证社会公益的目标。同时，它既能减少政府成为社会矛盾的焦点的概率，又能较好处理市场不能或无力处理的问题和矛盾，特别是与民生问题有关的问题和矛盾，就更是如此。社会主体主要是从事非强制、非等级和非营利趋向的社会公益性活动，是由为社会奉献的道德力量所驱动。当然，第三部门也能经营，但它经营的目的不是为了利润，而是为了使做好事的本钱能够保值、增值。因此，第三部门或非营利组织的是否发育已被联合国作为一个国家和地区社会资本高低的主要判断依据。

但是，社会主体的产生和发展有很大的自发性和随意性，往往局限于部分社会成员的共同利益，在其内部形成的特殊规则和凝聚力，对外部有着一种天然的排斥作用，一旦扩张到更大的社会空间，可能会导致社会冲突和动荡。[①]当然，现在谈论"社会失灵"还为时过早，但是应当有预见性，以便避免夸大社会组织的作用。

可见社会资源配置的三方面主体在不同的社会领域中起着各自的特定作用，有着明确的不同分工。所谓"越位"，就是管得太宽，除了管自己领域，还插手别的领域的事。所谓"错位"，就是错误定位、角色错乱、只管别的主体管的领域。"越位"、"错位"都容易管那种管不了、管不好的事情。所谓"缺位"，就是当管不管，该作为不作为。所谓"虚位"，就是形式上是主体，实际上不起作用。凡此种种，都使合理的资源配置格局无法形成。

（二）资源配置的三维模式及三维之间的交叉关系

关于社会资源配置的三维模式，国内外学者都有不少研究。

首先，在国外的研究中，美国社会学家赖特的分析富于代表性，他于2007年4月曾在中国人民大学作了题为《真实乌托邦的设想》[②] 的学术讲

① 参见段华洽、王荣科：《试论社会资源配置的三维模式——兼论公共管理的社会定位》，载《合肥教育学院学报》，2002（3）。

② Erik Olin Wright，*Envisioning Real Utopias*，该书已在2009年7月用英文出版。在其序言中曾提到在中国人民大学讲学之事。

演，用国家权力、经济权力、社会权力这三维来解释资本主义、国家主义、社会主义三种不同经济结构、三种不同社会资源分配方式内外部的差异，他给出的总图如下：

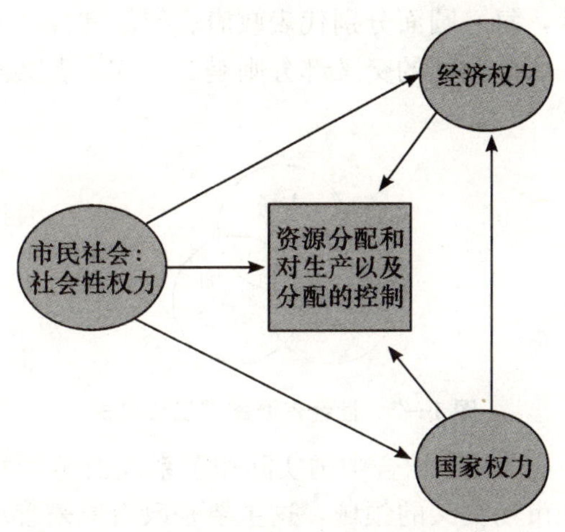

图 1—1　社会赋权的不同路径之间的联系

其中，资本主义是这样一种经济结构，在此生产手段由私人掌握，这样不同目的的资源分配和使用听由经济权力的运行来完成，投资和生产的控制是资本所有者经济权力控制的结果。

国家主义是这样一种经济结构，在此生产手段由国家控制，这样不同目的的资源分配和使用听由国家权力的运行来完成，政府通过一些国家机器和机制控制生产和投资过程。

社会主义是这样一种经济结构，在此生产手段是“社会性所有”的，这样不同目的的资源分配和使用听由一种所谓“社会权力”的运行来完成，社会权力是这样一种权力，它根源于在文明社会动员人们协作和联合的能力，在社会主义中，投资和生产的控制通过不同的社会授权机制来组织。

他指出，真实的经济体制是复杂的，混杂了资本主义、国家主义、社会主义。当资本主义占主导地位时，我们称其为“资本主义”。因此，社会主义的可能性因扩大和深化混合体中社会主义的因素而增加。他将这一问题称作社会赋权的路径问题。

我们并不完全同意赖特的观点，但是从上图中可以看到，三个主体的三种权力（三个椭圆）都是围绕社会资源配置（方块）的，六条线表示不同的联系。还可以看到，三维模式的运用是很广泛的。这都是有启发的。

其次，在国内的研究中，社会资源配置的三维模式通常可以用相互交叉的三个圆面来表示，每一圆面分别代表政府、市场和社会三主体各自所起作用的领域和范围，各个圆面的交叉部分则是二者或三者共同起作用的领域和范围（见图1—2）。

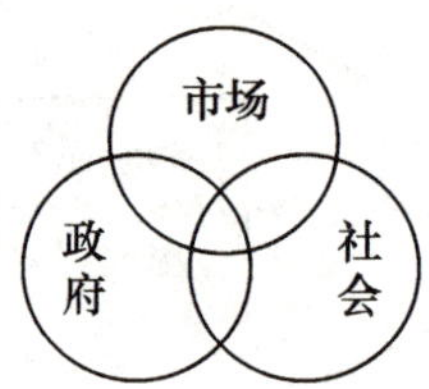

图1—2　社会资源配置三维模式

对这个问题，有学者[①]结合中国实际作了系统论述：

第一，政府和市场交叉的领域，这主要是政府原来管理和经营的经济领域，由于政府直接经营的效率较低，管理成本很高，社会资源的利用率低下，必然要引入市场主体参与经营管理。但这不等于完全放开，国家仍要采取一定措施，以保证应有的经营规模和社会效益，把握投资方向和投资规模。

第二，政府与社会交叉的领域主要表现在两个方面，一方面，政府将社会基层管理权逐步转让给社会基层自治组织，但是，政府在指导社会基层自治等方面仍负有责任；另一方面，通过机构改革，对于某些原来属于政府系列的组成部门，和原来政府全额拨款的事业单位，割断其与政府的隶属关系，将其推向社会，进一步强化其专业化服务的社会功能。政府对这方面的管理主要是政策指导和规范管理。

第三，市场与社会也有交叉，这主要是社会组织运用市场机制，实行有偿服务，按照企业化运作方式从事的相关业务。社会主体提供的社会有偿服务，对象相对固定，范围相对有限，多以自我服务为主，以保本微利为目标，这与完全由市场主体提供的经营活动和商品服务是不同的。

第四，三个圆面交叉的部分也是处在不断变动之中。这种变动的方向主

① 参见段华治、王荣科：《试论社会资源配置的三维模式——兼论公共管理的社会定位》，载《合肥教育学院学报》，2002（3）。

要是：政府的“领地”逐步缩小，作用逐渐淡化；市场主体的力量在不断成长壮大；社会主体也逐渐发育壮大。他们认为，社会资源配置的三维模式的内在结构关系变化的总方向是小政府、大市场和大社会。当然，在这个问题上，学界的观点还是有争论的，例如对“小政府，大社会”的提法，并不是全都认同的。

（三）中国三维模式的特点

我们已经看到，在三维模式中，三个主体各有各的特殊作用；三个主体之间又有不同的交叉关系。这些告诉我们：

第一，要实事求是地看待三个主体各自的特殊作用，既不能人为地抬高某一个，也不能人为地贬低某一个。在这一方面，无论外国和中国，人们都很容易贬低政府，抬高市场和社会。美国前总统里根曾经说过一句非常经典的话：“政府不是问题的答案，而是问题的根源。”还有一种很典型的观点：政府是消极的，市场是积极的。国内有人把“公民社会”说得神乎其神，以至于像王绍光这样的学者认为有必要来给“公民社会”祛魅了。有人甚至提出要以布洛维的“公民社会”来“引导”中国的社会建设。这离中国的实际实在太远了。

第二，应如实看到政府、市场、社会是相互补充、相互促进的，而不是相互否定、截然对立的，不能人为地把它们割裂开来。因此那种在市场经济中、在社区建设中“让政府走开”的观点，是不可取的。把社会自治理解为“让政府走开”，是对自治的一种误解。按笔者的理解，自治可以用三句话来表达：自治是一种关系，自治是一种分工，自治是一个过程。说自治是一种关系，是指自治并不是想干什么就干什么，就像自由是在法律范围中活动，而不是为所欲为，为所欲为马上就会不自由。处理政府、市场和社会的关系，其中也包括处理党的领导与居民自治的关系。说自治是一种分工，说的是正确处理政府、市场和社会三者的分工，三者谁也不能走开，谁也离不开谁。说自治是一个过程，是说自治性的增加是逐步的，而不是一蹴而就的。现在中国的基层自治还是一种党政主导和促进下的自治。中国基层的自治，跳不过这个阶段，尤其在开始阶段，自治需要政府来启动、来搭台。只有在这个过程中，社区才能不断提高自己的自治度，逐步形成基层的自治体系。

第三，对市场经济要有正确的理解。我们把市场经济体制与社会主义基本制度紧密结合，利用市场机制刺激私有部门的经济活力，提高资源配置效率，促进经济增长，最终实现的是共同富裕。所以这里的市场是一种工具，是一种手段。正如有的学者指出的，“市场机制是要借助和利用的工具，也是需要监管的对象”[①]。政府与市场关系的本质是在公共利益的导向下，由政府过滤市场机制中自发的盲目性或者其他消极因素。

这些也是在三维模式中，我们不同于西方理论的地方。

应当指出，我国的社会资源配置的三维模式，时间还不长，远远没有达到完善。我们的政府体系、市场体系、社会体系还都不完善；它们之间的关系还没有形成良性互动。今后还要不断探索。

三、中国社会发展前瞻：新型社会主义的成长

中国社会改革开放 30 年的发展和转型，具有自己鲜明的特色和特点，可以说在全球是独一无二的，用世界上任何现有的发展模式都难以完全解释得通，因而形成独特的“中国经验”、“中国模式”。现在发达国家越来越多的一流学者都在程度不同地研究“中国经验”、“中国模式”；越来越多的发展中国家正在思考和参考“中国经验”、“中国模式”。这种经验和模式，既不同于众多的资本主义发展模式和经验（但要利用它们一切先进的东西），也不同于过去一切失败的社会主义模式（但是汲取了它们的经验教训）。因此它是一种新型的社会主义发展模式和经验，也即中国特色社会主义的发展模式和经验。

（一）两类挑战：世界性的人类困境和本土性的特有挑战

要使中国特色社会主义这一新型社会主义，使“中国经验”、“中国模式”更有吸引力，一方面必须能够有效应对人类共同面临的“人类困境”，另一方面也必须有效处理中国社会发展和转型特有的挑战。

---

① 刘金程：《中国公共管理中政府与市场的关系》，见中国机构网，http://www.chinaorg.cn，2009-06-11。

1．“人类困境”的应对

笔者曾经指出，新型社会主义的成长是与很多不发达因素联系在一起的，也是与世界各国普遍存在的“人类困境”相联系的。[①]

“人类困境”这个术语，出现在鲍曼《流动的现代性》一书中，主要指“当代到处存在的不稳定性”，也就是现代风险。鲍曼引用布迪厄的观点说，社会学家们对此作了种种的描述：法国的理论家提到“不稳定性”，德国的理论家提到“不可靠性”和“风险社会”，意大利的理论家提到“不确切性”，英国的理论家提到“不安全性”。但是所有的这些，都考虑到了在全世界以各种形式、在不同名义下经历的人类困境这一相同的方面。[②] 与此类似，我们中国的理论家则常常提到“突发性”等。这些特点告诉我们，当代社会和谐不同于传统和谐之处，是与世界性的人类困境联系在一起的。

“人类困境”这种现代风险的配置，涉及到风险承担的公平与否。风险分配、风险承担，与财富分配一样，都是资源配置的一种。今后，随着现代性的深化扩展，风险配置的问题将越来越突出。

中国在2003年应对像“非典”这样的新型风险和不安全因素中，在2008年应对冰雪、地震等集传统风险与现代风险于一身的风险中，均表现出巨大动员能力和活力。在奥运会防止恐怖主义这类新型风险中，更做得非常漂亮。可以预料，在对付次贷危机引发的金融风暴等现代风险中，也将是如此。这些已经初步向世人展示了中国特色社会主义这种新型社会主义的潜能、生命力和优越性。

在今后的曲折发展道路上，中国还必将面临与“人类困境”相联系的种种新的风险的考验。这种种考验将促使现在还非常年轻的新型社会主义进一步成长，变得越来越成熟。

2．中国特殊问题的挑战

中国的社会发展和转型，不仅要有效应对世界性的“人类困境”，而且必须有效处理种种特有的挑战，这后一方面无疑是更经常、更具有基础意义的。从社会学视角看，与社会建设紧密相联的特殊挑战主要有以下五个

---

① 参见郑杭生：《坚持和发展共同理想的几个问题——从社会学视角看新型社会主义》，载《中共中央党校学报》，2007（2）。

② 参见［英］齐格蒙特·鲍曼：《流动的现代性》，250页，上海，上海三联书店，2002。

方面。

第一，在市场经济陌生人的世界建立社会共同体的挑战。

社会结构转型不可避免地造成社会流动加快、社会分化加剧，经济体制转轨则不可阻挡地引发人际关系疏松，传统联系减弱——所有这些都从各个方面促进市场经济下陌生人世界的形成。“熟人社会”的分量渐次减少，“生人世界”的成分快速增长。于是，新的社会整合的需要，新的社会团结的要求，新的人际和谐的期待，越来越摆在社会和人们面前，这是因为社会分化不能无限加剧，人际关系也不能恶性疏松，陌生人的世界需要新的连接和整合，否则社会将成为畸形的社会。

社会建设、社区建设，正是为了在一个市场经济的陌生人世界里，构筑人际关系和谐的、互助合作的新的社会共同体，这个社会共同体，在宏观上叫做和谐社会，在微观上叫做和谐社区。微观的社区建设是宏观的和谐社会构建的切入点和抓手，是构建社会主义和谐社会的一项基础性工程。通过社区建设的不断探索和日益成熟，探索出一条与社会主义市场经济和民主政治相适应的社会建设、社会管理的新路子来。

在一个市场经济的陌生人世界里，构筑人际关系和谐的、互助合作的新的社会共同体，这是时代提出的新课题，通过制度创新破解这个难题，也是我们必须面对的挑战。

第二，在价值观开放多元的时代促进意义共同性的挑战。

社会建设、社区建设，不仅要在市场经济的陌生人世界里，构筑人际关系和谐的、互助合作的新的社会共同体，而且要在价值观开放多元的时代促进意义共同性；不仅要进行制度创新，而且要进行价值重塑。

意义共同性或价值共同性，是社会成员、社会群体或社会阶层对自己在社会中所获利益、所处地位，自我赋予相似或相同的认知。因此意义共同性以利益共同性为基础，但又不等于利益共同性。因为利益共同性并不能必然保证产生意义共同性，社会成员、社会群体或社会阶层有可能对相同的利益赋予不同的意义，甚至相反的意义。这就是说，即使一个社会中的成员在实际上有着较高程度的利益共同性，但如果他们不善于将这种外在的、客观的共同性转化为内在的、主观的共同性，那么断言这个社会具有意义共同性还缺乏充足的理由。罗尔斯曾引述黑格尔的一句名言：“当我们合理地看这个世界的时候，反过来这个世界看起来就是合理的”，他主张“我们应当积极

地接受和认可我们的社会世界”[①]。显然，“合理地看这个世界”、“积极地接受和认可我们的社会世界”，离不开我们所说的社会成员将利益共同性转化为价值共同性的实际能力。现阶段贫富差距的两极分化、收入分配的不公正，以及财富占有、资源和机会配置方面存在的不合理性，相关的一些新制度和新规范尚处在探索过程。这些实际情形使得“意义共同性”似乎与我们的生活渐行渐远，从而成为了一个问题。这种问题性也可以解释为，在这个快速变迁和明显分化的时期，社会越来越凸显出对于意义共同性的要求。

正如社会共同体的构建，主要是与合理配置和培育以物质利益为主的有形的“硬”社会资源，从而是与增强和培育硬实力联系在一起的，而意义共同性的构建，则主要是与合理配置和培育以文化力量为主的无形的“软”社会资源，从而是与增强和培育软实力联系在一起的，进一步又是与“将软实力转化为硬财富”联系在一起的。社会成员在观念和价值观方面的共同性，其意义绝不亚于社会在利益结构方面的共同性。它触及到了，在一个急剧变迁和分化的时代，“我们何以能够共同生活”这样一个核心难题，不能不是一个严峻的挑战。

第三，在社会分化加剧的情势下落实公平正义的挑战。

笔者曾在理论上综合马克思恩格斯和罗尔斯等人的观点，现实上根据新中国成立以来，特别是改革开放以来的实践，给社会正义下一个更为广泛的社会学定义：社会正义就是社会资源和社会机会配置的公平性和平等性。这里，公平和平等都能表达正义，但又是不同程度的正义，正好能够表达社会正义也是有阶段性的。笔者还提出，社会公平正义有两个维度，即制度安排与百姓认可。

社会公平首先指的是一种客观的制度安排的合理性问题。这里，作为制度安排合理性的社会公平，主要体现在社会资源分配和获得的差别是合理的；社会机会对每个社会成员都是自由开放的、可竞争的。社会学上以职业为主要标志的阶层或分层则要求这样来安排：使上层永不松懈，中层永不满足，下层永不绝望，从而使作为绝望的派生物的种种消极后果，如自杀、“人肉炸弹”等概率大大降低。每个阶层的成员都可以根据自己的情况、通过自己的努力，找到改变自己地位和命运的机会。

社会公平还在主观上体现为百姓的共同认可、认同。这就是社会公平

① ［美］约翰·罗尔斯：《作为公平的正义——正义新论》，6页，上海，上海三联书店，2002。

度、公平感的高低问题。这种社会公平度、公平感，在社会学上是可以通过社会指标体系来加以衡量的。同时，我们也可以从经验上体会到，多数老百姓不认可、不认同的东西，是不公平的。如果老百姓的不认同感、不公平感发展到相对剥夺感，就会对社会稳定和社会和谐产生极不利的影响。老百姓认可度低的种种制度，肯定是有毛病的。这是推动制度创新的最直接、最重要的动力。百姓认可的公平正义，是上述意义共同性的最主要部分。

如何在社会发展中，在制度安排公平的基础上，促进百姓认可的公平，提高满意度、幸福感，同样是一个尖锐的挑战。

第四，在社会重心下移的情况下大力改善民生的挑战。

所谓民生问题，通俗地说，就是老百姓遇到的与衣食住行、生老病死等日常生活相关的问题，也可以说是老百姓过日子所遇到的种种问题。用社会学的术语说，就是一个社会的成员，如何从政府、市场和社会获得自己生存和发展的社会资源和社会机会，来支撑自己的物质生活和精神生活的问题。

在我国社会快速转期，随着工业化、城市化、信息化、市场化的推进，社会分化加剧，出现了新的贫困问题，形成了生活困难的社会群体——社会学称之为社会弱势群体。他们为我国的社会进步付出了主要代价，但是他们的生活改善不多，甚至更加困难。他们是上学难、看病难、住房难等民生困难的主要承受者。当前我国社会成员，特别是弱势群体的不安全感，主要产生于两个方面："现实困境"，即个人生活中已经遇到的实际困难或问题；"未来威胁"，即可能对个人生活造成的威胁或风险。这两方面都与社会成员的切身利益有关，都与民生问题有关。前者导致"现实性的烦躁"，后者引发"预期性的焦虑"。它们都会构成人们的后顾之忧，严重影响社会成员的安全感，降低社会安全指数。

民生问题不仅是个人安全和整体社会安全的连接点，而且是和谐社会建设最基础的必要条件，是社会矛盾多发凸显最基本的根源，是对共产党执政能力的考验，是对它合法性基础的培育。

能否大力改善民生问题，是中国社会发展和社会转型最切实而严峻的挑战。

第五，在发展主体总体布局上理顺三大部门关系的挑战。

现代社会日益分化为三个既相互关联又彼此独立的领域，即政府组织、企业组织和社会组织。社会三大部门是社会发展主体，三大部门的构成状况及其相互关系，对社会发展、社会建设和社会管理，具有结构性前提的意

义，影响极大。当前中国三个领域联动的社会结构和整合机制还没有很好形成。主要表现在：（1）三个领域或三个部门的比例、力量大小还严重失衡。（2）三大部门越位、缺位、错位的情况还很普遍。（3）经济上交往原则被错误地引进到公共权力领域和公共领域的现象也很普遍。（4）由于社会缺位，第三部门还没有发挥自己应有的功能，还不能有效地起到弥补市场失灵和政府失灵、减轻社会管理成本的作用。

现在，面对多发和活跃的社会矛盾，中央政府、地方政府的日子都不好过。如果不从体制上、部门结构上解决问题，那么，政府“引火烧身”，把矛盾集中在自己身上的状况，疲于奔命、被动应对的状况，就很难从根本上加以改变。

只有逐步消除上述结构性和功能性的障碍，三大部门各自才能成为良性的社会发展主体，才能有效地发挥自己的各自作用，并且这种作用才能相互配合、相互促进，而不是相互摩擦、相互抵消，才能为科学发展、和谐社会建设提供结构和功能协调的部门结构。这不能不是一个任重而道远的挑战。

当然，上面五大挑战并没有穷尽所有的挑战，例如，我们如果要加一条的话就可以加上：在生态环境恶化的情况下建设“两型社会”的挑战。所有这些挑战，说到底仍然是一个社会资源如何更合理配置的问题。

这种种挑战将同样促使现在还非常年轻的新型社会主义进一步成长，变得越来越成熟。

（二）中国特色社会主义的光明前景

中国特色社会主义的光明前景不仅在于它能应对上述两类挑战，而且还表现在它是与中国社会的创新性实践紧密联系在一起的。这表现在：它既有中央“自上而下”的推进，又有基层“自下而上”的推动，还有地方连接上下的促进。这三个层次，通过理论创新、制度创新，共同创作、不断完善，融合成具有独特气派、独特风格，又有某种普遍意义的“中国经验”。

1. 上、中、下三个层次共同探索的创造性实践

第一，在“自上而下”方面，中国特色社会主义是一种前所未有的创新性的社会主义。

党的十六大以来，特别是以胡锦涛为总书记的党中央掌舵以来，一直到他所作的十七大报告，都越来越明显地表现出这种趋势。以人为本，全面、

协调、可持续发展的科学发展观的提出，构建民主法治、公平正义、诚信友爱、充满活力、安定有序、人与自然和谐相处的社会主义和谐社会目标的问世，社会和谐被确定为社会主义的本质，改善民生问题被确定为社会建设的重点，公平正义被确定为社会建设的目标，就是几个标志性里程碑。党的十七大报告进一步指出："改革开放以来我们取得一切成绩和进步的根本原因，归结起来就是：开辟了中国特色社会主义道路，形成了中国特色社会主义理论体系。高举中国特色社会主义伟大旗帜，最根本的就是要坚持这条道路和这个理论体系。"这里"开辟了"、"形成了"都表明了马克思主义中国化在中国特色社会主义方面的理论创新和制度创新。十七大报告，深刻并明确地向全世界阐释了中国特色社会主义从哪里来，又到哪里去，有力地坚持了社会主义方向。

同时，中国特色社会主义又是一种与资本主义有着复杂关系——一种利用资本主义，但又与资本主义有本质区别的社会主义。这样的社会主义有市场经济，有证券交易，有劳资关系等等资本主义社会同样存在的东西，不仅如此，中国还有企业主共产党员——红色资本家，"两新组织"——新经济组织、新社会组织，"两新人员"，即两新组织的人员，等等。这种你中有我、我中有你的情况，一方面使我们体会到，中国特色社会主义具有的开放性和包容性——这也不用奇怪：资本主义也汲取了社会主义的许多因素；另一方面，也使我们亲身体会到，如果不清醒地自觉到这是利用资本主义，那就很容易与资本主义相混淆。因此，这里特别体现出社会主义坚定目标的重要性，树立共同理想的必要性。同样上述情况也告诉我们，如果不去利用，那就是缺乏智慧；但是如果在利用时，忘记了自己的社会主义目标，那就是没有头脑。中国执政党和政府最高层，把目标的坚定性与策略的灵活性结合起来，不断把这种新型的社会主义推向前进。

第二，在"自下而上"的方面，中国城乡社会基层正在通过制度创新，为中国特色社会主义这种新型社会主义添砖加瓦。

随着中国社会重心日益下移，全国范围的社区建设和社会主义新农村建设，正在蓬勃开展。我们在全国各地的调查和考察表明，中国城乡基层社会，正在用建设性的反思批判精神，通过制度创新，把社会公平正义落实到我国微观制度的方方面面。无论在制度安排的公平方面，还是百姓认可的公平方面，无论在合理地配置社会资源和社会机会、重点解决民生问题上，还是在解决突出社会问题、社会矛盾和社会风险上，无论在使全体人民受益方

面，还是在让弱势群体共享社会发展成果方面，无论在减少居委会的行政性、增加自治性方面，还是在培育和健康发展社区组织与建立社区服务体系方面，都在逐步取得进展。我们的调查和考察也表明，总的来说，各地是在利用资本主义一切可以利用的东西，而不是在“自下而上”走资本主义道路。我们的调查和考察还表明，在中国社会快速转型期，确实是社会优化与社会弊病并生、社会进步和社会代价共存，社会协调与社会失衡同在，但基本方面、基本趋势是社会优化、社会进步、社会协调，而社会弊病、社会代价、社会失衡则是非基本方面、非基本趋势。尽管如此，各地对后一方面并没有忽视，也正在逐步解决。

第三，在中间层次，中国各个地方也在通过自己的创造性实践，为中国特色社会主义这种新型社会主义提供支撑。

这里还要强调各种“地方经验”对“中国经验”的贡献。他们可以说是“自上而下”和“自下而上”的各个连接点。我国30年来的改革开放和思想解放，在很大程度上可以说，是一个制度创新和价值重塑的持续过程。这一过程通过各种地方性创新的亮丽景观，汇成了现代化进程“中国经验”的创作。在对当今中国城市社会建设展开的实地考察中，我们先后领略了“北京经验”、“武汉经验”、“广州经验”、“深圳经验”、“杭州经验”、“郑州经验”等，其中，笔者带领的学术团队，对杭州和郑州作了实地调查和系统研究。① 通过研究，笔者越来越感受到，这些经验的一个共同点就是在理念和思路上的领先性。杭州人的一句名言就是：理念决定思路，思路决定出路。它们一路走来，汇成了思想和实践的创新积淀，成为整个“中国经验”、“中国模式”中特别亮丽的一个个篇章。

这里，地方经验、基层经验的重要性就在于它们共同构成了“中国经

---

① 受笔者故乡杭州市邀请，笔者主持了2008年8月立项的《关于杭州市复合创业主体的理论与实践探索》课题。2008年9月课题组来杭州开展调查研究，对西溪湿地、西泠印社、京杭大运河杭州段综合保护工程、西湖综合保护工程、杭州女装行业协会、杭州市生活品质行业点评等社会复合主体的典型案例作了较为深入的实地考察，并对杭州市与浙江大学战略联盟、杭州市与中国美院战略联盟、茶行业战略联盟、美食行业联盟、婴童行业联盟，以及西博会、休博会、动漫节、数字电视行业等社会复合主体的文献资料进行了研究和分析。在此基础上，笔者和杨敏教授合作集中写出了十余万字的核心调查研究报告：《“社会复合主体”的追求：生活中更高品质的创新和创业——“杭州经验”理论与实践的一种社会学分析》。2009年与郑州市社科院合作，成立了《“三化两型”城市建设：科学发展与和谐社会建设的具体体现——以郑州实地调查为例的河南特色分析》的课题组，并在2009年5月进行了实地调查。

验”一个个亮点、一个个支点，共同标志着中国特色社会主义这种新型社会主义历程的一个个轨迹点、成长点。

总之，“中国经验”是由中央、各地、基层共同探索、着眼创新加以推进的。正是在这种推进中，中国社会资源和社会机会配置的格局和方式，不论在宏观方面，还是微观方面，都在向着合理化的方向，得到调整和改善。在经历了让一部分人先富起来之后，现在资源配置的趋向是：更倾向于弱势群体、农村、不发达地区、城乡基层。

2. 满怀信心地把握住新型社会主义的成长性

我们对当今中国和世界的社会实践结构性巨变及其主要趋势的分析表明，随着中国社会迈向更加现代和更新现代的进程，社会主义的实践和探索也进入了一个从未有过的新境界，当代中国社会主义的发展已经驰入了一个全新的里程，我们称之为“新型社会主义的实践过程”。在我们看来，社会主义正在经历的这个空前未有的转折意味着，中国特色社会主义这一新型社会主义的生命历程才刚刚开始，它还非常年轻，甚至还处在童年，它将经历丰富多彩的成长过程。也正因如此，它充盈着生命的活力，通过自己的成长赢得一个充满希望的未来。在这一成长过程中，社会资源和社会机会的配置格局将会越来越合理，社会公平正义性将会越来越体现。

当然，我们也需要对一些经验教训进行反思和总结。也许由于社会主义实践的快速发展，甚至超过了人们的思想速度和想象力，许多人还没有意识到，我们的最新实践已经超越了以前那种有缺点、有缺陷、实践中失败了的社会主义旧模式。一些人还习惯于把别的社会制度视为成长的，把社会主义视为僵化的。看不到我们正处在中国特色社会主义这一新型社会主义的具有深远意义的历史性发展阶段。不理解在新型现代性条件下，社会主义的最新实践已经更新了社会主义的理念。不善于把自己已经取得的成绩归于我们的创新性实践、归于我们的社会基本制度、归于社会主义，仍然习惯于让新的实践经验来适应旧的理念框架。

中国特色社会主义的成长、成熟过程，赋予中国社会学家和社会学工作者一种使命和责任：反映和刻画中国社会的转型变迁，概括和总结这一过程的中国经验，把新型社会主义在中国的日常生活、组织模式转变、制度变迁、社会和社区建设、文化价值观和文化话语建构的实践，把当代中国社会的多姿多彩、色泽斑斓、形质多样、活力澎湃、昂扬奋进的真实形貌，把中国社会学对现实社会问题、矛盾和冲突的困惑和关切，以及对我们时代所能达到的成就的期望和畅想，以客观而生动、真实而宏阔、严谨而激越的笔触，写入中国社会学史的每一页，传递给更加年轻的、充满朝气的、大有所为的社会学青年学子。

在新中国成立60周年之际，回顾历史，环视全球，未来不属于无法摆脱危机的资本主义——资本主义“终结”历史的预言已经不攻自破；未来属于生气勃勃的新型社会主义——虽然年轻，但是事实越来越证明它前途无量！

［兴教育人］

第二章　教育改革和教育发展

——走向更加公平的中国教育

奂平清*

在现代社会，教育在经济社会发展中的作用越来越重要，教育成为支撑经济社会发展的强大动力，此外，教育的一个重要作用在于它作为一种重要社会流动机制，有助于促进社会流动和社会公平，教育公平是社会公平的重要基础。

当然，教育促进社会公平这一功能的发挥是有条件的，教育系统的分层，实际上往往是社会分层在教育上的反映。因此，要发挥教育促进社会公平的作用，必须以教育系统自身的公平为前提和基础。如果教育系统本身不公平，其促进社会公平的作用不仅无从发挥，甚至还会加剧社会不平等。“教育公平的本质，是将教育无法控制的那部分变量排除了之后，只考虑教育系统自身的变量对学习成绩所造成的影响是平等的。”①

教育公平是一个历史范畴，在不同的国家和不同的历史时期有着不同的含义。教育公平意味着国家对教育资源的配置符合社会整体的发展和稳定，

---

* 奂平清，中国人民大学社会学理论与方法研究中心副教授。

① 教育研究杂志社：《教育改革与发展的多维审视——二〇〇九中国教育研究前沿与热点问题年度报告》，载《中国教育报》，2010-02-02。

符合社会成员的个体发展和需要。在现代社会，保障每个公民接受教育的权利即机会公平，是教育公平的基本要求。

我国在实现教育公平方面已经取得了巨大的成就。当前在城乡之间、区域之间、学校之间办学条件还存在较大差距，人们在受教育的机会和教育水平等方面还有较大的差距。因此，优先发展教育，推动教育改革，促进教育公平，最终促进社会公平，是我国构建社会主义和谐社会的客观要求和重要途径。

一、我国在教育公平上的重要成就

2009 年是新中国成立 60 周年，新中国 60 年的社会主义建设事业，为中国教育提供了前所未有的历史性机遇。经过 60 年特别是改革开放以来 30 年的努力，中国的教育事业实现了历史性的大变革、大发展和大跨越。中国的文盲率大幅下降，已全面普及九年义务教育，实现了高等教育的大众化，职业教育取得了长足发展，教育质量和教育体制改革也取得实质性进展，国民综合素质大为提升。中国已由一个文盲大国变为教育大国，实现了从人口大国向人力资源大国的转变，为全面建设小康社会和现代化建设事业打下了坚实基础。

总体而言，新中国 60 年教育体制改革和发展的历程，也是不断探索和推进教育公平的过程。一方面，普及义务教育、高等教育大众化等教育大发展，极大地扩大了国民受教育的机会；另一方面，通过推动教育结构优化和教育均衡发展，坚持教育公益性质，加大财政对教育投入，规范教育收费，扶持农村、贫困地区和民族地区教育，健全学生资助制度，极大地推进了教育公平程度。教育在以保障和改善民生为重点的社会建设中，也发挥着越来越重要的作用。

改革开放初期，随着我国大中小学教育秩序的全面恢复，教育规模迅速扩张，教育质量大幅度提高。为了满足培养国家建设人才的需要，逐步建立了一套系统的、严格的逐级升学考试制度，重点学校制度也逐步建立起来。从教育机会获得机制来说，基本上是根据人的能力、成绩等后致性因素，分数面前人人平等，而不像以前那样以家庭背景、政治身份等先赋性因素作为升学的主要条件。

进入 20 世纪 90 年代后，与计划经济体制改革相适应，教育体制改革也逐步深入，教育逐步走向产业化和市场化的发展阶段，尤其是在 20 世纪 90 年代中后期，国家为了拉动内需以促进相关产业发展，开始加快扩展高等教育规模，并提出“高等教育大众化”的目标。我国高等教育毛入学率 1990 年为 3.4%，2002 年时达到 15%，已进入高等教育大众化阶段，2008 年更是达到 23.3%。高等学校扩招拓宽了长期制约基础教育的高考“瓶颈”，我国各级各类教育在规模、数量、速度上都呈现出跨越式发展，学龄人口入学机会迅速扩大。通过教育发展和扩大教育机会，也促进了教育公平的实现。高等教育入学机会的城乡差距也不断缩小，农村户口学生比例 2008 年时已提高到 52%。不过，这一时期在教育规模扩大、教育机会增加、教育公平提高的同时，区域、城乡、学校间和阶层间的教育差距在一定程度上有所扩大。由于国家对教育投入不足和教育资源的不均衡分配等原因，出现了教育高收费、乱收费，以及上学难、上学贵等严重的教育公平问题，日益深刻地影响着民生。

党的十六大以来，在贯彻科学发展观和构建和谐社会的大背景下，党和国家确立了坚持教育优先发展、促进教育公平的方针。2007 年，党的十七大报告强调“教育公平是社会公平的重要基础”，将教育放在改善民生问题的高度，更加注重教育的公益性、公共性和推进教育公平，强调要“办好人民满意的教育”。

近几年，我国在促进教育公平方面取得了突出的成就，财政对教育的投入逐步加大，全面免除了城乡义务教育阶段学杂费，义务教育均衡发展逐步推进，各级政府规范教育收费的决心和力度在不断加强，对贫困地区、民族地区教育的扶持在加大，职业教育受到高度重视和支持，经济困难家庭学生资助制度和资助体系逐步建立和健全，进城务工人员子女平等接受义务教育也日益受到重视。更为重要的是，在社会主义和谐社会建设的进程中，教育公平的理念已经深入人心。

二、当前教育公平面临的主要问题及挑战

我国教育公平的整体状况在不断改善，但当前社会主义现代化建设和人民群众对于教育的强烈需求和教育资源供给不足的矛盾仍然比较突出，主要表现为城乡之间、区域之间、学校之间在办学条件、教育水平上还存在着较

大差异，尤其是义务教育阶段教育发展不均衡的情况还比较严重，不同阶层和群体受教育的机会也存在着较大差别。

当前教育公平问题及其表现主要有以下几个方面：

其一，从区域、城乡来说，由于教育经费投入长期不足，教育投入在东部、中部和西部之间及城乡之间差距较大。教育经费的持续紧缺，使农村地区、贫困地区和民族地区教育发展的整体水平较低，农村教师缺乏，教师素质还较低，优质教育资源缺乏。区域、城乡之间在高等教育入学机会上存在明显差异，高考录取分数线以及高校招生指标投放计划存在地区差异，每年高考录取率均是东部高于中西部，大城市高于农村地区，导致高等教育机会，尤其是稀缺的优质高等教育资源配置的公平性受到质疑。

其二，从各级各类教育发展来看，教育投入和发展还很不平衡。中央财政过多用于高等教育，而对基础教育投入不足；重视普通教育，轻视职业教育，严重影响了我国职业技术教育的发展；幼儿（学前）教育阶段政府重视和投入不足，幼教资源严重缺乏，幼教普及率较低，农村地区幼儿教育更为薄弱。

其三，就同一区域而言，学校之间发展不平衡，重点（示范）学校与普通薄弱学校之间办学条件和教育质量差距悬殊，重点学校聚集了区域几乎所有的优质教育资源，择校压力巨大。

其四，不同人群受教育的机会和质量差异较大。不同居住地与户籍、不同阶层的人群，其子女受教育的机会和质量差异较大。如相当一部分贫困家庭的学生难以承受高中和大学阶段的学费，在城市化过程中数以千万计进城务工农民工子弟上学难、上学贵、质量差等，成为当前突出的教育公平问题。拥有较多经济资本和社会资本的家庭，其子女在接受基础教育的质量和高等教育入学机会上占优势，阶层差距成为影响教育公平的重要因素。

温家宝总理在国家科技教育领导小组关于制定《国家中长期教育改革和发展规划纲要》会议上的讲话中指出："有个现象值得我们注意，过去我们上大学的时候，班里农村的孩子几乎占到80%，甚至还要高，现在不同了，农村学生的比重下降了。这是我常想的一件事情。本来经济社会发展了，农民收入逐步提高了，农村孩子上学的机会多了，但是他们上高职、上大学的比重却下降了。"① 从温总理的关注开始，农村学生上大学的机会问题成为

① 温家宝：《百年大计 教育为本》，载《人民日报》，2009-01-05。

2009 年一个重要公共话题。从教育部公布的数据来看，在我国高等教育大发展的过程中，高校农村新生的比例逐年上升，1989 年这一比例为 43.4%，到 2003 年与城市生源比例持平，2005 年已经达到 53%。但从农村考生报名、录取占相应总数的比例来看，均未达到同期农村人口占全国总人口的自然比例，农村考生的高考录取率，也从未达到同年的总录取率水平，这些都反映出客观存在的城乡差距。①

温总理所说的农村孩子上大学的比重下降，实际上是指重点大学农村学生的比例在明显下降。从部分重点大学的数据看，农村学生的比例在持续下降。如前几年北京大学、清华大学农村新生的比例均不足 20%。南开大学 2006 年农村新生比例为 30%，2007 年为 25%，2008 年为 24%。就是农村学生历来较多的中国农业大学，下降趋势也很明显，1999 年至 2001 年在 39%左右，但 2002 年之后开始下降，2007 年降到 31.2%。②

可见，高等教育入学机会的城乡差距已经从总量不均衡转变为更为深层的、隐性的教育差距，体现为城乡学生在不同层次、不同类型高校的分布差异。从高考录取情况来看，提前批次录取和专科院校中，农村生源所占比例持续上升，这是因为提前批次录取的主要是军事、公安、安全、师范等专业，其中军事院校与师范院校上学成本最低，而专科院校收费也较低，这与考生的家庭经济实力密切相关。

重点大学农村学生比例下降的原因是多方面的，根本原因是农村学校教育条件差、教师队伍整体素质低、教育质量差以及大学招生制度的缺陷，同时，农村家庭较低的经济社会背景等也是重要影响因素。

许多研究表明，高等教育入学机会城乡差距和阶层差距呈扩大趋势，重点高校的农村学生比例下降，而且优势阶层的子女更多集中在热门专业，这种状况也是义务教育阶段和高中阶段教育分层状况的积累和延续，城镇户口和中高阶层家庭的学生更多地集中在重点中学，农业户口和低阶层家庭的学生多在普通中学。③ 据一项对江苏、湖北、河北、浙江、广东和上海 6 个省市 8 所重点高中 1 000 多名学生家庭背景的调查，重点中学中来自国家与社

---

① 参见《大家谈：重点高校农村学生越来越少》，载《人民日报》，2009-01-15。

② 参见杨东平：《监测教育公平状况，开展学生家庭背景调查》，载《中国教师》，2009（7）。

③ 参见杨东平：《高等教育入学机会：扩大之中的阶层差距》，载《清华大学教育研究》，2006（1）；杨东平：《高中阶段的社会分层和教育机会获得》，载《清华大学教育研究》，2005（3）。

会管理者阶层、专业技术人员阶层、经理人员阶层、私营企业主阶层、个体工商户阶层等社会优势阶层的学生数明显高于其阶层所占的社会比例，而农民子女的比例则明显低于农民阶层所占的社会比例。从1978年至2008年间江苏某重点中学高中生家庭背景调查数据看，政府公务员、企业管理者、专业人员等优势阶层的子女，已由1978年的44.7%上升到2008年的77.6%，增加了32.9个百分点；而工人、农民子弟的比例，则从1978年的42.4%减少到2008年的5.9%，降低了36.5个百分点。①

教育资源配置不均衡、教育公平欠缺引起的问题如择校费、择校热等现象，已越来越演变为严重的社会问题，也严重地影响着人们的社会公平感。2009年12月中国青年报社会调查中心通过北京益派市场咨询有限公司和民意中国网对全国30个省、市、区2 952名公众的一项调查表明，在教育满意度方面，择校费、大学高学费、高考加分政策和进城农民工子弟读书难问题，成为公众心目中最严重的教育不公平现象，分别有75.8%、69.7%、58.7%和58.6%的人选择。②“就近入学”变成争相“择校”、择校费“被自愿”被中央电视台列为八大“教育潜规则”的前两位，中小学“择校热”已成为痼疾，不仅严重损害教育公平，而且已演变成一个复杂的社会问题，极大地损害了大多数学生和家长的利益，社会代价巨大，也挫伤了大多数学校办学的积极性，破坏了教育生态。2009年11月，中国青年报社会调查中心通过题客调查网对全国31个省（区、市）14 081名公众进行的一项调查显示，98.5%的公众表示身边存在择校现象，从幼儿园到高中，普遍存在择校现象。对于择校会造成什么样的后果，72.4%的人首选“给普通家庭带来沉重负担”，64.8%的人认为“导致一些学校乱收费、高收费”，63.6%的人选择“教育公平被架空”。其他还包括学校之间差距越拉越大（60.7%），助长应试教育势头（46.3%），让好学校陷入权力寻租泥潭（39.7%）等。③

总体而言，在影响我国教育公平的因素中，因历史、地理、经济等方面的因素形成的城乡之间、地区之间的巨大发展差距，是城乡、地区之间教育差距的直接因素，需要通过缩小城乡差距、推进城乡统筹逐步加以解决；其

---

① 参见课题组：《中国城市高中生家庭背景调查》，见杨东平主编：《中国教育发展报告（2009）》，190～199页，北京，中国社会科学文献出版社，2009。

② 参见《公众感受2009：仅11.2%的人认为教育公平》，载《中国青年报》，2009-12-15。

③ 参见《校际差距是择校首因　63.6%的人认为教育公平被架空》，载《中国青年报》，2009-11-12。

次，国家教育制度和体制性的因素，教育管理体制与政策的失误，尤其是资源分配、教育服务供给体制的不合理安排，也加剧了客观存在的教育不公；此外，家庭经济社会背景因素对教育机会获得的影响力在持续上升。可以说，教育公平面临的突出问题，一方面是社会公平方面存在的问题在教育领域中的反映，另一方面也与教育体制改革滞后有关。

面对新时期社会公平和教育公平面临的问题和挑战，我国已确立了优先发展教育、坚持教育公益性质、促进教育公平的基本教育政策，强调教育公平的主要责任在政府。促进教育公平也成为当前我国保障和改善民生、构建社会主义和谐社会的重要方面。在教育公平的实现途径上，国家要保障公民依法享有受教育的权利，保证公民受教育的机会公平，要科学规划学校布局、优化教育资源配置，尤其是义务教育阶段，要促进区域均衡发展，促进城乡教育一体化，教育资源配置要向农村地区、边远贫困地区和民族地区倾斜，向薄弱学校和困难群体倾斜，加快缩小各类教育差距。

三、2009 年中国教育改革与教育公平状况

2009 年，面对国际金融危机的严重冲击，国家在保增长的同时，将“保民生”列为全年工作重点之一。国家坚持优先发展教育战略，将教育摆在今年工作的突出位置，在促进教育公平方面取得了许多进展和成果。如《国家中长期教育改革和发展规划纲要》的制定中非常关注和体现教育公平，制定工作进展顺利，义务教育均衡发展、招生考试制定改革、贫困学生资助制度、职业教育发展、农民工子女教育和学前教育等密切关乎教育公平的方面都受到更多的重视，也取得了很大的进展。

（一）《国家中长期教育改革和发展规划纲要》制定中的教育公平热点问题

2008 年 8 月，温家宝总理主持召开国家科技教育领导小组第一次会议，审议并原则通过《国家中长期教育改革和发展规划纲要》（以下简称《规划纲要》）制定工作方案，正式启动了《规划纲要》研究制定工作。成立了《规划纲要》领导小组，温家宝总理亲任组长，国家科教领导小组成员单位

和有关单位主要领导同志为成员。同时成立《规划纲要》工作小组，刘延东国务委员任组长，领导小组成员单位有关负责人为工作小组成员。这是进入21世纪以来我国第一个教育规划纲要，将对中国未来12年教育改革和发展作出全面规划和部署，优先发展教育、促进教育公平也将是纲要的主要任务之一。

党中央、国务院高度重视《规划纲要》制定工作，强调这是本届政府必须做好的一件大事，要求在制定过程中广纳群言、广集众智，充分听取社会各界意见，努力制定一个让人民群众满意，符合中国国情和时代特点的高质量的规划纲要。《规划纲要》工作小组已经动员包括地方政府、各民主党派、全国教育研究系统乃至有关国际组织的各方力量，开展大范围的调研，调研的主题包括11个领域，其中教育公平与协调发展研究是一个重要方面。

2009年1月7日，教育部以《规划纲要》工作小组办公室的名义发布公告，就已经拟定的中国教育改革11个领域的36个子课题，面向社会大众公开征求意见，问计于民，内容涉及教育热点、焦点、难点问题，包括促进教育公平、农村教育发展与农民工子女教育、农村中小学教师队伍建设等有关教育公平的热点话题。在广告发布后，社会各界人士纷纷通过电子邮件、信件和教育部门户网站、社会网站、高校校园网等多种渠道发表意见和建议，截至2月6日10时，各界人士通过多种渠道发表意见建议达到110多万条（其中有万言的专题论文，也有言简意赅的观点陈述），其中有很多针对性强、有深刻思考、有独立见解的思想观点和对策建议，对《规划纲要》的研究制定具有重要的参考价值。《规划纲要》工作小组高度重视，成立了专门机构，认真整理和研究分析这些意见建议。

2009年2月6日，《规划纲要》工作小组办公室就社会关注度高、影响教育改革发展全局的重大问题，分4个方面、20个问题（其中包括义务教育优质教育资源分布不均衡、城市择校问题，农民工随迁子女受教育问题，农村办学条件、师资问题等方面）发布公告，进一步面向全社会征求意见建议。

在《规划纲要》研究和制定的过程中，征求广大人民群众对教育改革和发展的意见和建议，问计于民，充分体现出党和国家推进教育公平的信心与决心。《规划纲要》必将在新中国前60年教育实践与成就的基础上，提出进一步促进教育公平，进而促进社会公平、改善民生的重要举措。

（二）义务教育均衡发展状况

义务教育均衡是指在城乡之间、地区之间、校际之间在义务教育的办学条件、办学水平、师资素质、教育质量等方面有大致平衡和相当的发展，使所有适龄儿童少年都能公平享有接受义务教育的机会。

我国长期以来实行由省、县、乡分级管理，财政以乡为主的义务教育管理体制，通过征收教育费附加等途径解决农村教育资金问题，实际上形成了农村义务教育的“人民教育人民办”的局面。但由于我国城乡、地区间经济社会发展不平衡和差距不断拉大等因素的影响，城乡之间、区域之间基础教育差距也不断扩大，广大农村、边疆和少数民族地区教育资源极其匮乏，学校教育条件差，教师队伍不稳定、整体素质不高，城乡、区域和校际之间教育不均衡的问题极其突出。

中央教育科学研究所教育督导与评估研究中心在东、中、西部选取 3 个省 9 个县 898 所中小学进行了调查，并重点对县域内义务教育发展中的城乡差距和校际差距作了分析。调查表明，尽管近年来中央政府不断加大对中西部地区义务教育的投入力度，实施了一系列工程以改善西部地区中小学的办学条件，但由于历史欠账太多，义务教育发展的地区差距仍旧十分突出。从教育经费支出看，东部显著高于中西部，西部略高于中部，中小学教育经费支出的地区差距仍在进一步扩大；中小学教育经费校际差异显著，中西部区县薄弱学校生均公用经费支出达不到国家规定标准，中西部区县整体的教育经费投入水平偏低。中小学办学条件校际差异显著，2/3 区县的小学和 1/3 区县的初中生均教学仪器设备值校际差距达 10 倍以上；骨干教师比例校际差异极其严重，50.3％的小学和 19.5％的初中没有骨干教师；西部中等发达县和欠发达县不但教师培训机会少，而且极不均衡。①

2008 年 12 月发布的《国家教育督导报告 2008》表明，我国农村边远地区教师数量不足，难以满足当地义务教育发展的需要。据中西部 9 个省（自治区）的学校数据统计，2006 年，3 万多所村小的班师比平均仅为 1∶1.3，4 万多个教学点的班师比平均仅为 1∶1，均远低于全国小学 1∶1.9 的平均

① 参见刘芳、史亚娟：《我国义务教育县域均衡持续推进》，载《中国教育报》，2009－12－02。

配置水平。这些地区学校的教师严重不足，进不去、留不住的问题突出。从原因来看，一是现行教师编制标准尚未充分体现农村边远地区学生居住分散、交通不便、学校规模小、成班率低等特点，不能适应这些地区学校教育教学对教师的实际需求，寄宿制学校的教师附加编制在部分省、区也还未得到落实；二是部分地区因财政困难，以较低报酬聘用代课人员，而不是按照编制正常补充合格的新教师；三是边远地区学校的教师待遇低、生活条件差、工作环境艰苦、个人发展机会少，造成骨干教师流失严重。对艰苦地区学校的抽样调查表明，38.7％的校长反映近3年中有教师流失情况，其中，74.6％的校长反映主要流失的是骨干教师，92.5％的校长反映主要流失的是35岁及以下的青年教师。从师资的学科结构看，中西部农村学校部分学科教师短缺，西部山区农村小学平均10所才有一名音乐教师；中西部贫困地区、少数民族地区农村初中音乐、美术、信息技术三门学科教师平均每校不足一人，致使部分学校无法正常开设规定课程。①

近年来，从中央到地方各级政府采取了一系列有力的措施，努力缩小城乡、区域、校际之间的差距，使得义务教育均衡发展和教育公平取得了较大进展。

首先，国家建立了义务教育经费保障机制，加大对农村教育的投入和支持力度。2006年新修订的《中华人民共和国义务教育法》首次以法律的形式规定要“促进义务教育均衡发展”，“实施义务教育，不收学费、杂费。国家建立义务教育经费保障机制，保证义务教育制度实施”。这标志着我国义务教育实现了由“人民教育人民办”到“义务教育政府办”的重大历史性转变。2008年8月，温家宝总理在国家科教领导小组关于制定《国家中长期教育改革和发展规划纲要》的会议上的讲话中指出，要加大对农村教育的扶持力度，一是要在教育改革和发展中，实行城乡统筹，把农村教育放在重要地位。解决农村教育的问题，必须改善农村的教学条件，包括校舍、设备、远程教育。所有学校的建筑，都要建成最安全的，也就是让群众最放心、让家长最放心、让学生最安心的地方。② 温总理在2009年政府工作报告中指出，促进教育公平是本年度要重点抓好的重要方面之一，要落实好城乡免费义务教育政策，提高农村义务教育公用经费标准，把小学、初中学生人均公

---

① 参见《国家教育督导报告2008（摘要）》，载《中国教育报》，2008-12-05。

② 参见温家宝：《百年大计　教育为本》，载《人民日报》，2009-01-05。

用经费分别提高到 300 元和 500 元，逐步解决农民工子女在输入地免费接受义务教育问题。增加农村义务教育阶段家庭经济困难寄宿生的生活补助。争取三年内基本解决农村“普九”债务问题。①

其次，积极总结经验，推广典型，加快推进义务教育均衡发展。教育部 2005 年下发《关于进一步推进义务教育均衡发展的若干意见》，要求各级教育行政部门有效遏制城乡之间、地区之间和校际之间教育差距扩大的势头，要采取有效措施遏制义务教育阶段择校之风，坚持义务教育阶段公办学校免试就近入学，不得举办或变相举办重点学校，具有优质教育资源的公办学校不得改为民办或以改制为名实行高收费。教育部连续多年召开全国义务教育均衡发展经验交流现场会，推广各地推进义务教育均衡发展的先进经验，着力解决择校热、“上学难、上学贵”等问题。2009 年 11 月，全国推进义务教育均衡发展现场经验交流会在河北省邯郸市召开。中共中央政治局委员、国务委员刘延东出席会议并作重要讲话，她强调各级政府要切实承担责任，把推进均衡发展作为义务教育改革和发展的战略性任务。强调当前及今后一段时间，推进义务教育均衡发展要做到“四个围绕”，即围绕让每一个适龄儿童少年平等享有接受义务教育的机会，全面提高普及水平；围绕保障学生公平接受教育的权利，合理配置义务教育资源；围绕发展高质量义务教育和学生健康成长，大力推进素质教育；围绕学生都能享有条件良好的义务教育，不断提高保障水平。为了贯彻中央战略部署，新任教育部长袁贵仁在讲话中提出要把义务教育作为教育改革和发展的重中之重，把均衡发展作为义务教育的重中之重，并要求力争在 2012 年实现区域内义务教育初步均衡，到 2020 年实现区域内义务教育基本均衡。②

第三，加强农村和城镇薄弱学校教师队伍的建设，促进优质教育资源均衡化。由于历史和现实的原因，我国农村师资力量薄弱，目前农村教师队伍建设还存在许多制度性问题，如代课教师现象所反映出来的“有编不补”、“有编难补”、“无编可补”等问题。近年来，我国开展的“中小学教师继续教育工程”、“农村义务教育阶段学校教师特设岗位计划”等措施，在一定程

---

① 参见温家宝：《2009 年国务院政府工作报告》，见中央政府门户网站，http://finance.people.com.cn/GB/67611/8914770.html，2009-03-16。

② 参见《教育部召开全国推进义务教育均衡发展现场经验交流会：推进均衡发展是义务教育的战略性任务》，载《中国教育报》，2009-11-07。

度上缓解了农村中小学师资素质不高、数量不足的问题。国家实施的农村中小学特岗教师计划，从2006年到2008年共招聘特岗教师近6万人，覆盖全国近290个县，6 400多所学校。2009年，“特岗计划”共招聘中央特岗教师65 323人，实施范围由12个省区和新疆生产建设兵团“两基”攻坚县扩大到中西部地区22个省区的国家级扶贫开发工作重点县。2006年首批招聘的特岗教师于2009年服务期满，其中有13 407名特岗教师继续留任，占服务期满时仍在岗教师的88.7%。①

温家宝总理在国家科教领导小组会议上的讲话中指出，要下决心解决农村教师缺乏的问题。农村教师在农村教育中起着关键作用，农村教师当前所面临的最大问题，一个是待遇问题，一个是素质问题。当然，这两个问题也是相互联系的。待遇问题，工资、职称、住房这些都应该逐步加以解决和提高。② 2008年12月21日温总理主持召开国务院常务会议，审议并原则通过了《关于义务教育学校实施绩效工资的指导意见》，决定从2009年1月1日起，在全国义务教育学校实施绩效工资，确保义务教育教师平均工资水平不低于当地公务员平均工资水平，同时对义务教育学校离退休人员发放生活补贴，逐步提高中小学教师的待遇。会议要求要按照管理以县为主、经费省级统筹、中央适当支持的原则，确保实施绩效工资所需资金落实到位。2008年12月31日，教育部发布《教育部关于做好义务教育学校教师绩效考核工作的指导意见》，就绩效考核的意义、基本要求、主要内容、主要方法等方面提出了指导性意见和要求。一年来，对教师的绩效考核和奖励性绩效工资分配平稳推进，截至2009年底，全国各省（区、市）和新疆生产建设兵团均已出台义务教育学校绩效工资实施意见，绝大部分市、县也已出台本地具体办法，落实了义务教育学校绩效工资标准、项目、经费、分配导向等关键问题。义务教育学校实施绩效工资工作的制度框架基本成型。③ 实施绩效工资政策为确保《义务教育法》规定的“教师的平均工资水平应当不低于当地公务员的平均工资水平”提供了制度保障，建立了义务教育学校绩效工资总量与当地公务员津贴补贴同步同幅度调整的长效联动机制。不过，由于义务

---

① 参见《教育部：2009年我国招聘中央特岗教师6万余人》，见中国网，http://www.china.com.cn/policy/txt/2009-11/25/content_18955524.htm，2009-11-25。

② 参见温家宝：《百年大计 教育为本》，载《人民日报》，2009-01-05。

③ 参见《我国义务教育学校绩效工资制度框架基本成型》，载《中国教育报》，2010-01-22。

教育的责任在农村仍然主要是在县级政府，受城乡、区域经济社会和社会条件发展差距的制约，义务教育学校教师绩效工资水平存在较大差距的问题尚难以解决。

由于地方财政教育投入不足、环境艰苦等原因，部分地区以较低报酬聘用代课人员，据教育部统计，截至2008年底，全国仍有代课教师30多万人。代课教师是教育资源严重不足和配置不均衡历史背景下的无奈选择，规范教师资格，提高教育质量，促进义务教育均衡化发展是既定目标，清退代课教师也成为必然趋势，但由于代课教师群体为维持农村教育作出了巨大的贡献和牺牲，因此清退代课教师也引起了社会的广泛关注，将清退代课教师与建立教师正常补充机制相结合，妥善、公正地解决好代课教师的补偿问题，成为当前的主要呼声。

第四，缩小教育资源配置的校际差距，尽力解决“择校热”等教育公平的热点问题。中小学“择校热”已成为中国教育的痼疾，已成为一个复杂的社会问题。“择校热”在许多地方愈演愈烈的主要根源，在于区域内教育资源不均衡配置所造成的校际之间在硬件、师资和升学率等方面的巨大差距。

缩小教育资源配置的校际差距，成为解决“择校热”的根本选择。例如，天津市为促进义务教育均衡发展，于2008年11月26日颁布了《天津市义务教育学校现代化建设标准（2008—2012年）》，规定了2008年到2012年全市每一所义务教育学校都要达到的最低标准，将从改善办学条件、创新学校管理、加强教师队伍建设和深化素质教育等方面入手，缩小城乡学校之间的差距。要求切实办好每一所义务教育学校，充分体现义务教育的公平性、公益性和普惠性。坚持均衡发展、统一要求、重在建设的原则。2009年制定通过并于2010年1月1日起施行的《山东省义务教育条例》也规定，县级以上政府及其教育行政部门应促进学校均衡发展，缩小学校之间办学条件差距，不得将学校分为重点学校和非重点学校；学校也应当均衡配置校内教育资源，根据规定标准招收学生，编制班级，不得划分重点班和非重点班；未经省人民政府教育行政部门批准，不得设立实验班。

2009年义务教育均衡发展方面还有两件引起巨大社会反响的事件，就是禁止有偿家教和全国多个城市封杀奥数。教育部公布的修订中小学教师职业道德规范，增加了“抵制有偿家教”的内容，北京、武汉、山东、浙江等地都先后出台相关规定，禁止中小学在职教师从事有偿家教。北京、广东、河北、浙江、江苏、重庆、成都等省市纷纷出台有关规定或采取相关措施，禁止举办“奥数班”和“奥赛”。重庆还宣布从2009年起逐渐全面取消各类学科奥赛的升学加分。2009年10月，成都市教育局出台五条“禁令”，包括不再举办奥数学科培训和竞赛、禁止将奥数成绩和“小升初”挂钩等。在很多地方出台的素质教育相关规定中，除封杀奥数外，还包括清理中考加分、严禁违规补课、规范招生行为等相关规定。

这些举措之所以受到社会的普遍关注和众多家长的热烈支持，是因为无论是教师补课还是奥数班，都是严重破坏和干扰基础教育均衡发展的重要制约因素，使择校风愈演愈烈。这些举措有助于使招考升学流程理性化和公平化。不过，无论是教育部有偿家教禁止令还是各地的奥数“封杀令”，其执行效果和目标并不理想，家教和奥数培训的热度并没有相应下降，反而越“封杀”越火爆。除了前面分析的校际差距所驱动的择校等原因，高考政策及其所传导的升学压力、教育与学校管理的行政化导向等，都是影响义务教育均衡发展和素质教育实施的重要因素。

（三）招生、考试制度改革

在教育和教育学历成为社会资源配置重要机制的现代社会，升学考试制度的公平是教育公平的关键因素，会深刻而直接地影响到人们的社会公平感，因此，保证教育考试的公平性，也有助于促进社会稳定与和谐。考试招生制度改革也越来越成为整个社会，包括学生、家长、学校、教育管理工作者都热切关注的问题。

在《国家中长期教育改革和发展规划纲要》中，考试招生制度改革是重要内容之一。2009年2月25日，《规划纲要》工作小组办公室组织召开“考试招生制度改革”征求意见座谈会，参加座谈会的有学生家长、学校老师、在读研究生，还有记者等。与会者就相关问题作了深入讨论，如流动人口子女教育问题、外来人口子女在现居住地就读但难以参加中考和高考的问题，大学录取的地区、城乡公平问题，单一高考制的弊端及其改革等问题。随着城市化速度的加快，流动人口子女在城市受教育的问题，尤其是在流入地参加中考和高考的限制性政策日益成为严重的教育公平问题，关于改革“户籍＋学籍”双认证的高考招生制度和制定具体考试办法的呼声日益高涨。

1. 综合素质评价——高考改革在争议中摸索前行

2009年，全国10个省份开始新课程改革后的“新”高考，采用“高考成绩＋学业水平测试＋综合素质评价”的新高考模式，破除高考分数一元标准，由单一考试向多元评价转变，这一探索理论上讲符合人才培养和选拔规律、有助于促进教育公平，但是由于综合素质评价无标准答案、主观性太强，公众尤其是众多考生和家长对其可行性、客观性表示担忧与质疑。因此综合素质评价在大多数省份并未在高校招生录取中发挥实际作用。而山东临沂师范学院在今年的招生中，对 12 名考分上线而综合素质评价低又不服从志愿调剂的考生进行了退档处理，综合素质评价第一次与高考录取实现“硬挂钩”，因此被称为是“破冰之举”。

2. 高考加分政策备受争议

2009 年高考前后，“浙江高考航模加分”和“重庆 31 名考生民族成分造假”等事件，使得长期以来都存在的高考加分制度备受争议。

2009 年 5 月，《中国青年报》关于“浙江高考航模加分者被指多来自权势家庭”的报道，使得浙江高考“三模三电”（航海建筑模型、航空航天模型、车辆模型与无线电测向、无线电通信与电子制作）加分问题引起社会的广泛关注。从 2008 年高考成绩统计看，浙江考生成绩每增加一分就可以超过 200 多名竞争者，如此大的诱惑，再加上加分门槛较低，使得人们以各种方式争取加分资格，市场化组织的参与也使加分类特长培训成了“富人的专利”，高考加分成为马太效应，子女考试成了“父辈竞赛”。

2009 年高考后，重庆文科状元因涉及少数民族加分造假，被取消录取资格。之后，重庆市查出 31 名虚假少数民族身份加分的考生并宣布取消其高校录取资格。

关于高考体育加分的争议也成为一个重要关注点。国家二级运动员 20 分的体育加分，使体育加分成为一种重要资源。例如，北京大学 2008 年录取的 24 名重庆考生中，有 17 人为加分考生，其中 13 人凭借“二级运动员”加分，4 人凭借少数民族成分加分。长期以来实行的高考体育加分，其初衷是为了推进素质教育，鼓励学生全面发展，但由于各种舞弊操作、监督不力和缺乏透明性等原因，体育加分成为某些人攫取利益的“捷径”，使高考的公平性深受影响。

2009 年 12 月，中国青年报社会调查中心的一项调查表明，在各级教育中，“高考”成为人们心目中教育不公平现象最集中的环节。被调查者中有 76.3％和 75.3％的人，将浙江高考航模加分和重庆考生民族成分造假加分视为“2009 年最损害教育公平事件”。58.7％的人表示高考加分政策严重破坏教育公平。76.9%的人建议取消一切可能滋生腐败的政策，恢复“裸考”。①

高考加分制度的初衷，是为了促进公平，是为了纠正人才选拔中分数“一刀切”而建立的，有一定的合理性，但是在实际推行中受各种因素的影响，造假现象严重，往往背离了这一制度设立的初衷。改革高考加分制度势在必行，对群众反应强烈、争议较大、监管难度大的加分项目应加以精减，要健全监督机制、增加透明度，积极利用和发挥社会监督、舆论监督的作用。

3. 高校自主招生中公平性问题

应试教育和传统高考被公认为是制约中国教育发展和人才培养的重要制约因素，高校自主招生的试点与实践就是试图要突破这种困境。但是，在实践中也存在高校招生自主权滥用的情况，表现为招生自主权商品化、私权化和官僚化等形式。② 2009 年 10 月北京大学宣布自主招生“校长实名直荐制”后，也引起了社会的热议，也充满了对此举是否会损害教育公平的担心。许多高校自主招生仍以测试、成绩为主要选拔依据，不仅没有减轻学生的学习负担，还严重干扰了教学秩序，也加重了家长和社会的负担。此外，许多高校自主招生报名资格和名额分给中学名校，农村学生很少能有机会，即使有机会，城市视角的考试内容和形式（如看重学生的文体特长，注重学生的知识面等）往往使得受教育条件比城市差的农村学生在自主招生中处于劣势。

因此，只有加强招生工作的制度建设和诚信体系建设，加大行政监督和教育行政执法力度，加强公开化、透明化和社会、舆论监督，高校自主招生等改革措施与探索才能有序、规范运行，才能保障教育资源的公平分配。

（四）贫困学生资助制度体系逐步完善

从 20 世纪 90 年代后期开始，我国实行高校收费制度改革试点，由此也出现了大量“贫困生”阶层，低收入或贫困家庭子女上不起学或因教育致贫成为一个重要的教育公平问题。2007 年以来，国家在义务教育阶段实施免费的基础上，在非义务教育阶段实施成本分担，增加财政投入，建立健全普

① 参见《公众感受 2009：仅 11.2%的人认为教育公平》，载《中国青年报》，2009-12-15。

② 参见张维平：《高校招生自主权的滥用与规约》，载《现代教育管理》，2009（11）。

通高校、高等职业院校和中等职业学校家庭经济困难学生资助体系。国家高等教育资助贫困生政策已经形成了包括国家奖学金、国家励志奖学金、国家助学金、国家助学贷款、师范生免费教育、国家助学贷款代偿制度、勤工助学、学费减免等多种形式并存的贫困生资助政策和制度框架。

2009 年 4 月，财政部、教育部发布关于印发《高等学校毕业生学费和国家助学贷款代偿暂行办法》的通知（财教［2009］15 号），规定高校毕业生到中西部地区和艰苦边远地区基层单位就业、服务期在 3 年以上（含 3 年）的，其学费由国家实行代偿。

2009 年 8 月，教育部作出“五个确保”的承诺：确保每一所高校“绿色通道”畅通；确保今年开展生源地贷款的省份及时启动，做到“应贷尽贷”；确保今年新考入普通高校的新生人手一册资助政策宣传手册；确保开学后所有资助政策落实到位；确保每一位考入普通高校的学生不因家庭经济困难而失学。

党中央、国务院高度重视中等职业教育，采取了一系列政策措施促进中等职业教育发展。在目前已有 90%的中职学生一、二年级享受每年 1 500 元国家助学金的基础上，国家又推出逐步实施中等职业教育免费政策，决定从 2009 年秋季学期起，对公办中等职业学校全日制在校学生中农村家庭经济困难学生和涉农专业学生逐步免除学费。

（五）职业教育日益受到重视

与基础教育和普通教育相比，职业教育具有明显的职业性、社会性和人民性等特点，职业教育也是促进经济社会发展和促进教育公平的重要环节。

据教育部统计，改革开放 30 年来职业教育共为国家输送了 1 亿多名技能型人才，其中中等职业教育培养 8 000 多万名，高等职业教育培养 2 000 多万名。职业教育成为将巨大的人口压力转化为人力资源的重要一环，也成为改善民生的有效途径。近年来，国家更加重视发展职业教育，加大投入和支持力度，职业教育规模不断扩大，结构更加合理，职业教育在我国现代国民教育体系和终身教育体系建设中发挥的作用也越来越大。

随着我国工业化、城镇化进程的加快，对技术性工人的需求急剧增长，我国面临的一个困境是：一方面是数以百万计的大学生找不到工作，另一方面是企业找不到有用的人才，出现较为严重的“技工荒”。其主要原因是 20

世纪90年代中期以来职业教育的地位逐步下降，政府重视普通教育和普通高等教育，对职业教育投入少，职业教育基础薄弱，师资等办学条件差，不能满足人民群众的需求；行业、企业和学校缺乏兴办职业教育的积极性；在客观上，生产服务一线的劳动者和技能型人才社会地位和收入较低，使得职业教育缺乏吸引力。

温家宝总理在国家科教领导小组会议上的讲话中指出，大力发展职业教育，既是经济发展的需要，也是促进社会公平的需要。在整个教育结构和教育布局当中，必须把职业教育摆到更加突出、更加重要的位置。这样做有利于缓解当前技能型、应用型人才紧缺的矛盾，也有利于农村劳动力转移和扩大社会就业。要转变看不起职业教育的社会观念，要研究具体的引导办法，增强职业教育的吸引力，包括加大职业教育投入，逐步对农村职业教育实施免费政策。提高技能型人才的社会地位和收入，合理确定中职和高职的比例，做到合理、适度、协调、可持续。职业教育管理体制要认真研究，充分调动行业、企业、学校兴办职业教育的积极性。① 温家宝在2009年政府工作报告中强调，要坚持优先发展教育事业，其中一个重要的方面是优化教育结构，大力发展职业教育，特别要重点支持农村中等职业教育，逐步实行中等职业教育免费，2009年先从农村家庭经济困难学生和涉农专业做起。②

2009年12月2日，温家宝总理主持召开国务院常务会议，决定从2009年秋季学期起，对公办中等职业学校全日制在校学生中农村家庭经济困难学生和涉农专业学生逐步免除学费。免学费标准按各省（区、市）人民政府批准的学费标准确定。对因免除学费导致学校收入减少的部分，通过财政给予补助和学校开展校企合作及顶岗实习解决。对在政府职业教育行政管理部门依法批准的民办中等职业学校就读的一、二年级符合免学费政策条件的学生，按照当地同类型同专业公办中等职业学校免除学费标准，由财政给予补助。免学费补助资金，由中央和地方财政按比例分担。依法成立的民办中职校一、二年级学生，也能享受此项优惠。2009年12月14日，财政部、教育部等部委联合发布《关于中等职业学校农村家庭经济困难学生和涉农专业学生免学费工作的意见》，规定要从2009年秋季学期起对公办中等职业学校

---

① 参见温家宝：《百年大计 教育为本》，载《人民日报》，2009-01-05。

② 参见温家宝：《2009年国务院政府工作报告》，见中央政府门户网站，http://finance.people.com.cn/GB/67611/8914770.html，2009-03-16。

全日制正式学籍一、二、三年级在校生中农村家庭经济困难学生和涉农专业学生逐步免除学费。西藏、新疆的部分地区农村户籍的学生全部享受免学费政策；其他地区享受免学费政策的农村家庭经济困难学生分地区按以下比例确定：西部地区按在校生的25%确定，中部地区按在校生的15%确定，东部地区按在校生的5%确定。

逐步实施中等职业教育免费政策，是我国继全部免除城乡义务教育阶段学生学杂费之后促进教育公平的又一重大举指，对于优化教育结构、促进职业教育发展有着重要意义。

（六）农民工子女教育问题

随着我国工业化和城市化加速，流动农民工子女教育问题日益凸显，成为我国义务教育新的难点和薄弱环节。2001年《国务院关于基础教育改革与发展的决定》提出“要重视解决流动儿童少年接受义务教育问题”，基本上确立了农民工子女教育“两为主”的方针（以流入地政府管理为主，以全日制公办中小学为主），采取多种形式，依法保障流动儿童少年接受义务教育的权利。2006年国务院转发的教育部等六部委《关于进一步做好进城务工就业农民子女义务教育工作的意见》，明确“两为主”方针，对农民工子女进城上学从限制转向支持。2006年《义务教育法（修订案）》规定，父母或者其他法定监护人在非户籍所在地工作或者居住的适龄儿童、少年，在其父母或者其他法定监护人工作或者居住地接受义务教育的，当地人民政府应当为其提供平等接受义务教育的条件。

当前，仍普遍存在留守儿童在生活、心理上失助，学业不良甚至辍学等问题；流动农民工随迁子女也存在入学难、打工子弟学校问题多、难以融入城市公立学校、初中毕业将无学可上等诸多问题。在2007、2008年农村和城市相继免除学杂费、实现了免费义务教育后，农民工子女教育成为最突出的教育公平问题。

2008年中央教科所分别在三类城市中调研“两为主”政策的落实情况，结果显示，县级市落实较好，地级市次之，省会以上城市不理想。学者们分析认为，大城市未达到“两为主”的总根源在城乡二元户籍制度，而相关政策中也存在不利因素，如义务教育属地管理原则的制约，以公办学校接纳为主的比例并无明确规定，我国财政以纳税人为基础、区域性“分灶吃饭”的支付制度等，也使得“两为主”政策与流入地政府利益有冲突。因此，在免费义务教育政策实施的大背景下，落实“两为主”需要一个完整的政策链条，需要有相应财政政策支撑，要有预算的编制和执行跟进，还要有公众广泛参与监督。①

温家宝总理在2009年政府工作报告中指出，要逐步解决农民工子女在输入地免费接受义务教育问题。正在制定中的《国家中长期教育改革和发展规划纲要》中，农民工子女教育问题也是受关注的重要方面。各地也都在努力探索和解决农民工子女教育问题，例如，2009年制定通过的《山东省义务教育条例》规定，县级以上政府应将进城务工人员随迁子女义务教育纳入公共教育体系，并以工作地全日制公办学校为主安排其接受义务教育。外来务工人员子女入学，要向居住地所在学区的学校提出就读申请并入学就读。学校接收确有困难的，由居住地县（市、区）人民政府教育行政部门按照相对就近入学原则统筹安排在公办学校就读。

农民工子女初中后的教育问题也日益凸显，对于流动儿童而言，初中毕业是许多城市容纳他们的极限，因为“户籍+学籍”双认证的高考制度，使得流动人口包括农民工的子女没有参加流入地高考的资格。流动人口子女受教育的“身份公平”，比户籍身份显得更为重要和紧迫。坚持“两为主”方针，确保农村留守儿童和农民工等进城务工人员随迁子女平等接受义务教育，改革升学考试管理制度，制定农民工子女随迁子女义务教育后在当地参加升学考试的办法等，是巩固义务教育普及成果、促进教育公平的重要任务之一。

（七）学前教育日益受到关注

学前教育对儿童的发展有着基础性的作用，是基础教育的基础。学前教育是国民教育体系的重要组成部分，对整个国家和社会的发展也有重要意义。政府承担学前教育的责任，已成世界的主流趋势。

2000年以来，我国实行以社会力量为办园主体的学前教育办学体制和政策，北京市2001颁布的《北京市学前教育条例》明确规定，北京市学前教育机构以社会力量办学为主体。

把学前教育推向市场的政策和做法，导致公办幼儿园逐年减少，民办幼

① 参见周大平：《推进教育公平 让农民工子女教育走出尴尬境地》，见中国教育新闻网，http://jijiao.jyb.cn/xw/200812/t20081223_231002.htm，2008-12-23。

儿园逐年增加，2008 年，我国民办幼儿园的比例达到 62.16%（见表2—1）。

表 2—1　　　　**2008 年我国幼儿园园数**

办学单位	幼儿园数（所）	比例（%）
教育部门办	27 449	20.53
集体办	18 432	13.78
民办	83 119	62.16
其他部门办	4 722	3.53
总　计	133 722	100.00

资料来源：中华人民共和国教育部网站，http://www.moe.gov.cn/edoas/website18/19/info1261647581896419.htm。

由于政府投入少，学前教育资源的严重不足，幼儿园供求矛盾尖锐，出现了城市乱、农村差、经费缺乏保障和师资不稳定等一系列问题，学前教育是各级教育中普及率最低的阶段，成为我国整个教育体系中最薄弱的环节。

学前教育的这一系列问题严重影响到教育公平。首先，民办幼儿园的收费基本上是自主定价，学费增长快，许多地方出现了天价幼儿园，公办幼儿园收取高昂捐助费的情况也大量出现，致使普通家庭尤其是贫困家庭子女难以接受必要的幼儿教育，严重影响学前教育的普及。其次，在营利的驱动下，学前教育出现了迎合市场、迎合家长的趋势，使得学前教育出现了"重点班"、"小学化"等反教育的现象，实际上也进一步加剧了社会负担和教育公平。此外，以社会力量为办园主体的学前教育办学政策，使得大量幼儿园教师没有"教师"身份和权利，出现学前教育教师责任重、工作累、待遇低、发展难、成就感低、社会认同度低等严重影响学前教育教师队伍稳定和教育质量的问题。

在农村和民族地区，学前教育更为薄弱，幼儿园配备不足，办学条件简陋，学前教育普及率低，教师缺乏，教育水平低，使幼儿教育小学化、成人化。例如，在几十万人口的西藏首府拉萨，只有两所公立幼儿园，入园难成为人民群众意见较多的问题。

在 2009 年全国与北京"两会"期间，针对学前教育的提案达到 30 件。2009 年 3 月，北京市政协教文卫体委等成立学前教育专题调研组开展调研，调研结果显示，北京的学前教育存在许多问题，一是学前教育资源缺乏，从幼儿园数量看，目前北京市注册的合法幼儿园总量已经由 1996 年的 3 056 所降低为 1 266 所，下降了 58.57%，加上 1 298 所未注册的"自办"园（俗称

“黑园”），总量也不过 2 564 所。据统计，近 3 年来北京新生儿共 46 万人，而现有的幼儿园资源，只能满足一半幼儿（近 3 年出生）的入园需求。二是学前教育财政投入集中在公办园，公办园多数又集中在城八区。三是幼教师资不足，学历层次偏低，岗位编制偏少，全市达到大学本科及以上学历的仅占 19.92%，2008 年全市在岗学前教育教师 18 000 多人中，具有事业编制的教师仅为 7 543 人，约占 41%。四是缺乏有效的部门协调管理机制。①

在全面免除城乡义务教育学杂费后，学前教育公平问题日益受到重视，关于加强政府在学前教育上的责任和主导作用的呼声也在高涨。

在 2009 年的全国人大会议期间，有人大代表建议把学前教育纳入国家学制系统并作为义务教育组成部分，逐步把学前教育在财政预算内教育拨款的比例从目前的 1.3%左右增加到 5%以上，把学前教育纳入公共事业的范畴，让偏远贫困地区幼儿也能享受同等学前教育。

在解决学前教育公平方面，各地也开始加快探索。例如，北京市正在制定的基础教育“十二五”发展建设规划中，小区配套幼儿园的建成方式将发生重大改变，将由原来开发商建好后交给教育行政部门，转变为以政府为主体，小区配套设施由政府建设与实施，资金来源通过开发土地出让形式来解决。这一改变将有效解决开发商不建、缓建、挪作他用、高价出租、不按规定交付教育行政部门使用等诸多问题。《北京市学前教育条例》目前也在修订当中。2009 年 10 月，广东省教育厅颁布《关于加快农村学前教育发展的意见》，对乡镇人民政府和县级教育行政部门承担发展农村学前教育的责任、建立农村学前教育扶贫帮困制度、切实保障农村幼儿教师合法权益、建立农村学前教育发展督导制度等方面作了明确规定。

明确学前教育的公益性，加大政府投入，重点支持农村学前教育发展，加强对城乡贫困家庭儿童学前教育的扶助，加快推进学前教育的普及与发展，成为未来解决教育公平的主要任务之一。

小　结

我国在教育发展和教育公平方面已取得了重大进展，但作为一个人口大

① 参见《北京调研幼儿园情况　现有资源仅够一半幼儿入园》，载《北京晚报》，2009-06-26。

国，拥有 60 多万所学校、2.6 亿学生和 1 400 万教师的教育规模，再加上长期以来的历史欠账，我国现代化建设和人民群众对于教育的强烈需求和教育资源供给不足之间的矛盾仍然比较突出。由于各种复杂因素的制约，城乡、区域间经济社会发展和教育发展还很不平衡，以及校际差距等因素而形成的教育公平问题，仍是关系人民群众切身利益的重要问题，实现教育公平的任务依然十分艰巨。

我国已确立了优先发展教育的战略，更加强调教育的公益性质和政府责任，教育公平是社会公平的重要基础的观念也已深入人心。从 2009 年的教育改革和教育公平进展来看，切实推动、保障和实现教育公平的举措不断出现，力度也不断加强。立足国情、因地制宜，让公共教育资源向贫困地区、民族地区倾斜，推动农村同城镇、中西部同东部的教育协调发展的教育公平实现路径已基本明确。

国家正在研究制定的《国家中长期教育改革和发展规划纲要》，数度面向广大人民群众征求教育改革和发展的意见和建议，问计于民，广集民智，充分表明党和国家推进教育公平的信心与决心，《规划纲要》必将在教育体制改革等各方面提出重要举措，在促进社会公平、改善民生和构建社会主义和谐社会中也将发挥更为积极的作用。

［劳动就业］

第三章　金融危机中的就业稳定与就业促进

陈　云*

应对金融危机挑战，稳定和促进就业，是过去一年中国就业的标志性年度特征，也是政府和社会广泛关注的焦点。这是因为：一方面，中国就业长期存在“四大一突出”的矛盾和问题，即人口基数大、劳动年龄人口总量大、农业富余劳动力规模大、就业困难群体数量大、就业结构性矛盾越来越突出；另一方面，国际金融危机带来的就业压力和挑战，以及这一因素对原有矛盾和问题的影响所形成的新矛盾和新问题，在 2008 年下半年以来日益凸显。

一、金融危机：中国就业的新挑战与新机遇

回顾新中国建立以来，中国曾经历过几次比较大的就业危机。但与以往不同，此轮就业危机显得更加复杂，且呈现诸多新的特征，是中国就业从没

* 陈云，人力资源和社会保障部劳动科学研究所研究员。

面对过的新挑战。这体现在：从危机的规模和程度来看，它是中国市场经济体制建立以来面临的最大规模的世界性经济危机，比较以往的金融危机，此次危机的规模大、影响广、持续时间长；从危机致因和影响因素看，是美国金融危机等外部经济影响与我国内部不合理的经济社会结构相互叠加、共同影响形成的；从危机发生的时间来看，是在我国经济社会快速转型，城镇化、工业化发展处于中期的特殊阶段发生的，也是在我国积极推进经济社会发展模式转变、经济产业结构转型、调整经济增长速度过程中发生的。这些特定的时空特征和经济社会条件，使得此次金融危机对我国就业的影响变得更加错综复杂，中国就业形势发生了新的变化，出现了新的矛盾和问题；在应对金融危机挑战中，从国家就业政策到企业人力资源管理理念和策略，再到社会成员的就业观念和就业行为选择等等，也出现了一些新的特征和迹象。

（一）金融危机对中国就业的影响

1. 金融危机从总量上影响就业供求关系

为了有效促进就业，国家提出了实现社会就业比较充分的目标，实施了积极的就业政策，强调实现经济发展与扩大就业良性互动。但作为人口大国，且处于劳动人口比例相对较高时期，在每年大量新增劳动力、失业群体再就业以及大量农村剩余劳动力向城镇转移的背景下，我国劳动力供给目前仍然处于一种总体供大于求的状态，宏观就业供求矛盾突出。金融危机爆发，通过影响经济增长，在一段时期内使得劳动力总量供大于求的宏观就业矛盾进一步加剧。主要体现在：一方面，现有岗位存量因企业裁员而减少；另一方面，城镇新增就业同比大幅下降，就业需求空间急剧压缩。

首先，受金融危机影响，企业现有就业岗位大幅度减少，岗位流失严重。人力资源和社会保障部对部分省区的抽样调查显示，2008 年 10 月至 2009 年 1 月，平均有 40％的企业出现过岗位净减，全部检测企业的岗位增减相抵为净减，减幅达 8.1％。2008 年末，城镇登记失业率同比上升 0.2％，比较上年增加 56 万人，为近三年来的最高点。到 2009 年 6 月份，全国企业岗位流失率仍然维持在 8％，大约有 620 万人失去工作岗位。[①]

---

① 参见莫荣等撰写的《中国就业应对国际金融危机方略系列研究报告》，内部报告，本文部分数据和观点参引自该报告。

其次，金融危机直接影响到新增就业。2008 年第二季度开始，全国城镇新增就业出现持续大幅下降态势，第四季度城镇新增就业人数仅为 177 万人，比第一季度的 330 万人下降了 42.6%。从劳动力市场的岗位需求情况来看，2008 年第四季度人力资源市场岗位空缺与求职人数比下降到 0.85，是近 10 年以来最低点。2009 年，人力资源和社会保障部在年初的工作计划中，确定全年城镇新增就业人数为 900 万，比以往的目标减少了几十万。虽然 2009 年第二、三季度略有回暖，到年底全国实现城镇新增就业实际达到 1 120 万人，但并没有改变增速下降的总体态势。城镇登记失业率持续稳定在 4.3%的水平（见表 3—1）。

表 3—1　　2008、2009 年分季度新增就业人员与失业率情况

季度	新增就业人员（万人）			城镇登记失业率（%）
	合计	下岗失业人员再就业	困难人员再就业	
2008-01	330	128	36	4.0
2008-02	310	154	41	4.0
2008-03	296	127	78	4.0
2008-04	177	91	65	4.2
2009-01	268	120	35	4.3
2009-02	301	151	44	4.3
2009-03	282	131	41	4.3
2009-04	251	112	44	4.3

数据来源：人力资源和社会保障部季度新闻发布会资料。

2. 从就业群体结构看，特定群体就业问题更加突出

近年来，在大量新增劳动力、失业群体再就业以及大量农村剩余劳动力向城镇转移的背景下，我国宏观就业供求矛盾日渐突出。尤其是在总量就业供求矛盾持续扩大的过程中，结构性就业矛盾更加突出，包括高校毕业生、农民工以及城镇弱势群体等面临的就业问题尤为突出。国际金融危机进一步凸显和加剧了这一结构性矛盾。

金融危机中，首当其冲的是农民工群体就业。根据国家统计局的调查，2009 年春节前，约 1 200 多万农民工因受金融危机的影响暂时失去就业岗位返乡，占外出农民工总量的 8.5%。特别是沿海出口加工型企业的农民工就业人数众多，因金融危机造成的失业、待岗或返乡情况严重。中央财经领导小组办公室副主任、中央农村工作领导小组办公室主任陈锡文在 2009 年 2

月 2 日国务院新闻办举行的新闻发布会上发言提到："在全国 1.3 亿外出农民工中，大约有 15.3%的农民工因全球金融危机而失去了工作，或者没找到工作。据此推算，全国大约有 2 000 万农民工失去工作，或者还没有找到工作就返乡了"①。

其次是青年群体，青年人作为劳动年龄人口中相对具有活力的一部分，在劳动力市场上通常具有较好的市场竞争力，其就业压力历年来没有得到足够的重视。在青年就业群体中，主要包括两部分，一部分是接受高等教育的大学毕业生，2009 年高校毕业生规模达到 611 万人，比 2008 年净增 52 万人，如果再加上去年未就业的毕业生 100 多万人，需要就业的高校毕业生达 700 万人。根据教育部的统计，2009 年 5 月末进校招聘岗位数和应届毕业生签约率两项指标均低于去年同期，其中签约率仅为 45%。另一部分是与大学生基本同一年龄段而未能接受高等教育的其他社会青年。根据 2009 年上半年抽样调查，城镇 16～24 岁青年失业率达 11%以上，比平均失业率高出一倍，出现了一个小的青年失业高峰。从全国劳动力市场的需求变化看，我们注意到自 2008 年第三季度以来，市场对 34 岁以下年龄段的劳动力需求在总需求中的比重基本呈下降趋势（见表 3—2）。

表 3—2　　2008、2009 年分季度不同年龄要求的岗位需求比重（%）②

年龄要求	2008 年				2009 年		
	一季度	二季度	三季度	四季度	一季度	二季度	三季度
16～24 岁	33.7	33.2	32.6	30.5	30.4	31.0	32.7
25～34 岁	32.6	32.6	32.6	31.4	31.8	31.6	31.2
35～44 岁	15.8	16.5	15.8	16.9	16.5	16.7	15.8
45 岁以上	5.3	6.4	5.9	7.1	6.0	6.2	6.5
无要求	12.6	11.3	13.1	14.1	15.3	14.5	13.8
合　计	100.0	100.0	100.0	100.0	100.0	100.0	100.0

3. 对就业产业结构的影响

值得强调的是，本轮金融危机的爆发，与我国经济发展方式转型、产

① 常红晓：《陈锡文：约 2 000 万农民工失业，须直面相关社会问题》，载《财经》，2009 (2)。

② 本章表 3—2、表 3—3、表 3—4、表 3—5 有关 2008、2009 年全国劳动力市场情况的数据，除特别说明的外，都来自于人力资源和社会保障部发布的季度部分城市劳动力市场供求状况分析报告。

业结构调整和升级的关键阶段在时间上具有重合性，因此其产生的效应，对于我国经济结构尤其是产业结构的影响，与其对就业的影响紧密结合在一起。

从产业结构看，对就业的影响问题进一步显现。因受金融危机影响，外向型企业吸纳就业的能力显著下降。产业结构调整和升级，使就业容量大的劳动密集型中小企业受到影响。在就业产业结构上，由于金融危机对我国实体经济影响以制造业为主，第二产业的劳动力需求量和增长情况，其震荡程度超过第一、三产业，在2008年下半年尤其是第四季度都出现比较明显的下降。2009年，这种产业结构上的岗位需求比重，各季度之间略有起伏，但未能从根本上改变大的格局。这说明，应对金融危机的产业结构调整政策，对就业结构的调整效应不能在短期内有明显表现。在危机中各产业之间的劳动力转移，以第二产业劳动力向第一产业和第三产业转移为特征（见表3—3）。

表3—3　　2008、2009年不同产业岗位需求情况

季度	第一产业		第二产业		第三产业	
	比重	季度环比	比重	季度环比	比重	季度环比
2008-01	2.0	+0.1	39.4	+2.3	58.6	-2.4
2008-02	2.3	+0.3	38.2	-1.2	59.5	+0.9
2008-03	2.8	+0.5	38.0	-0.2	59.2	-0.3
2008-04	3.4	+0.6	34.7	-3.3	61.9	+2.7
2009-01	2.4	-1.0	38.4	+3.7	59.2	-2.7
2009-02	2.1	-0.4	37.9	-0.5	60.0	+0.9
2009-03	2.2	+0.1	39.6	+1.7	58.2	-1.8

金融危机对就业产业结构的影响，一是要全面地分析，二是要具有时间观念，要从时间过程来分析其在不同阶段产生的影响。金融危机对产业结构的影响体现在三个方面：首先是压缩部分产业规模，调整行业产能，改变要素构成，淘汰部分产业经济组织，其对就业的影响，一是调整就业人员规模，二是改变就业人员的知识技能结构；其次，对部分产业产生短期的抑制，但具有可恢复性，随着经济环境的改善和消费的复苏，部分行业产能增加，就业需求量得到恢复乃至增加；再次，是发展新的产业和行业，出现新的经济组织形态，刺激扩大就业。

4. 对就业空间结构与就业流动性的影响

就业人口的空间结构分布，是就业结构中的重要内容。尤其在中国当前城乡二元结构和经济社会发展不平衡条件下，劳动就业人口向大中城市集聚，向东部沿海发达地区集中的特征十分明显，形成劳动力大规模、季节性、单向度的地域性流动。这一现象带来了系列的社会问题。如何进行就业人口的空间结构的合理分布，是中国就业中的难题，也是中国经济社会发展中的难题。金融危机的爆发，再次凸显了这一问题的严重性和解决问题的紧迫性。

金融危机在空间结构上对就业的影响，最明显地表现在两个方面：一是金融危机导致的大规模农民工返乡潮，这一问题在 2008 年底表现尤为突出，甚至成为一个影响社会稳定的潜在性因素。作为世界工厂的东南沿海地区仿佛在一夜之间出现空城，大量农民工在短时间内失业而不得不提前返乡。二是金融危机及其应对措施对产业布局的影响，一方面金融危机加速了部分产业的结构调整，东南沿海劳动密集型产业转移生产基地，统计数据显示，过去 10 年来，西部地区快速崛起，经济增长总值年均增长率达 11.42%，较全国平均水平高出近两个百分点，而中东部地区原有产业也正在加速向西部转移。另一方面，大规模公共投入加速中西部地区基础建设和经济发展，引致部分产能和就业岗位的空间转移。此外，由于近些年来中西部地区经济社会发展达到一定程度，低端劳动力市场趋于成熟，在综合各个因素后，具备与东南沿海劳动力市场竞争的条件，那些原本要千里迢迢找工作的农民工，现在在西部、在家乡附近，就能稳定就业了。据国家统计局对全国 31 个省（区、市）近 20 万农村劳动力外出务工的监测，2009 年前三季度，在西部地区务工的劳动力持续增长，增长幅度为 4.7%，西部成为农村外出劳动力就业增长最快的地区。从外出务工农民的收入变化看，在西部地区务工的劳动力月均收入 1 382 元，增加 57 元，增长 4.3%，增幅高于中部地区 1.1 个百分点，高于东部地区 1.8 个百分点，从而改变了劳动力总量在整个国家经济版图中的重新配置。从全国劳动力市场监测数据来看，2008 年第四季度，东、中、西的劳动力需求都出现了明显的下降，东部地区达到季度环比下降 27.9 个百分点，值得注意的是 2009 年以来，东部地区和西部地区的劳动力需求季度环比逐步增加，东部地区增加幅度超过西部地区，但中部地区则在一季度得到一定恢复后，又继续呈现下行趋势，中东部地区的求人倍率尚未能恢复到 2008 年上半年的水平（见表 3—4）。国家统计局和人保部的 2009

年 6 月的一项调查显示，来自东部、中部和西部地区外出农民工比重分别为 29.6%、37.6%和 32.8%。按输入地分，东部地区吸纳外出农民工占外出农民工总数的 66.7%，中部地区占 14.7%，西部地区占 18.2%。

表 3—4　　2008、2009 年分季度不同地域劳动力市场需求情况

时间	需求人数季度环比			求人倍率		
	东部	中部	西部	东部	中部	西部
2008-01	+4.8	+8.9	+1.4	1.09	0.96	0.91
2008-02	+1.6	+14.7	+4.2	0.99	0.97	0.94
2008-03	+2.4	-8.1	+5.8	1.02	0.87	0.92
2008-04	-27.9	-5.3	-2.0	0.89	0.82	0.86
2009-01	+26.3	+15.9	-2.9	0.87	0.83	0.84
2009-02	+12.3	-4.4	+0.6	0.90	0.88	0.80
2009-03	+16.3	-0.8	+10.7	0.99	0.89	0.87

5. 对就业质量的影响

金融危机明显影响到劳动者就业质量，主要是：就业稳定性降低，失业风险增加；一些企业降低劳动报酬，就业收入减少；某些劳动权益受损，用人单位以金融危机影响为理由在劳动合同签订、社会保险缴纳、工资福利待遇等方面拒绝职工要求或降低标准，影响劳动者就业质量。一项针对全国 19 个省市、105 个村的调查表明，金融危机已对农民工就业造成较大影响，突出表现在提前返乡、工资下降等方面。金融危机发生后，春节前大量农民工失业返乡，春节后约 96%的返乡农民工又陆续回城工作，尽管大多数已找到工作，但已就业的农民工收入下降，工作不稳定的情况比较普遍。[①] 也有调查显示，受市场不景气的影响，大学毕业生初职的平均工资水平明显下降。

6. 对就业观念和就业取向的影响

大规模的金融危机对于刚刚进入市场经济体制的中国劳动者来说，也是一堂生动的教育课，在就业问题上，深刻影响到劳动者的就业观念和行为选择。这些影响突出表现在两个方面：

一是进一步提高了劳动者市场就业机制下的风险意识，虽然从自我就业

① 参见王宾、韩凯：《国际金融危机对农民工就业影响的百村调查》，载《经济纵横》，2009(8)。

安全稳定性出发，出现了报考公务员的新热潮，更多人为争取一个更稳定的饭碗而与千军万马争过独木桥，但从长期来看，金融危机在思想观念上对“铁饭碗”的意识残余的消解作用仍然不可忽视。这将有利于在全社会形成市场经济体制下应对经济波动和就业不稳定的心理基础。

二是金融危机对大学生就业观念和行为产生了深刻影响。在金融危机形成的严峻就业形势下，长期以来束缚大学生就业的一些价值观念和就业行为习惯在一定程度上被改变，一些原来被大学生所看重的择业因素如户籍、地域、行业、薪酬等等都在危机中成为不考虑的因素，尤其是对推动大学生到基层工作的政策导向产生积极影响，一些面向基层的就业项目得到大学毕业生的积极响应。

（二）金融危机对就业的新挑战

金融危机对中国的就业造成了直接而广泛的影响，这些影响对当前和今后一段时期的就业提出了挑战，主要表现在：

1. 如何控制失业规模和速度，稳定和扩大就业

全球性金融危机严重冲击世界经济体系，放缓了各国的经济增长速度，挫伤了世界经济增长信心。发达经济体普遍陷入衰退，发展中国家经济增长明显放缓。在世界经济急速减退的同时，出现世界范围内失业率的大幅攀升。OECD发布的数据显示，到2009年4月，OECD国家的平均失业率达到7.8%，比2007年末的5.7%上升了2个百分点。美国的失业率则高达10.2%，为25年来的最高水平。印度、巴西、墨西哥、埃及、南非等发展中国家就业普遍受到冲击。金融危机以来，世界范围内失业率的不断攀升给各国经济社会发展造成巨大压力。①

作为全球最大的发展中国家和“世界工厂”的中国，在全球性金融危机波及到实体经济之后，经济增长速度明显减缓，就业问题突出，其最直接的挑战就是在短期内形成大规模的失业潮。近10年来，在经济增长向好的背景下，促进就业关注的重点是新增就业，对稳定就业的关注不够，相关政策措施缺乏，尤其是作为吸纳就业主力的大量中小企业，在危机影响下深陷困

① 参见人力资源和社会保障部国际劳工与信息研究所《国际金融危机对就业的影响及应对措施》系列研究报告，内部资料。

境，发展环境紧缩，必然影响就业的稳定和扩大。针对企业现有岗位流失的现象，如何稳定就业、减少岗位流失成为影响全局的重要问题。2007 年下半年，中国经济实际上在防止经济过热的宏观政策作用以及经济结构的战略性调整中已经开始有所减速。2008 年开始，沿海经济已经出现增长减速迹象，国内股市和楼市的交易量和价格下跌。9 月份之后国际金融危机对中国经济的冲击显现，影响骤然加剧。吸收外商直接投资，进出口贸易特别是出口贸易从 2008 年 11 月份开始出现了连续 7 个月的负增长。中国经济在 2008 年第四季度出现大幅减退，国内生产总值仅增长 6.8%，比年初下降了 3.8 个百分点。在经济减速的同时，由于劳动密集型产业和中小企业受到严重冲击，不少企业出口订单下降，企业开工不足，有的甚至关闭歇业，大量企业职工停工和失业。如何充分利用中国的体制优势和经济社会各种资源，采取有效的政策措施，减少失业人数，减缓失业速度，稳定和扩大就业，尽量将失业潮对经济社会发展的冲击控制在最小的程度，是中国政府和社会的首要挑战。

2. 就业机制如何应对宏观经济社会形势“非正常状态”

金融危机最重要的挑战之一，就是中国的就业机制应当如何应对宏观经济社会形势“非正常状态”的挑战。正如 19 世纪法国经济学家朱格拉所言，“萧条的唯一原因就是繁荣”①。经济繁荣的背后，隐藏的就是经济衰退的影子。当前，对于中国经济未来的长期发展趋势，仍然存在一些争议，但基本的共识是，中国经济不可能总是保持高速发展状态，经济起伏和波动将更加频繁，经济发展进入“非持续快速增长”时代。如果说过去 30 年，我们的体制、政策、思维、知识和能力已经适应于在发展中解决问题，在经济快速增长的增量改革中解决问题，那么，将来我们要面临的总的影响和大的挑战，就是在今后经济将不会再永远保持高速增长，在经济波动会增强的态势下，中国的就业机制如何适应这种新的形势和挑战。

3. 金融危机后续效应和后金融危机时期面临新的矛盾

第一，经济发展的不确定性和应对政策的“意外后果”。虽然，我们看到目前的总体形势有某些好转，但也要清醒认识到，此番金融危机的后续效应至今尚未完全显现。一方面金融危机本身的影响还在继续，另一方面，世界各国为应对危机而采取的政策措施，可能会产生一些意外效果和负面效

---

① ［挪威］拉斯·特维德：《逃不开的经济周期》，北京，中信出版社，2008。

应。譬如，央行统计的国内贷款大幅上升，2009年中国新增信贷高达9.59万亿元，超过历史上任何一年的投放总量。同时，国民经济回升基础尚不巩固，格局不平衡，还存在不确定的因素。

第二，经济复苏的延缓性和就业恢复的滞后性。经济危机一般要经历“危机—萧条—复苏—繁荣”这样一个完整的周期，世界各主要经济体的经济需要较长时间（一般认为需要2～3年或更长时间）才能恢复到正常水平。而一般来说，经济走势对就业的影响也具有滞后性，短期内就业形势难以好转。国际劳工组织（ILO）2009年12月公布的《2009年全球就业报告》指出，自2008年10月至今，包括美国、印度、巴西等在内的51个国家已有至少2 000万人失业。但目前全球就业危机尚未结束，如各国政府不依循正确的政策，过早退市，2009年至2012年间全球会有4 300万名工人被迫脱离劳工市场，或陷入长期失业，结果将延缓就业复苏，使当前的经济好转趋势将难以持续。①

从历次经济衰退的恢复过程和经济理论来看，在经济复苏后较长一段时间内，失业率仍会居高不下。这被称为“不增加就业的经济复苏”。国际劳工组织总干事胡安·索马维亚认为，相对于经济的全面恢复，就业率要恢复到危机前的水平通常需要多花4到5年的时间，因此由金融危机引发的就业和社会保障危机将会持续6～8年之久。因此，即使2010年经济开始复苏，就业依然会面临严峻的挑战。《2009年全球就业报告》预测，发达国家的就业要到2013年才有望恢复到危机爆发前的水平，新兴和发展中国家的就业可能2010年开始恢复，但要到2011年才可能恢复到危机前的水平。

4. 如何在经济政策和就业政策中寻求合理制度安排

我国现有的经济发展方式存在一些基本特点和突出的问题：一是粗放型、高能耗的特点；二是劳动密集型产业和低劳动力成本策略；三是产业结构以工业化、制造业和重化工业为重点；四是以外向型经济为动力，内部消费动力疲软；五是对高投资和出口的依赖；六是经济增长对低成本资源和要素、高强度投入的过度依赖。金融危机的爆发，本质上是对中国现存经济发展方式的全面冲击，使得这些特点和问题进一步凸显或强化。加快实现经济发展方式的转变，是应对金融危机和经济波动的治本之策。在经济发展方式的转变中，如何协调经济政策和就业政策，促进经济发展和就业充分目标的

① 参见宋斌：《国际劳工组织发布〈2009年全球就业报告〉》，载《光明日报》，2009-12-09。

实现，成为重大课题。经济发展方式的转变将对就业结构产生重大影响。

第一，对外需和投资过高依赖的经济发展模式难以为继，加快调整转向以内需为支撑的经济发展模式势在必行，这对就业工作提出了新的更高的要求。外需行业和企业的劳动者需要大批转移到内需企业和岗位就业，内需行业的就业市场将面临更大压力。这些劳动者大多数是低端岗位就业者，素质相对较低，可能会导致结构性失业问题。再比如，危机中形成的新的就业理念和政策标准、金融危机对国外消费者消费心理和行为的影响、国际贸易格局调整和争端等都将对我国就业产生直接影响。

第二，由于金融危机的爆发，产能过剩的压力不断加大。同时，重化工产能的过度扩张对资源的需求、对环境的压力增加。由于资源和要素供需条件的变化，生产要素的成本也在继续上升。怎么样改变对低成本资源和要素高强度投入的依赖，提升创新和人力资本对经济增长的贡献，这是必须解决的问题。

第三，体制转轨和产业结构调整的挑战。在体制转轨中，下岗失业矛盾突出。从上世纪 90 年代开始，大量的国有企业富余人员下岗，其中大部分下岗职工实现了再就业，但目前仍有相当一部分还没有就业，再加上有大量国有企业政策性破产、辅业改制和厂办大集体企业职工需要安置，解决这些历史遗留问题还需要付出艰苦的努力。当前和今后一个阶段，我国正处于产业结构升级的关键时期，产业结构调整力度加大、速度加快。由于我国劳动力总体素质偏低，技能人才短缺问题突出，不可避免地带来劳动力结构性失业。金融危机后的产业格局将发生某些改变，不同的产业发展战略和规模，需要相适应的人力资源结构与之匹配，才能尽量减少结构性失业的影响，而适当的人力资源结构将对经济转型产生积极的催化作用，比如信息人才的培养，有利于信息产业的发展，而能源环保方面专业人员队伍的形成将推动绿色产业的繁荣。在这种体制转轨和产业调整过程中，如何减少变革对就业形势的冲击，控制失业率，实现人力资源的技能结构和新型产业结构的适应性匹配，是中国就业需要解决的又一个难题。

5. 如何防止危机的传导

在人类的各种经济社会活动中，就业是最为复杂，也最具有多重性质的一种社会活动，它既是经济活动，也具有社会领域的属性，也是一个敏感的政治话题，它处于诸多社会关系的核心节点之上，既关系价值的生产，也关系价值的分配；一头连着生产，一头连着消费；一边关乎国家大计，一边事关社会民生与个体尊严。世界经济社会发展历史给我们的一个教训是，经济危机导致的大规模失业，常常会成为引致更广泛持久的社会危机的重要因素。从金融危机到就业危机，再到社会危机以至政治危机，这样一条危机传导的路线图，在资本主义市场经济国家的发展历史上清晰可见。在此番金融危机来袭之际，能否有效控制失业率，是能否阻断金融危机向社会危机传导的关键所在。

6. 必须应对国际经济环境和国际竞争的新挑战

在世界经济形势影响下，国际政治形势也表现出某些突出特征，国际格局多极化明显，在加强合作中竞争日益激烈。美国单极世界权威受到挑战，单边主义受到遏制，政治格局多元化趋势明显加强。“金砖四国”、“展望五国”和“新钻十一国”等新兴经济体和发展中国家，潜力巨大，日益成为世界经济增长和国际格局演变的重要力量。国际合作和斗争在双边协议、区域性谈判和全球性议题等各个层面和领域展开。“二十国集团”、“八国集团与发展中国家领导人会议”等涵盖发达与新兴大国的对话合作机制，日益成为未来全球治理机制建设的发展方向。与此同时，金融危机加剧了国际垄断资本之间的矛盾，金融危机在促使全球合作的同时，经济衰退也可能成为国际政治斗争的重要诱因，经济议题更容易演变成政治问题，国内矛盾国际化可能性加大。国际关系日益复杂，国际矛盾和冲突有日益增多和激化趋势，除区域性安全等传统挑战外，能源、生态和气候问题等成为新的矛盾焦点。

同时，国际金融危机引发对世界不同发展模式的重新思考，西方自由资本主义发展模式受到批评，体现不同价值观念和理论基础的政治理论和社会思潮日趋活跃；不同文明、理念间的对话交流日趋频繁；不同政治体制之间的制度竞争更加激烈。在应对此次金融危机过程中，欧美发达国家在国内政策和国际合作中特别重视能源、生态环境、应对气候变化等议题，奥巴马在其“美国复兴和再投资计划”中，把开发新能源作为投资的重点，欧盟也宣布 2013 年前出资 1 050 亿欧元支持“绿色经济”。① 无论在 G20 还是 G8 峰会期间，这些问题都受到高度关注，一方面这是全球性的问题，另一方面，这也是发达国家抢占经济战略高地的考虑。可以说，尽管世界依然陷在危机之中，但一场抢占新一轮发展制高点的“战役”已悄然打响。世界经济历史

---

① 参见刘秀荣：《欧盟将出资 1 050 亿欧元支持“绿色经济”》，见新华网 http://news.xinhuanet.com/newscenter/2009-03/10/content_10979256.htm，2009-03-10。

表明，每一轮经济危机都伴随着一场技术革命，引导经济走出低谷，奔向复苏。因此，中国要找到一条经济持续发展，而环境方面又避免先污染后治理的道路，就必须实现经济增长方式和产业结构转型，合理利用资源。经济增长方式和产业结构的转型在一定程度上会对就业产生压力，如造成结构性失业问题，或引起就业岗位的流失。

国际经贸环境恶化，外向型经济遭遇困境。自2008年以来，世界各国推出的贸易保护主义措施包括提高关税、贸易禁令、出口补贴以及各种形式的非关税贸易壁垒等。从2008年下半年以来，我国已遭遇多起反倾销、反补贴和保障性措施的限制。在G20匹兹堡峰会后，奥巴马批准了针对中国轮胎的特保案，此举给中美贸易摩擦开了"坏先例"。甚至印度、巴西、阿根廷等一些发展中国家，也对中国产品展开联合反倾销和反补贴调查。截至目前，已有几十个国家通过了将伤及中国出口商品的保护性措施。可以预见，中国今后会遭受越来越密集的贸易保护。大多数国家对中国产品发起贸易保护，都有一个共同的目的，就是保护本国就业。美国的轮胎特保案就是由工会提出的，奥巴马在批准该案时，保护本国就业是重要的理由之一。根据报道，"中国生产的轮胎中有40%出口，而其中三分之一出口美国。最高征收高达35%的关税，这意味着第一年中国的轮胎产品将不能出口到美国了。据初步测算，这将影响到10万左右工人的就业，损失约10亿美元出口额。"[①] 为了保护本国就业，印度甚至对中国工人都实施了"保护主义"，从2009年7月开始，全面收紧了对中国的商务签证，直接限制中国公司派驻印度的员工人数。自2009年9月印度当局对核发中国劳工商务签证严格把关后，约有3 000名中国技术劳工被迫返国。[②] 因此，国际经济环境和竞争加剧，将对中国的产业结构调整和就业提出严重挑战。

（三）金融危机中的就业新机遇

在金融危机作用下，有些矛盾和问题激化，进一步恶化中国就业的宏观经济社会环境，形成了严峻的挑战。但在某些方面，危机也为解决这些矛盾

① 雷敏：《美对从中国进口轮胎实施特保措施损人不利己》，见新华网，http://news.xinhuanet.com/fortune/2009-09/12/content_12041729.htm，2009-09-12。

② 参见郭传信：《驱离约三千名中国技术劳工，印度基础工程停摆》，见中新网，http://chinanews.com.cn/hr/hr-yzhrxw/news/2009/11-23/1979625.shtml，2009-11-23。

问题提供了必要的社会政策压力和改革的窗口机会，比如，加速产业结构的调整、更加重视民生为重点的社会建设等等。抓住和利用好这些机遇，不但有利于纾解当前就业压力、改善就业形势，而且对于促进就业的长效机制的形成具有重要意义。

1. 有利于形成社会共识，确立就业优先原则

危机使全社会充分认识到就业优先的重要意义。就业是收入的基础，是扩大消费的关键，就业问题解决不好，扩大消费就成为无源之水、无本之木，还会影响社会稳定。金融危机以来，从中央到地方都高度重视就业问题，有利于全社会形成就业优先的共识。2008 年 12 月召开的中央经济工作会议提出，要实施更加积极的就业政策，全方位促进就业增长，确保就业形势基本稳定。金融危机为推动更加积极的就业政策的实施，提供了强大的政治动员力量。国家领导人在多种场合突出强调就业问题的重要意义，并将就业作为政府工作的首要问题。在这种政治动员力量影响下，许多地方成立了由地方一把手或主要负责人主导的工作机构或协调机制，多数地方将就业工作作为重要考核指标，形成了责任机制。各级政府根据各地实际制定和实施了一系列政策措施，在政府主导下形成了整合社会资源、创新体制机制的合力，共同克服就业危机，稳定和扩大就业。

2. 有利于尽快形成经济发展与就业促进的协调机制

我国以往的宏观经济政策中，往往存在侧重经济增长，强调 GDP 增长速度的倾向，没有将就业放在首要位置。金融危机造成的就业危机，凸显了就业问题的重要性，在一定程度上改变了政府在经济政策制定和社会政策制定之间的惯常思维，在应对金融危机中，中国政府明确了经济发展与包括稳定和促进就业在内的社会政策共同推进的施政思路。从宏观层面看，应对经济危机过程中，许多宏观经济政策与就业政策同时出台，国家的积极财政政策中有许多属于保民生促就业的举措，地方政府也将就业作为政府工作考核评估的重要指标，在恢复和刺激当地经济发展的同时，始终将稳定和促进就业作为政策目标之一。这些都有利于就业优先原则的贯彻。

与此同时，金融危机形成的经济调整动力，为推动优化就业结构提供机遇。金融危机本质上是一次资源财富的重新配置过程，也是经济结构和各种利益结构调整的过程，金融危机的爆发，集中体现了我国经济结构和就业结构中的不合理性。在应对金融危机中，国家出台的产业调整和行业振兴计划，同时也是对国家人力资源结构的一次重新配置，产业结构的调整将直接

推动就业结构的优化，包括就业人员的地域空间结构、产业分布结构、知识技能结构等等。

3. 为统筹城乡就业的推进提供新的机遇

金融危机迫使国家在经济结构调整中更加重视内需市场的发展，重视经济社会发展的平衡，拓展经济调整的回旋空间，促进包括人力资源在内的各种生产要素在城乡中获得更有效顺畅的流动和平等发展的机会，加快解决城乡二元经济社会结构问题的进程。统筹城乡就业成为解决金融危机就业压力的重要途径，将城镇和乡村人力资源作为一个整体统筹考虑，将农民工就业作为就业工作的重要方面，国家为缓解农民工就业困难所采取的一系列措施，包括加强对返乡农民工的就业指导和就业服务，开展职业技能培训，鼓励和扶持部分返乡农民工自主创业，指导返乡农民工积极参与重大投资项目建设和新农村建设，做好农民工社会保障和公共就业服务，保障农民工基本权益，为统筹城乡就业市场，促进劳动力在城乡间的合理流动，既创造了经验，也完善了相关制度，推动了城乡人力资源市场的融合和统筹城乡就业政策的发展。

4. 推动公共就业服务体系和机制的建立完善

金融危机是在国家出台《就业促进法》之后显现出来的，为落实《就业促进法》，完善就业促进的政策体系和运作机制，提供了最直接的动力。毋庸讳言，和其他经济社会政策一样，在中国长期以来的就业政策中，存在着严重的城市偏好，城镇就业一直占据着就业工作的中心。而在市场经济体制建立过程中，国家基本上奉行市场主导的就业机制，国家公共就业政策及其服务体系只是针对部分城镇特殊群体。金融危机凸显了农民工和大学生等群体的就业问题，建立起面向全体劳动者的公共就业服务体系和机制，成为当前和今后一段时期内就业政策的重要内容，也是适应市场经济发展的必然要求。

5. 经济增长模式转变和新经济增长点有利于就业空间拓展

金融危机所推动的经济发展方式转型和经济产业结构调整，以及新的经济增长点和技术革新等等，都将有利于就业的稳定和增长。

2009年初国家提出调整振兴十大产业，这些产业产业链长、规模大，部分产业如物流等属于劳动密集型企业，随着产业结构调整战略的逐步落实，必将有力带动经济和就业增长。在十大产业调整振兴规划的基础上，未来还将培育发展一批新型产业，可能包括通用航空、新能源、物流速递、新能源汽车、三网融合、服务外包等产业，这些产业除了技术含量高、产业链长外，也包括了能够大量吸纳就业的服务业，可以大量吸纳不同层次的劳动者就业，进一步开拓了就业空间。

绿色经济和低碳经济的发展也将有利于拓展绿色就业的渠道。有迹象显示，以应对这次国际金融危机为契机，低碳经济将成为引领全球结构调整的重要驱动力。美国于2009年2月通过总额达到7 870亿美元的《美国复苏与再投资法案》，其中新能源为主要投资领域，成为后危机时代振兴美国经济的战略重点。欧盟委员会2009年6月底公布了一项发展“环保型经济”的中期规划，将筹措1 050亿欧元，在2009—2013年的5年中，全力打造具有国际水平和全球竞争力的“绿色产业”，重构与“绿色能源”、“绿色电器”、“绿色建筑”、“绿色交通”和“绿色城市”等目标适应的产业体系，为后危机时代提供可持续增长的动力。欧盟委员会2009年11月23日公布的《2009年度欧洲就业报告》进一步指出，低碳经济是欧盟国家改善就业状况的希望所在。气候变化以及应对政策对于就业是利好因素，特别是对能源供应、农业、渔业、旅游和建筑业。报告预计，到2020年，欧盟经济因向低碳经济转型将新增280万个工作岗位，虽然低碳经济也将使现有的一些工作岗位丧失，但净增工作岗位有望达到40万个。欧盟国家一个新的阶层——“绿领”即将产生。他们从事的将是环保材料生产、碳足迹测量、环保评估等工作。为此，从现在起，欧盟在制定就业政策时就必须充分考虑这一因素，并加强“绿领”行业的宣传和技能培训，以适应经济转型的需要。[①] 我国作为人口、制造业和能耗大国，发展绿色经济具有巨大的市场空间和广阔的前景。绿色经济在形成绿色产业的同时，不仅将创造巨大的经济收益，更重要的是将创造大量的就业岗位，形成绿色就业效应，成为扩大就业的重要渠道。

二、金融危机中的公共就业政策

就业政策是指国家针对促进就业和减少失业采取的政策措施。从制度分

① 参见金力：《欧盟希望通过发展低碳经济改善就业形势》，见CRI国际在线，http://gb.cri.cn/27824/2009/11/24/4445s2684728.htm。

析角度来看，就业政策的范畴既有广义上的，也有狭义上的。广义上的就业政策是包括了针对就业的有关经济社会政策，是围绕就业的一系列政策构成的一个制度体系，包括财政、税收、金融、社会保障、工商管理和户籍等等，这些政策制度既有直接对就业的鼓励和支持，也有从消除对就业的阻碍方面着手的。狭义上的就业政策，则是指就业领域本身内部制度政策内容。近些年来，在就业形势日益严峻的压力下，我国实施了积极的就业政策。为应对金融危机带来的就业压力，我国政府进一步明确提出了“更加积极的就业政策”的概念和思路。

(一)“更加积极的就业政策”的基本内容

面对危机对就业的冲击，世界主要经济体和国际组织在解决就业、改善保障方面提出了许多新理念，制定了新政策，采取了新措施。为应对金融危机带来的冲击和影响，中国政府根据国情实际，吸取国际社会积极经验，提出了应对金融危机的人力资源和社会保障政策，提出了“实施更加积极的就业政策，全方位促进就业增长”的应对思路。具体而言，“更加积极的就业政策”主要包括如下几个方面内容：

1. 发展经济，扩大内需，拉动就业

金融危机对中国经济影响逐步显现后，2008 年底的经济工作会上，提出了“保增长、保民生、保稳定”的总体应对思路和方针。按照扩大投资“出手要快，出拳要重，措施要准，工作要实”的要求，提出了两年内投资 4 万亿的一揽子计划，刺激经济发展，这些投资主要用于农业基础设施及农村民生工程建设、保障性住房建设、教育和医疗卫生等社会事业建设，地震灾后恢复重建、节能减排和生态建设、自主创新和技术改造及服务业发展，以及包括铁路、公路、机场和港口等在内的基础设施建设。结合落实中央扩大内需促进经济发展的重大举措，各级政府部门，充分发挥政府投资和重大项目带动就业的作用，鼓励和支持劳动密集型产业特别是中小企业和服务业的发展，更多拉动就业。

2008 年第四季度末，政府正式提出十大产业振兴规划，包括汽车、钢铁、纺织、装备制造、船舶、电子信息、有色金属、轻工、石化和物流等行业。这些产业受金融危机冲击较大，其中包括了吸纳就业能力较强的劳动力密集产业。陆续出台的十大产业振兴计划成为拉动我国经济走出低谷的巨大引擎。2009年我国GDP增长持续上升，全年平均增长8.7%。大规模的投资推动了经济的增长，也形成对就业的强劲拉动，据预测，4万亿投资计划两年共可拉动2 200多万个就业岗位。

2. 帮扶企业克服困难，努力稳定就业

与此同时，根据“保企业”就是“保就业”的逻辑，通过税收优惠、社会保险补贴等政策实现对经营困难的企业进行扶持，帮助企业稳定就业岗位，鼓励企业更多吸纳就业。其中人力资源和社会保障部首先推出五缓（缓缴五项社会保险费）、四减（阶段性降低四项社会保险费费率）、三补（社会保险补贴、岗位补贴、职业培训补贴）、两协商（企业与工会或者职工双方平等协商）的援企稳岗计划，鼓励企业稳定职工队伍，不裁员或少裁员。通过保企业来保岗位，通过稳定劳动关系来稳定就业。

3. 鼓励灵活用工，多渠道增加就业机会

在通过增加投资发展经济作为主要的解决就业问题的同时，还采取了各种措施，努力扩大就业机会，包括修改用工制度、鼓励灵活就业、实施就业岗位分享计划、推动劳务输出、鼓励创业等等。

4. 加大政策扶持力度，鼓励自主创业

通过组织创业教育和创业培训提高劳动者创业能力。通过实行税费减免、场地安排、小额担保贷款及贴息等政策和提供创业咨询及开业服务，为劳动者自谋职业和自主创业创造良好环境。

5. 针对重点人群特点，统筹安排就业

针对高校毕业生、农民工、城镇失业人员特别是就业困难人员等重点人群，统筹安排就业。农民工是受危机影响最突出的群体。面对大批农民工集中返乡的严峻形势，政府采取多种措施，各地积极落实促进农民工就业的政策，鼓励农民工向城镇转移就业、扶持就近就地就业和返乡创业三者相结合，同时加强农民工流动监测和用工信息发布，加强输出输入地的就业岗位信息对接，促进农民工就业。针对高校毕业生就业，政府通过开辟城乡基层、中小企业和非公有制企业、科研项目、自主创业等四条渠道，通过高校毕业生就业推进行动，统筹推进高校毕业生服务基层项目，认真实施“三年百万”高校毕业生就业见习计划，强化对困难毕业生的就业援助，努力提高高校毕业生就业率。

6. 推行特别职业培训计划，提高就业能力

在本轮促进就业政策的制定和实施中，在继续做好城镇下岗职工再就

业工作的同时，政府推行积极实施特别职业培训计划，开展面向全体劳动者的职业技能培训。通过有效的教育和职业培训政策促进人力资本的开发，从而使劳动者保持就业岗位并防止社会排斥，实现经济增长与个人职业生涯的有机结合。各地加大资金投入、强化培训管理、创新培训方法，运用培训补贴政策，扩大培训规模，延长培训时间，提高培训针对性和有效性。将农民工就业、大学生就业和困难群体的就业作为政府公共就业政策的重点，尤其是加强针对农民工就业的公共服务，包括信息提供、市场建设、技能培训、就业补贴、创业支持等等，都是前所未有的。

7. 加强公共就业服务，改善就业环境

强化公共就业服务，完善服务功能，提高服务质量和效率，及时收集、发布准确有效的岗位信息，针对城乡劳动者求职就业需要，提供免费的职业介绍、职业指导、信息服务、能力测评、政策咨询服务、就业失业登记等各项就业服务。

8. 完善保障体系，加强劳动保护

经济学家阿马蒂亚·森曾经指出，公平不仅是发展的目的，同时也可以作为手段加以运用。国际劳工组织在应对就业危机的策略中也继续推行体面劳动的理念。① 完善社会保障体系，尤其是对失业者进行劳动保护，是大多数新兴经济体和发展中国家在应对金融危机中的核心政策。这一政策不但发挥了劳动力蓄水池的作用，同时也是防止就业危机演变成社会危机的重要措施。在金融危机的背景下，社保对稳定就业、改善收入分配格局、扩大内需、促进社会和谐的重要性得到全社会的充分认识。同时，政府也加强企业在危机时期劳动用工的监管，保护劳动者的就业权益，通过严格报告制度，及时了解企业特别是劳动密集型企业用工动态，掌握关闭停产企业劳动关系处理和生产经营困难企业裁员情况，要求企业裁员在20人以上或者裁员不足20人但占企业职工总数10%以上的，其裁减人员方案要严格履行《劳动合同法》相关规定的程序，并向同级劳动保障行政部门报告。

① ILO: Tackling the global jobs crisis—Recovery through decent work policies. http://www.ilo.org/global/What_we_do/Officialmeetings/ilc/News/lang-en/docName-WCMS_106162/index.htm.

（二）“更加积极的就业政策”的基本特征

这一系列旨在“稳定就业、促进就业”的政策措施，是在原来实施6年多的积极就业政策，特别是在《就业促进法》的基础上，结合金融危机冲击的新形势而进行调整和出台的。有些是在原有政策基础上进行的延伸和扩展，有些是根据新形势发展而新推出的。关于什么是“更加积极的就业政策”，从政策解读中难以得到明确的定义，从实践来看，“更加积极的就业政策”表现出一些明显特征：

1. 就业优先原则

“更加积极的就业政策”，其最重要的特征，就是在经济社会政策中，确立就业优先的原则。尽管在如何处理经济发展和就业稳定的关系上，存在着理论上的论争，甚至冲突，但在应对金融危机中，中国政府十分明确地提出了就业优先的原则。就业优先的原则，一方面，要求政府的财政、货币、金融政策都应以稳定、增长和就业为最终目标，刺激经济和复苏方案应致力于带来最佳的就业效果，促进就业岗位的创造和实施有效的就业与劳动力市场政策，鼓励企业用人和劳动者寻找工作；另一方面，通过就业为劳动者及其家庭提供可靠的收入和有效的社会保护支撑，以便恢复人们的信心，通过恢复消费和投资达到迅速恢复经济增长的目的。

2. 政策主体复合化

积极的就业政策，作为一种政府提供的公共产品，主要强调的是政府的主体责任和作为。而更加积极的就业政策在主体上，更多地体现出就业主体的复合性。为应对金融危机，在充分调动社会各类行为主体积极性的基础上，形成以人为本的价值共识，遵循“就业优先”的政策原则，优化各类资源配置，维护和创造良好的就业条件和环境，共同促进社会成员顺利就业，实现社会就业比较充分的目标。“更加积极的就业政策”在维持市场机制作为资源配置的基础性作用的同时，更加强调政府、企业、社会组织和社会成员个体在应对金融危机及其引致的就业危机中的主体性作用，同时强调通过公共资源的配置和引导，协调各个主体之间的利益关系。在政策应对中，强调从劳资对立到共克时艰，“抱团”过冬。金融危机中，企业和职工的关系、性质在发生着某种变化。这种变化中的价值因素，既有政府的父爱主义、“资本”的温情主义、传统文化中的道义思想和现代企业的社会责任理论，

也有理性作用下的实用主义，在共同发生作用。值得注意的是，在实践中，一些地方城市政府以创建就业型城市为契机，作出了积极的探索，杭州等地明确提出了复合型创业主体的思路。①

3. 政策内容体系化

“更加积极的就业政策”，体现在政策的体系化。“更加积极的就业政策”，在政策行动上更加主动，通过综合配套的系统政策行动实现对就业的影响，既有直接的刺激措施，也注意相关政策的联动和配套，既有应对现实压力和具体问题的应急政策，也有着眼长远和体制机制的治本之策。这种体系化体现在两个层面：

一是从就业与相关经济社会政策的制度关系层面看，“更加积极的就业政策”，将就业优先确立为经济社会发展政策的一条重要原则，将就业问题与一系列的经济社会政策紧密结合，将实现就业稳定和促进作为经济社会政策的政策目标之一。将就业问题纳入工业产业结构升级、加快城镇化等宏观背景条件下，通过改变就业的宏观制度条件和影响因素，综合运用财政、税收、金融、收入分配和社会保障等政策手段实现对就业的宏观调控。在工作层面上形成了综合各个部门的协调机构，出台了系列相关配套政策文件。在财政方面，2009 年中央财政对就业的支出由上年的 260 亿元增加至 420 亿元，增加了 60%。此外，实施扩大内需政策和行业振兴计划，包括进一步增加对农民的补贴、提高城乡低保补助水平、提高优抚对象等人员抚恤补贴和生活补助标准、对困难群体直接发放一次性生活补贴、对大学生见习给予补贴，以及实行家电、汽车下乡补贴和旧车换新车补贴政策。增加了企业退休人员基本养老金，一些地区还发放了各类消费券。就结构性减税而言，不仅涉及到诸如增值税转型、内外资企业所得税法合并等份额较大税种的减收，也有个人所得税、二手房交易税负、股票交易印花税等份额相对较小的税种的减收。在金融方面，中国人民银行实行了适度宽松的货币政策，综合运用多种工具，及时释放确保经济增长和稳定市场信心的信号，五次下调存贷款基准利率，四次下调存款准备金率，调整二次房贷政策，积极配合国家扩大内需等一系列刺激经济的政策措施，加大金融支持经济发展的力度。

二是从就业问题本身的内部制度建设看，国家制定和采取了一系列非常

---

① 参见郑杭生、杨敏、奂平清等：《“社会复合主体”的追求：生活中更高品质的创新和创业——社会学视野下“杭州经验”的理论与实践》，北京，中国人民大学出版社，2010。

态下应对危机的政策措施，不但有促进就业的政策措施，还形成了稳定就业的政策思路和措施，并首次启动了国家失业预警机制和政策体系，形成完整的政策链条和响应机制。金融危机爆发以来，我国首次出现就业岗位净减，保企业和稳定就业被摆在突出位置，政府出台了财政补贴消费、减税、退税、信贷支持和产业发展等政策加强对企业的保护和支持，减轻企业负担、促进产业发展。通过“五减四缓三补两协商”政策来保企业、保岗位，通过特别培训计划稳定企业职工队伍，以降低就业存量的减少，通过社保补贴来稳定灵活就业人员的就业。鼓励企业承担社会责任，通过轮班工作、在岗培训、协商薪酬等多种方式稳定劳动关系，鼓励企业不减员、不裁员。在促进就业的工作中，也形成了从职业培训、岗位实习、稳定和开发岗位到建立创业发展体系的全过程、全方位的就业政策体系。

4. 公共就业服务均等化

“更加积极的就业政策”，立足于公平就业和统筹就业，以促进全国统一的人力资源市场的建立完善和实现均等化的公共就业服务体系为基本路径。在建立市场经济体制进程中，我国实施的积极就业政策，其提供的公共服务和公共财政资源主要是针对国有企业下岗职工和城镇失业人员的，是一种具有社会保障性质的托底性就业政策。金融危机对我国就业的冲击，更加全面地将我国就业结构中的不合理因素集中显现出来，各个群体所面临的失业风险在危机中得到扩大凸显。因此，“更加积极的就业政策”一个突出特征是在统筹考虑城乡就业的基础上，努力实现公共就业服务的均等化。在统筹考虑国内国外、城镇和农村两个市场的同时，统筹做好各类就业人群的职业培训和就业服务工作，为困难企业职工提供技能提升培训和转岗转业培训，为农民工提供职业技能培训，为失业人员提供再就业培训，为新成长劳动力提供劳动预备制培训，为退役士兵提供免费职业培训。其中重点是做好大学毕业生就业、农民工就业、就业困难人群就业的工作。

5. 强调以创业带动就业

社会系统的动力，根本上来自于个体为实现自身需要而进行的创造性活动。“更加积极的就业政策”，强调社会个体自身积极性在实现就业中的作用，强调通过创业带动就业，以更加积极的态度和政策实现就业，主张促进经济与促进就业的良性互动和协调发展，在经济发展中强调就业因素。为此，政府部门加大对个体自主创业的政策和资金扶持力度，出台了税收和工商费等减免优惠政策，形成了以培育创业主体为先导、以建设创业载体为基础、以提供创业资金为保障、以推介创业项目为手段鼓励创业的工作机制，在创业服务上，将免费创业培训的范围扩展到全体劳动者。一些地方开展了创建创业型城市工作，一些地区通过设立专项基金、开辟创业园区等措施，大力促进创业带动就业。

6. 更加注重完善制度和机制

为应对金融危机对我国就业带来的冲击和影响，国务院和有关部门制定并实施了一系列稳定和扩大就业的政策措施。政策文件之密集，力度之大，含金量之高，都是历史上少有的。“更加积极的就业政策”，不但针对下岗失业人员等群体进行特殊的支持和帮助，而且更多地从制度完善和理顺机制的层面来促进就业的实现。“更加积极的就业政策”，不再只是针对特殊就业困难群体的帮扶性救济政策，而是通过消除制度障碍、疏通就业渠道，通过建立统一的、顺畅的人力资源市场配置机制，通过建立覆盖全体社会成员的就业公共服务体系，来扩大经济社会对就业的容量，增加社会成员实现就业的机会，更加合理地配制就业资源，最大限度地实现就业岗位与劳动力供应之间的需求平衡。

（三）“更加积极的就业政策”的政策效果分析

“更加积极的就业政策”，在实施近一年后，虽然其对我国就业的长远影响还有待进一步观察，但其稳定和促进就业的效应已经逐步显现，其中既有积极的正效应，也有尚待进一步改善之处。

1. 基本稳定就业局势，控制失业率攀升

面对国际金融危机对我国就业带来的严峻挑战，各级政府，尤其是人力资源和社会保障部门按照中央出手要快、出拳要重、措施要准、工作要实的要求，把就业工作作为全系统的中心工作，通过更加积极的就业政策的实施，基本稳定了就业形势。具体来说，就业局势稳定体现在：

一是求人倍率和城镇新增就业均有所回升。在应对金融危机一揽子计划和更加积极的就业政策影响下，金融危机对我国就业的冲击在 2009 年的第二、三季度开始得到消化，扭转了上年第四季度快速下滑（月均 59 万人）的趋势，城镇登记失业率上升速度明显低于 GDP 增长率的下滑速度。2009 年，全国城镇新增就业 1 102 万人，为全年目标 900 万人的 122%；下岗失业人员再就业 514 万人，为全年目标 500 万人的 103%；就业困难人员就业

164 万人，为全年目标 100 万人的 164%。年末，全国实有城镇登记失业人员 921 万人，城镇登记失业率为 4.3%。同时市场对劳动力的需求也有所回暖，从调查数据看，全国的就业岗位需求在过去两年里，形成了以 2008 年第四季度和 2009 年第一季度为谷底的 V 形曲线（见图 3—1）。2009 年第一季度岗位空缺与求职者比例约为 0.86，比上一季度高了一个百分点，然后稳步上升，嵌合整体经济企稳回升的宏观形势。

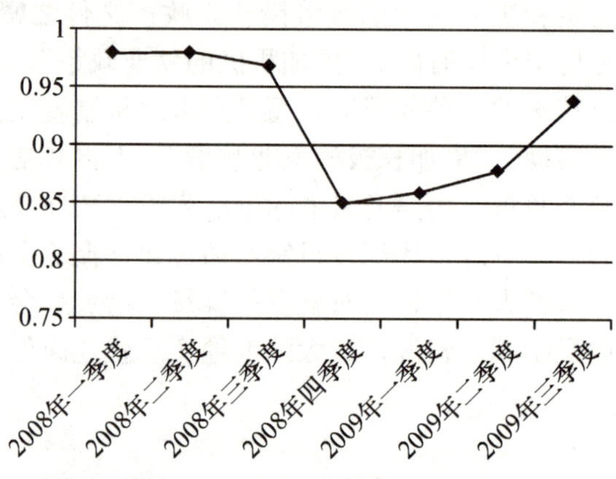

图 3—1　2008 年、2009 年前三季度求人倍率

二是特定群体的就业形势趋稳。首先是农民工就业形势总体稳定，并没有出现大量农民工滞留城市或在城乡间盲目流动的现象。国家统计局与人力资源和社会保障部举行的一项联合调查显示，截至 2009 年 6 月底，只有不超过 3%的农民工还在寻找工作。农民工就业形势好转，外出就业已基本恢复，农民工外出未就业比例较低。据国家统计局统计，2009 年前三季度，全国跨地区就业的农民工总量达到 15 198 万人，比 2008 年底增加 1 157 万人。最近有消息报道，在深圳等地已经开始重新出现以往农民工供不应求的现象。其次，大学毕业生就业总体比较稳定，2009 年底全国高校毕业生就业率达到 87%。

2. 初步形成市场体制下应对经济波动的就业应急机制

作为一个从计划经济体制向市场经济体制转轨的新兴经济体，在如何应对大规模长时间的经济波动带来的就业危机方面，中国还缺乏实践经验。在科学发展观的思想理论指导下，为应对此轮金融危机，中国政府初步探索出了市场体制下应对经济波动的就业机制。这种机制主要体现在：

首先是突出重视就业在应对危机中的作用，将促进就业作为解决经济社会危机的核心环节，明确就业优先的原则。建立了政府投资与扩大就业的联动机制，通过实施推动经济增长的一揽子计划来拉动就业，不少地区在安排政府投资和重大项目时同步制定扩大就业的目标计划，较好地实现了就业增长—经济增长的良性互动。

其次是形成了由政府主导的稳定和促进就业的合作机制。一方面，通过扩大公共投资和制定公共政策，引导和鼓励企业在稳定和促进就业中发挥主体性作用，另一方面，加强公共服务，疏通就业障碍，鼓励和支持社会成员自主创业，拓展就业空间。

再次是形成特殊时期稳定和扩大就业的一整套政策体系。在不到半年的时间里，国务院制定出台了就业方面的一个综合性文件和三个专门文件，国务院就业工作部际联系会议有关部门及时出台减轻企业负担等三个文件，之后一系列配套的政策和具体实施细节相继推出，逐步形成了应对危机、稳定和促进就业的完整政策体系。

3. 保企业、稳岗位的系列政策效果明显

国家系列财政税收政策以及“五缓四减三补贴”的社会保险政策出台，切实减轻了部分困难企业的负担，稳定了就业岗位。据人力资源和社会保障部对5省15个失业动态重点监测城市的快速调查，2009年5月企业解除或终止劳动关系人数为174 964人，比前几个月有所减少，5月企业岗位净减170个，减幅0.02%，岗位流失速度放缓。到2009年10月底，各地通过落实“五缓四减三补贴”政策，全国共帮助困难企业减轻负担338.5亿元，受益企业162万户，职工6 100万人，全年帮助企业减轻负担达410亿元，企业岗位减员和岗位流失速度有所减缓。①

4. 公共就业服务得到强化，就业环境得到改善

通过开展对城镇失业动态和返乡农民工情况的摸底调查与动态监测、春风行动、民营企业招聘周、高校毕业生的就业服务等公共就业服务活动，将劳动力市场的供求更有效地匹配，改善就业环境，减少摩擦性失业，对稳定就业、扩大就业起到了润滑和加速的作用。与此同时，作为缓冲金融危机短期就业冲击的重要措施，中国政府实施了特别职业培训计划。2009年前三

① 参见尹蔚民：《积极应对危机，勇于改革创新，努力实现人力资源社会保障事业新发展——在全国人力资源和社会保障工作会议上的讲话》，内部报告。

季度，共开展各类培训 2 000 多万人次，公共职业培训计划不但有力地提高了劳动者的就业、创业和适应岗位变换能力，而且在一定程度上发挥了就业蓄水池的作用。

通过一年多的实践，总体来看，“更加积极的就业政策”在实现就业稳定和促进的政策目标上取得了明显的积极效果。但同时我们也看到其仍然存在明显的不足之处。

5. 就业政策与宏观经济政策适应性尚需加强

宏观经济政策对就业的拉动无庸置疑，就业也已列入考核目标，但制定财政、货币和产业政策时对就业的考虑仍显不足。经济增长是就业扩大的前提，但是，相同的经济增长率却可能产生不同的就业扩大效果。特别是在刺激经济增长的投资计划中，偏重哪些产业会产生十分不同的就业拉动效果。

1962 年美国经济学家亚瑟·奥肯曾总结出一条经验法则，即失业率与 GDP 增长率二者呈反方向变化的关系。可到了上世纪 90 年代初，情况发生了变化，出现了“无就业复苏”。这主要是因为，自动化等设备的使用增多，产业更加资本化、技术密集化，减少了对劳动力的需求，与品牌、机器、运营秩序和组织架构这些必须捍卫的“资产”相比，工人似乎变得不那么重要了，同时，新产业对技能的要求发生改变，延长了劳动者的调整时间，产生结构性失业。2002 年以来，我国每年新增就业岗位为 1 000 万个左右，就业岗位连续保持净增长。但总体来看，在经济持续快速发展的过程中，随着产业结构的升级，就业岗位增长仍较为缓慢，就业弹性系数呈现持续下降态势。我国经济增长的就业弹性持续下降①，2005 年以来降到 0.08，GDP 每增长 1 个百分点，就业人数仅增加 63 万人，也开始面临高增长却没有高就业的难题（见图 3—2）。相当的投资增长计划，都可能是低就业甚至无就业增长计划。目前，在包括 4 万亿的一揽子政策刺激下，应该说整体就业状况有所好转，但真实失业率是否降低了，还是一个很大的疑问。中国经济通过刺激恢复到年均 GDP8.7%的增速，2009 年的就业弹性也有一个直线上升的变化，达到 0.163，但就业压力却将持续更长时间，在宏观经济企稳复苏势头进一步明显的情况下，应该特别警惕“无就业增长”。

① 2001—2008 年的就业弹性根据历年国家统计局统计年鉴数据、历年劳动和社会保障事业发展统计公报数据计算，2009 年的就业弹性根据国家统计局公布的 GDP 增长率及人力资源和社会保障部第四季度新闻发布会数据计算。

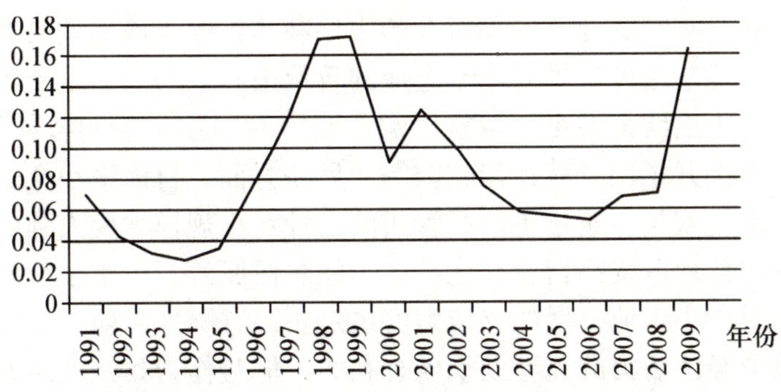

图 3—2 我国就业弹性变化（1991—2009）

对中国投入产出表进行的研究发现，投资增长系数较高的行业，就业吸纳系数往往较低。这说明，有些对 GDP 贡献大的产业，对吸纳就业的作用可能很小。有些产业或行业对 GDP 和就业的拉动效应可能此消彼长，如不考虑就业目标，“保增长”与“保就业”可能不能同时实现。目前对新时期就业的新增长点还没有把握好，政策能否适用于或支持新增长点的发展还不明晰。表 3—5 是 2008 年第一季度到 2009 年第三季度在就业岗位需求中占较大比重的几个行业的需求变化情况。从统计看，各个行业在总岗位需求中所占比重的变化略有起伏，以制造业的波动最大，但很快得到恢复，而建筑业却从 2008 年第四季度开始呈持续下滑趋势。

表 3—5　　2008、2009 年不同行业岗位需求情况

行业	岗位需求季度环比与比重变化	2008 年				2009 年		
		一季度	二季度	三季度	四季度	一季度	二季度	三季度
建筑业	季度环比	—	+0.2	−0.3	+0.7	−0.8	−0.2	—
	所占比重	4.5	4.7	4.5	5.2	4.4	4.1	4.1
居民服务和其他服务业	季度环比	+0.8	+0.3	−1.8	+1.9	−1.2	+1.4	−0.6
	所占比重	9.9	10.1	8.3	10.3	9.0	10.5	9.9
批发和零售业	季度环比	−0.8	−0.1	+0.5	+0.7	+0.6	−0.8	−0.6
	所占比重	15.4	15.3	15.9	16.6	17.2	16.4	15.8
制造业	季度环比	+2.5	−1.9	+0.3	−4.7	+5.7	−0.1	+1.7
	所占比重	32.5	30.7	31.0	26.2	31.9	31.9	33.6
住宿和餐饮业	季度环比	+0.4	−0.3	+0.8	+0.4	−0.3	−0.9	−0.1
	所占比重	12.2	11.9	12.8	13.2	12.9	12.0	11.9
租赁和商务服务业	季度环比	−1.1	+0.4	+0.3	−0.5	−0.4	−0.2	+0.3
	所占比重	6.3	6.7	7.0	6.5	6.1	6.0	6.3

中小企业是吸纳就业、增加就业的主要载体，但当前的政策对中小企业的倾斜有限，还缺乏专门针对中小企业的政策措施。当前财政支出政策对中小企业的支持力度明显不足，帮扶不够，政府对中小企业的各种创业指导、信息服务、市场开拓服务等扶持较弱等。另一方面，目前中小企业在发展过程中十分突出的就是负担过重。尽管当前已针对小规模纳税人降低了增值税税率，并在部分地区提高营业税起征点，但总体而言，中小企业的税费负担仍然较重，对中小企业发展的支持力度也是相当有限。当前适度宽松的货币政策对于整个经济活力的复苏是积极有利的，但对作为我国吸纳就业主力军的中小企业的支持力度明显不够。近年来，随着我国金融体系的改革，国有企业银行在金融信贷方面表现出明显的投资偏好，在寻求投资安全和高回报的目标导向下，资本密集型企业、重化工业和技术型产业得到更多的金融支持，而以传统工艺为技术基础的轻工业企业和劳动密集型企业，以及经营不稳定、风险较大的中小企业难以得到及时充足的金融资本支持，事实上金融资本的投入对就业总量提升，并没有形成良好的促进机制。目前，在货币信贷政策方面，我国很少有专门针对中小企业的优惠政策，中小企业依然面临融资难的困境。中小企业的资金短缺、融资困难、发展乏力等问题尤为突出，这在很大程度上限制了就业容量的扩大。同样，灵活就业渠道在扩大就业中发挥了重要作用，但它们的社会保障覆盖水平低，就业不稳定，政府部门对这部分群体的引导、扶助和保护还很有限。

6. 就业政策未能突破经济社会结构与体制机制束缚

除了金融危机影响产生的新形势特征影响外，我国人力资源和社会保障事业的发展，依然受到一些长期以来存在的经济社会结构和体制机制的制约。如：重经济轻社会的发展观念和增长方式；不平衡的城乡地域发展格局；不断扩大的收入分配结构；未富先老的老龄化挑战；多重分割的人力资源市场；劳动力素质能力与经济产业结构间的不适应，等等。诸如此类的问题都直接影响到我国的就业状况，但应对金融危机形成的“更加积极的就业政策”，难以在短期内突破这些经济社会结构条件与体制机制的束缚，因此在很大程度上制约政策拓展的空间和可持续性，进而影响到我国就业机制和状况的根本性改观。

7. 政策设计与实施有待进一步改进加强

应对金融危机，发展人力资源和社会保障事业，关键在要有好的政策，把政策制定好、实施好。如何提高政策制定和实施的科学性、针对性、可及

性和有效性，这是对实际工作者最直接的挑战。当前，政策实施还需要加大力度，进一步贯彻和改善。主要表现在：

有些政策设计缺乏弹性。更加积极的就业政策，是在应对突发金融危机的过程中形成的，在很大程度上具有应急性，导致某些政策的长期准备不足，进而影响政策的执行效果。现有的政策在时效上的明确限制，导致一些企业反映短期的政策优惠难以帮助企业渡过困难周期。

同时，如其他经济社会政策一样，“更加积极的就业政策”在实施中，同样难以避免打折、变通等问题，导致政策贯彻落实不到位，如，一些地区对中小企业的重视不够，保护不力，资金信贷等政策落实不到位，据报道，到 2009 年底，经济刺激计划中的地方配套资金有近半未能到位。[①] 一些地区创业环境没有根本改善，创业者仍面临融资难、场地难、办事难等瓶颈；一些地区政策实施力度未达到预期，如特别培训计划远不能满足企业需要。

三、经济波动中的就业资源与机会配置机制

（一）资源配置机制突出公共部门作用

中国经济体制在从计划体制向市场体制转型中，逐步确立了市场机制在资源配置中的基础性作用。但自中国明确建立社会主义市场经济体制以来，政府和市场的关系一直是中国经济社会政策发展中难以避开的矛盾，矛盾的核心是对经济社会发展资源和机会的支配及配置方式的选择。

中国在探索建立社会主义市场经济体制的过程中，也逐步形成了市场主导的就业机制。随着市场经济体制目标的提出和建立，政府在就业问题上逐步淡出对劳动者就业的直接安排和控制，通过劳动力市场进行的人力资源配置机制的作用日益明显。但这并不意味着政府在就业领域中的完全退出。尤其在上世纪 90 年代末期国有企业改革攻坚时期，政府在推动下岗职工再就业中扮演了重要角色，随着就业形势的日益严峻，本世纪初更是明确提出了积极的就业政策的思路。政府在探索适应市场经济体制需要

---

① 参见崔鹏：《地方配套资金近半未到位》，见人民网，http://politics.people.com.cn/GB/1026/10676587.html，2009-12-30。

的就业政策和服务体系方面逐步调整职能，形成以公共就业服务为取向的改革思路。

在对市场经济体制建立以来的这些年的改革反思中，人们发现自由市场经济从来都是相对的，世界上从来就没有纯而又纯的自由市场，特别是自上个世纪 30 年代大危机以来，政府干预就无所不在了。这一轮金融危机的爆发，在很大程度上就是因为在某些领域过分迷信市场、过分自由放任结下的苦果，是迷信市场极端化的集中体现。正因如此，在非常时期，市场无法正常发挥功能时，政府应积极干预。正如美国总统奥巴马在乔治敦大学演讲中所说："如果每个人、每个家庭、每个企业都同时在削减开支，就没有人花钱，这就意味着没有消费者，意味着更多的失业，意味着经济会变得更糟，这就是为什么政府要在此时介入暂时扩大开支刺激需求的原因。"①

比起私人部门来，政府作为掌握公共资源和信息的社会主体，在应对危机中具有许多不可替代的优势。首先，表现在公共部门和私人部门本身的价值立场和目标追求的根本性区别，私人部门以维护自我利益为目标，强调经济利润在目标中的重要性，而公共部门则以维护自我合法性为核心目标，这种合法性的来源既要考虑公众的个体经济利益，也要考虑公共秩序的稳定和社会总体福利的增进。其次，公共部门具有资源更充足、信息更充分的优势，在经济波动中，公共部门能够更全面地了解和判断形势，平衡各种利益关系，更重要的是，公共部门在开发整合资源、调整资源投入方向和结构等方面，具有比私人部门更大的动员力量和灵活性。目标动机以及行动能力的差异性，决定了公共部门和私人部门在应对危机的策略上会作出不同选择。私人部门的理性选择是满足小我利益的实现，而公共部门的理性选择则通常是满足尽可能多的社会个体即大众利益的实现。在我国应对金融危机过程中，中央政府一再强调要坚持"保增长、保民生、保稳定"相结合，在关于增长和就业的优先原则争论中，明确了就业优先的原则，在经济结构调整和产业升级的策略选择中，明确了以解决就业为目标的劳动密集型企业在中国经济社会发展现阶段的重要作用和必要地位，将促进中小企业的发展作为重要的政策措施，提出了"该扶持的要扶持"。

经济社会的良性运行和和谐发展，需要社会各类主体共同参与，社会三

① 叶辅靖：《对国际金融危机中暴露的几个重要问题的认识和思考》，见国家发改委宏观经济研究院网站，http://www.amr.gov.cn/fxbgshow.asp? articleid=376&cataid=19。

大部门的协调发展，需要消除各类主体之间的绝对二元对立，在社会实践中根据形势需要调整各自的角色定位和作用。在应对经济波动带来的就业危机中，就政府而言，其所扮演的主要角色应当包括：一是政策制定者，政府是现代社会体制中唯一具有提供公共政策制度功能的合法主体，为此，政府应当在及时准确判断形势的基础上，提出具有针对性的政策措施，化解矛盾，应对危机；二是社会力量的动员者，应对大规模的经济危机和就业危机，需要动员全社会的力量，而政府是最好的动员者；三是公共资源和服务提供者，政府通过财政、税收和金融等政策提供资金支持，也可以对土地和其他自然资源进行支配，更重要的是能够提供私人部门不能提供的公共就业服务；四是失业风险的保障者，政府是现代社会保障体系中的最后责任人，在突发性的经济危机和大规模失业风险发生的时候，为社会成员提供基本的失业风险保障，是其义不容辞的责任。

当然，确定政府在应对危机中的作用，也应当在其与市场的责任之间明晰界限。公共部门的资源供给，应该维持在可持续的限度之内，因为公共部门的资源，从根本上而言，只是社会资源总量中的一部分，通过公共权力进行支配，公共资源的积聚必然要对市场资源产生侵袭，公共部门资源投入如果没有合理的安排和利益约束机制，则可能在一些领域产生对市场资源的挤出效应。政府责任应当限制在对市场失灵的纠错和托底保障，而不是以政府调控替代市场机制，因此，一方面要控制公权力对私权领域的过度侵袭，另一方面也要做好政府主导的临时性刺激方案在适当时机的退出预案。

（二）资源结构中重视软资源供给

在市场经济的配置机制中，就业的实现通常需要制度、资金、岗位、信息、能力等等诸多资源的共同作用才得以顺利进行。在经济波动中，加大经济资源的投入，努力维持经济发展的动力，尽快实现经济发展的新的平衡，是应对经济危机最直接和重要的策略和内容，两年 4 万亿投资计划的经济刺激方案，积极的财政政策和宽松的货币政策的实施，为保持经济发展速度，扩大就业机会容量，注入了最原始的动力。

如果说经济资源作为一种硬资源在就业中的作用得到充分利用，在应对本轮国际金融危机带来的就业危机中，中国的应对策略另一个突出的特征，就是重视“软资源”的供应。主要表现在两个方面：

一是在全社会形成“就业优先”和“共克时艰”的共识，这种共识，为相关政策行动提供理论认识和社会价值观基础。政府通过国家领导人和专家学者的宣讲，通过新闻媒体的宣传，向社会传达几种信息：其一是“信心比黄金更重要”；其二是共克时艰，抱团过冬，强调政府、企业和民众共同承担，共同应对危机挑战；其三是强调“促就业，保民生”的应对方式策略，在政府的强势作为和宣传基础上，很快形成一种类似意识形态的社会认识基础，培育民众的信心，克服经济危机中常有的羊群效应的传导机制，更是借以凝聚和动员社会力量，形成采取共同行动的意义和价值认同的社会基础，为政府部门采取的应对行动获得合法性，也对阻断金融危机向社会危机和政治危机的传导机制产生重要作用。

二是突出重视制度资源的供给。为应对危机，政府在短时间内，即提出了一揽子的经济刺激计划，在就业方面，以《国务院关于做好当前经济形势下就业工作的通知》（国发〔2009〕4 号）为标志，主要包括国务院发的一个综合性政策措施文件，国办发的农民工工作、大学生就业和创业带动就业三个文件，还有各相关职能部门下发的特别培训计划、就业服务系列活动和减轻企业负担稳定就业的文件等等，共同形成了“更加积极的就业政策”的可操作性政策框架和行动指南。各级地方政府根据自身条件，更是出台了诸多更为具体的应对措施。通过这些政策的制定和实施，为应对危机冲击，创造新的就业机会提供了丰富的制度资源。

应该看到的是，在这方面，中国社会特有的体制机制，发挥了重要的作用。政府的意图，需要通过制度和政策的制定、实施得以表现和达成，中国政府充分利用自身的体制机制优势，以最快的速度，将社会问题上升为政策问题，并迅速形成政策行动，通过有形的正式制度，将公共意志转化成实践行为，为应对措施出手“快、重、准”提供了基本制度保障。这也是区别于其他西方国家应对危机的就业政策最突出的方面，充分显示出中国特色的制度效能。

（三）资源配置方式多样化

就业资源的配置机制和资源供给结构，在很大程度上影响到资源的配置方式。在应对危机过程中，就业资源配置方式的一个明显特征就是多样化。既有通过积极财政政策和宽松的货币政策进行的直接投资，也有通过减税和社会保险费缓减免政策进行的间接投资；既有通过直接发放消费券的方式，也有通过政府购买服务的方式；既有公共财政直接投入建设基础项目和民生工程的方式，也有通过公共资源进行市场配置的方式。从投资的就业目标来看，主要是四个方面：一是创造新的就业岗位的投资，主要是对基础建设项目、科研活动的直接投资和对公益性岗位购买的投资，以及进行创业扶持的投资；二是针对稳定就业的投资，主要是通过减税政策、财政补贴和社保补贴、社保费的缓减免政策等进行的投资；三是打造就业蓄水池的投资，主要是针对返乡农民工和企业职工的特别培训计划和技能培训计划投资；四是针对少数失业困难群体的保障性投资。由于目前还难以掌握各类资源配置方式的具体投资情况和效能，尚不足以对不同资源配置方式的效能进行有解释力和可信度高的评估。但不论怎样的配置方式，都难以主导支配各种资源的分布，以“组合拳”方式进行的多样化配置方式，无疑将更有利于满足不同层次和现实情况的就业需求。

（四）投资取向强调对就业弱势群体的保护和发展

在自由市场机制下，由于资本具有的逐利本性和自我强化机制，而导致“强者愈强，弱者愈弱”的“马太效应”，即便在经济波动的过程中，这种机制仍然存在，这从美国不时出现的危机中一些金融高管仍然获得高薪和红包的新闻可以看出，也可以从中国经济“国进民退”的呼声中察觉。经济的波动，本身就是一次资源和机会的重新配置，在这个过程中，需要注意的就是公共资源的投资取向，应当更加强调对于社会底层弱势群体的保护和发展。在中国的经济和就业结构中，大量处于产业底端的生产企业中就业的农民工以及原国企下岗职工，构成了一个庞大的劳动力市场边缘群体，轻微的经济波动，就能将他们震荡出劳动力市场，针对这一就业弱势群体进行的保护性和发展性投资，成为应对经济动荡中就业危机的核心策略。这种投资策略，显然具有更大的经济与社会边际效益：一是满足了基本的民生需求，使得这一群体免受基本生存危机的逼迫；二是维护了社会的稳定，为经济复苏和发展提供良好的社会环境支撑；三是通过职业培训人力资本投资，提升了人力资源的技能结构，为当前正在进行的经济结构调整和产业升级提供了可能。

［社会保障］

第四章　社会保障制度的改革与发展

李迎生　李　玲*

改革开放 30 多年来，伴随着经济体制改革的不断深入，中国社会保障制度发生了巨大而深刻的变革。本章我们首先对中国社会保障制度变革的轨迹进行概括的回顾，展示新世纪初以来中国社会保障制度改革进入城乡统筹阶段的时代背景及出现的重大变化，接下来着重评述 2009 年度中国社会保障制度城乡统筹发展的若干重大举措，最后就中国社会保障制度改革中的难点和发展方向提出我们的初步看法。

一、1978 年以来中国社会保障制度改革的回顾

1978 年以来，中国社会保障制度的改革大致经历了三个阶段：1978 年至 1992 年是中国社会保障制度改革的探索阶段；1993 年至 2002 年是中国社会保障制度改革的深化阶段；2003 年至今是中国社会保障制度改革的城乡统筹阶段。

---

* 李迎生，中国人民大学社会与人口学院教授；李玲，中国人民大学社会与人口学院博士后。

（一）1978 年至 1992 是中国社会保障制度改革的探索阶段

这一时期，我国经济体制改革的核心是转变企业经营机制、增强企业活力，实行以承包为主的多种形式的经济责任制。在这种改革背景下，社会保障制度改革的指导思想定位于服务国有企业改革的需要，国家把社会保障制度改革作为企业改革的配套措施来进行，以单项制度改革为突破口。

在改革步骤上，首先从改革城镇企业养老保险制度和建立失业（待业）保险制度入手，再随着有关企业改革政策的出台，陆续制定了其他相关的社会保障制度改革措施。在养老保险方面，1984 年，国家在全民和集体所有制企业开始了退休费用社会统筹的试点；1991 年，国务院发布了《关于企业职工养老保险制度改革的决定》，实行基本养老保险、企业补充养老保险和职工个人储蓄性养老保险相结合的养老保险制度，基本养老保险费用由国家、企业和个人共同负担，实行社会统筹，先由市、县级统筹再逐步过渡到省级统筹。在失业保险方面，1986 年为了配合国营企业实行劳动合同制，国务院颁布了《国营企业职工待业保险暂行规定》，首次在我国建立了企业职工待业保险制度；1993 年国务院修订了该规定，发布了《国有企业职工待业保险规定》，进一步扩大了待业保险的覆盖范围，提出由企业缴费建立待业保险基金，用于保障待业职工的基本生活。

（二）1993 年至 2002 年是中国社会保障制度改革的深化阶段

1992 年，党的十四大提出我国经济体制改革的目标是建立社会主义市场经济体制。1993 年，党的十四届三中全会通过的《中共中央关于建立社会主义市场经济体制若干问题的决定》，把建立社会保障制度作为社会主义市场经济基本框架的五个组成部分之一，明确了我国社会保障体系的基本内容。随后，城镇社会保障制度改革按照党的十四届三中全会确定的目标、任务和基本原则来进行，重点是养老保险、医疗保险和失业保险制度，目标是建立一套适应社会主义市场经济要求的社会保障制度。在养老保险方面，1995 年，国务院发布了《关于深化企业职工养老保险制度改革的通知》，基本养老保险实行社会统筹与个人账户相结合的制度模式并在全国试点，费用由企业和个人共同负担。在医疗保险方面，1995 年，在江苏省镇江市、江西省九江市进行试点，探索建立社会统筹与个人账户相结合的医疗保险制度；1996 年试点扩大到 38 个城市。在工伤保险方面，1996 年，原劳动部发布了《企业职工工伤保险试行办法》，规范了工伤保险的认定条件、待遇标准和管理程序，建立工伤保险基金。1994 年，原劳动部颁布了《企业职工生育保险试行办法》，对生育保险的实施范围、统筹层次、基金筹集和待遇支付等进行规范。

1997 年以来，我国社会保障改革步伐加快，国务院于 1997 年发布了《关于建立统一的企业职工基本养老保险制度的决定》，为解决养老保险制度多种方案并存的破碎局面，采取了按职工工资的 11%建立养老保险个人账户、将 11 个行业统筹划归地方社会保险机构管理、对社会保险经办机构实行省级垂直管理等措施，统一了城镇企业职工基本养老保险制度。

1998 年，国务院发布了《关于建立城镇职工基本医疗保险制度的决定》，明确了基本医疗保险制度的模式和改革方向；1999 年发布了《失业保险条例》，进一步明确了覆盖范围、筹资办法、缴费比例、享受条件和保障水平。同年，国务院颁布了《城市居民最低生活保障条例》和《社会保险费征缴暂行条例》，进一步规范了城市贫困居民社会救助和社会保险费征缴工作。

为配合国企改革，妥善处理分流下岗人员和保障城镇贫困人员基本生活，1998 年后逐步建立了“两个确保、三条保障线”的政策体系。“两个确保”就是确保国有企业下岗职工基本生活得到保障，确保企业离退休人员基本养老金按时足额发放。“三条保障线”即国有企业下岗职工基本生活保障制度、失业保险制度、城镇居民最低生活保障制度三位一体的举措。2000 年国务院颁布了《关于印发完善城镇社会保障体系试点方案的通知》，并在辽宁省试点，探索社会保障制度从单项制度推进向系统建设转变、以覆盖国有企业为主向以覆盖城镇从业人员转变的经验，三年试点取得了较大的成功。

到 21 世纪初，以养老保险、医疗保险、失业保险和城镇居民最低生活保障制度为主要内容的、适应社会主义市场经济基本要求的城镇社会保障体系框架初步形成。

（三）2003 年开始中国社会保障制度改革进入城乡统筹阶段

经过前两个阶段的改革，适应社会主义市场经济基本要求的城镇社会保障制度框架初步形成，但农村社会保障制度改革严重滞后，城乡社会保障制

度模式及待遇水平等等存在着巨大差距。

其一，城乡社会保障模式存在巨大差距。在城市，如果把改革开放前于计划经济时期实行的城镇社会保障模式概括为“国家—单位保障模式”（企业保障或单位保障），那么，经过二十多年的改革，城镇社会保障模式已开始转变为“国家—社会保障模式”。国家—单位保障以资金来源和保障方式单一、权利义务失衡、职工对单位的强烈依附为特征，严重阻碍了统一的劳动力市场的形成，与社会主义市场经济体制不相适应。而国家—社会保障模式把社会保障制度视为一个相对独立的体系，不再对单位产生依赖，虽然国家在这一体系中依然继续起着主导作用。国家—社会保障模式具有资金来源多渠道、保障方式多层次、权利义务相对应、管理服务社会化等特征。

而在农村，实行的依然是一种以家庭保障为主的模式。农村居民应对生存风险的基本方式是家庭成员之间的互助。制度化的社会保障如养老、医疗保障及社会救助只占极小的比重。家庭保障作为一种古老的保障模式，是通过家庭成员及其亲属之间的物质互助和情感、精神层面的交流而实现的。传统上作为家庭保障的物质基础的土地，仍然是农村家庭保障的重要的物质或资金来源之一。家庭联产承包责任制实行以来，农村居民以家庭为单位承包一定数量的土地，由家庭中有劳动能力的成员经营，取得的收成或收入成为家庭成员的基本生活来源和应对生存风险（年迈、疾病、灾害等）的物质来源。在社会转型期，由于国家工业化战略的变化和城乡分割格局的松动，农村富余劳动力大量进入乡镇企业和进城务工经商。但由于他们仍未纳入城镇社会保障的范围，依然实行家庭保障。这类人对土地的依赖已不大，主要通过务工收入在家庭成员之间的调剂实现家庭保障的功能。

其二，城乡社会保障水平存在着巨大的差距。有学者计算表明，1991—2001 年城市人均社会保障支出占人均 GDP 的比重平均为 15%，已经达到某些发达国家 20 世纪 70 年代的社会保障水平，而农村只有 0.18%，城市人均享受的社会保障费用支出是农村的 90 倍之多。另据计算，城市医疗保险的人均享受水平在 20 世纪 90 年代的后期达到 400～500 元，而农村从中央和地方政府得到的医疗补贴人均仅有 0.012 5 元。2002 年的农村养老保险全部收入仅 32 亿元，平均享受水平仅为城市的 0.72%。

城乡社会保障制度改革出现的严重失衡已经严重妨碍了社会公平的实现，加快农村社会保障制度的改革，实现社会保障制度的城乡统筹、协调发展，已成为摆在党和政府面前一项十分迫切的任务。为此，党和政府经过缜密考虑，自 2003 年始，开启了中国社会保障制度城乡统筹发展的新篇章。

二、中国社会保障制度改革进入城乡统筹时代

（一）2003 年以来，中共中央作出了一系列推进社会保障制度城乡统筹发展的重大战略部署

2003 年，中共十六届三中全会通过的《关于完善社会主义市场经济体制若干问题的决定》提出："按照统筹城乡发展、统筹区域发展、统筹经济社会发展、统筹人与自然和谐发展、统筹国内发展和对外开放的要求，更大程度地发挥市场在资源配置中的基础性作用，增强企业活力和竞争力，健全国家宏观调控，完善政府社会管理和公共服务职能，为全面建设小康社会提供有力的体制保障。"其中"统筹城乡发展"内涵丰富，包括社会保障制度的城乡统筹发展。

党的十六届六中全会通过的《中共中央关于构建社会主义和谐社会若干重大问题的决定》提出了建立"覆盖城乡居民的社会保障体系"的目标："到 2020 年，构建社会主义和谐社会的目标和主要任务是：……城乡、区域发展差距扩大的趋势逐步扭转，合理有序的收入分配格局基本形成……覆盖城乡居民的社会保障体系基本建立……实现全面建设惠及十几亿人口的更高水平的小康社会的目标。"

党的十七届三中全会通过的《中共中央关于推进农村改革发展若干重大问题的决定》指出："我国总体上已进入以工促农、以城带乡的发展阶段，进入加快改造传统农业、走中国特色农业现代化道路的关键时刻，进入着力破除城乡二元结构、形成城乡经济社会发展一体化新格局的重要时期。""必须统筹城乡经济社会发展，始终把着力构建新型工农、城乡关系作为加快推进现代化的重大战略。统筹工业化、城镇化、农业现代化建设，加快建立健全以工促农、以城带乡长效机制，调整国民收入分配格局，巩固和完善强农惠农政策，把国家基础设施建设和社会事业发展重点放在农村，推进城乡基本公共服务均等化，实现城乡、区域协调发展，使广大农民平等参与现代化进程、共享改革发展成果。""贯彻广覆盖、保基本、多层次、可持续原则，加快健全农村社会保障体系。""按照个人缴费、集体补助、政府补贴相结合

的要求，建立新型农村社会养老保险制度。创造条件探索城乡养老保险制度有效衔接办法。”

2009 年 5 月 22 日，中央政治局举行社会保障专题集体学习，胡锦涛总书记就加快推进我国社会保障体系建设发表了重要讲话，指出建立覆盖城乡居民的社会保障体系是保增长、保民生、保稳定的重要任务，特别是面对国际金融危机冲击，加快完善社会保障体系，有利于扩大国内需求、促进经济发展，有利于保障人民基本生活、促进社会和谐稳定，强调要坚持广覆盖、保基本、多层次、可持续的方针，加快建立覆盖城乡居民的社会保障体系。

（二）实现社会保障制度城乡统筹发展的必要性

构建和谐社会迫切需要建立覆盖城乡居民的社会保障体系。和谐社会之所以受到人民的普遍欢迎，构建和谐社会作为国家发展的战略目标之所以在中央提出后迅速成为全民共识，是因为只有在和谐社会里才能够实现人人都快乐地创造和生活，而现实中存在的贫富差距持续扩大、劳资纠纷急剧上升、不同社会群体利益分配日益失衡乃至局部范围的社会对抗等现象，大多与缺乏社会保障制度的调节或者调节力度不够直接相关。尤其是在城乡之间，发展失衡的格局其实与社会保障和公共福利资源配置的长期失衡直接相关。因此，只有加快建设覆盖城乡居民的社会保障体系，才能通过制度化的保障机制达到逐渐缩小差距、缓解矛盾与冲突的目标，最终促进整个社会和谐发展。

实现国民经济又好又快发展，迫切需要建立覆盖城乡居民的社会保障体系作为保障。当前，与强劲的出口和投资需求相比，我国宏观经济面临着国内消费需求相对不足，尤其是农民和低收入群体消费不足的问题，影响经济的长期持续发展。统筹发展城乡社会保障事业，能够减少城乡居民的后顾之忧，改善其消费预期，增强当期消费。这是扩大居民消费特别是挖掘农民消费潜力，形成新的经济增长点，实现内需与外需平衡发展，为国民经济发展提供持久动力的重要保证。

实现让全体人民共享国家发展成果的目标，必须重点借助覆盖城乡居民的社会保障制度建设。当我们经历了三十多年的效率优先追求后，人们日益清醒地认识到了经济发展的最终目的，其实是为了人的全面发展，让全体人民共享国家发展成果当然是实现人的全面发展目标的必由之路。然而，经济增长与经济发展并不能自动地解决成果共享问题，市场经济条件下的国民财富初次分配无一例外地要体现出按生产要素进行分配的法则，由于对财富创造的贡献大小不一、个人资质与能力禀赋的差异，初次分配必然因利益分割产生收入分配差距并由此而导致贫富分化，因此，必须有强有力的再分配工具加以调节。而社会保障制度则是所有工业化国家实践证明了的调节收入分配差距、促进社会公平、实现共享国家发展成果的基本制度安排，社会保障制度具有天然的让全体人民共享发展成果的功能，它是实现全体人民共享国家发展成果的基本途径与制度化保证。

胡锦涛总书记曾明确指出，发展是为了人民，发展要依靠人民，发展成果要让全体人民共享。当我们持续三十多年的高速发展之后，当GDP超过20万亿元人民币、国家财政收入达到甚至超过5万亿元人民币的时候，这应是中国社会公平、文明进步、促进国民共享发展成果的新起点。在这个新起点上，加快建立覆盖城乡居民的社会保障体系具有深远的时代意义。

（三）实现社会保障制度城乡统筹发展的可行性

构建覆盖城乡的社会保障体系虽然受到经济、人口、财政支出、思想认识、体系差异等因素的制约，但从全国的总体情况来看，新体系建设的有利条件仍有很多。一是中央关于建立覆盖城乡社会保障体系的目标已经明确，2003年以来社会保障工作稳步推进，相继健全工伤保险制度，进一步完善企业职工基本养老保险制度，扩大失业保险支出范围的试点，制定被征地农民社会保障工作的指导意见，在全国启动城镇居民基本医疗保险试点工作，“新农合”取得重大进展，“新农保”正式出台。社会保险覆盖范围逐步扩大，基金支撑能力逐步增强。二是公共财政模式已经建立。随着经济体制转型的完成、政府职能的转换，政府已经着手建立公共财政制度。国家财政将更多关注社会公平问题，公共支出也将更多转向包括社会保障支出在内的公共服务领域，这为建立覆盖城乡的体系提供了强有力的经济支持。三是我国单一制的国家结构形式赋予了中央政府调控城乡地方政府的合法权威，使得政府在复杂的社会保障管理系统中可以有足够的能力与威信，这是建立覆盖城乡社会保障制度的政治基础。四是各级政府高度重视社会保障工作，认真贯彻执行国家出台的政策，积极主动制定地方实施办法，用人单位、企业职工、城乡居民社会保障意识逐步提高，这是构建城乡一体社会保障体系的重要保证。

(四) 推进社会保障制度城乡统筹发展的若干重大举措

为加快推进社会保障制度的城乡统筹发展，新世纪初以来，党和政府出台了一系列重大举措。

2002年12月，党中央、国务院作出《关于进一步加强农村卫生工作的决定》，要求在全国农村逐步建立新型合作医疗制度。从2003年开始，在农村地区开展建立新型合作医疗制度的试点工作。新型农村合作医疗制度是由政府组织、引导和支持，农民自愿参加，个人、集体和政府多方筹资，以大病统筹为主的农民医疗互助共济制度。新型合作医疗制度较之过去的合作医疗制度有以下几个方面的创新和发展：其一，加大了政府支持力度。按规定，中央财政对中西部地区除市区以外的参加新型农村合作医疗的农民每年按人均20元给予补助，地方财政对参加新型农村合作医疗的农民每年按人均不低于20元给予补助，进一步完善了个人缴费、集体扶持和政府资助相结合的筹资机制（按“新医改”要求，到2010年，按中央政府补助60元/人·年，地方政府补助60元/人·年，个人缴费30元/年筹集经费）。其二，突出了以大病统筹为主。其三，提高了统筹层次。改变了过去以乡、村为单位开展合作医疗的做法，以县为单位统筹，增强了抗风险和监管能力。其四，明确了农民自愿参加的原则，赋予了农民知情权和监管权，提高了制度的公开、公平和公正性。其五，由政府负责和指导建立组织协调机构、经办机构和监督管理机构，加强领导、管理和监督。其六，建立医疗救助制度，通过民政和扶贫部门资助贫困农民参加新型农村合作医疗，照顾到了贫困农民的特殊情况。目前，我国新型农村合作医疗已基本覆盖全国农村，参合农民超过8亿人。

2005年国务院颁布了《关于完善企业职工基本养老保险制度的决定》，实现养老保险覆盖范围由职工向城镇灵活就业人员的拓展，改革养老金计发办法，强化激励约束机制，建立长效机制；2006年，国务院颁布了《国务院关于解决农民工问题的若干意见》，国务院办公厅转发《劳动保障部关于做好被征地农民就业培训和社会保障工作指导意见的通知》，推进农民工和被征地人员社会保障制度建设；2007年国务院颁布了《国务院关于在全国建立农村最低生活保障制度的通知》、《国务院关于开展城镇居民基本医疗保险试点的指导意见》，全国建立兜底性的城乡最低生活保障制度，同时将医疗保险由职业人群拓展到城镇非职业人群。

2009 年 2 月，人力资源和社会保障部向社会发布《农民工参加基本养老保险办法》和《城镇企业职工基本养老保险关系转移接续暂行办法》，向社会公开征求意见。这意味着，各界一致关注的农民工参保和城镇企业职工养老保险转移接续，进入了更为细化的实际操作阶段。

《农民工参加基本养老保险办法》遵循“低费率、广覆盖、可转移，并能够与现行的养老保险制度衔接”的原则，提出用人单位缴费比例为工资总额的 12%，比目前规定的平均缴费比例低了 8 个百分点；农民工个人缴费比例为 4%至 8%，可以根据本人的收入情况合理选择和确定等。《办法》还明确了农民工养老保险关系转移和权益累计、接续的一系列措施。采取上述措施后，到达领取养老保险待遇年龄的农民工，将可以按照与城镇参保职工一视同仁的原则计发相关待遇。

2009 年 9 月，国务院公布了《关于开展新型农村社会养老保险试点的指导意见》，从 2009 年起，我国将开始建立新型农村养老保险制度，数亿农民将从中受益。新农保的推出，填补了农村社会养老保障体系的空白，改变了农民单纯依靠个人家庭养老的模式，对解除农民后顾之忧，提高农民生活水平，促进农村消费，具有重大积极意义。温家宝总理表示：新农保将使农民“养老不犯愁”。

2007 年底，《中华人民共和国社会保险法（草案）》提交全国人大常委会审议，2009 年初向全民征求意见。草案确定了“广覆盖、保基本、多层次、可持续”的方针，明确了我国社会保险制度的基本框架，对社会保险的覆盖范围、社会保险费征收、社会保险待遇的享受、社会保险基金的管理和运营、社会保险经办机构的职责、社会保险监督以及法律责任等方面作了规定。《社会保险法》的出台有助于推动中国社会保障事业的法制化，增强社会保障制度的权威性和稳定性。

三、2009 年中国社会保障制度城乡统筹改革取得的进展

（一）“新医改”

2009 年 1 月 21 日，国务院总理温家宝主持召开国务院常务会议，审议

并原则通过《关于深化医药卫生体制改革的意见》和《2009—2011 年深化医药卫生体制改革实施方案》（以下简称“新医改”），2009 年 4 月正式公布。“新医改”对旧的医疗体制提出了诸多创新，从指导思想到制度的构建都更加体现了促进社会公平正义、人人享有医疗保障的理念。“新医改”在社会保障方面的进展如下：

1. 坚持公共医疗卫生的公益性质，突出国家社会保障职能

上世纪 80 年代，我国曾一度对卫生医疗机构实行放权、让利、搞活，实行鼓励创收和自我发展的政策。在“国退民进”的浪潮中，一家家医院被私有化，政府公益服务逐渐退出了医疗保障领域。自 2005 年有关部门承认“中国医改不成功”后，回归公益成为全社会新的共识。

“新医改”在深化医疗卫生体制改革的指导思想中确定“坚持公共医疗卫生的公益性质”，无疑，这次的医改扭转了之前错误的市场化导向，这是医疗卫生系统整体的价值性回归，是对医疗卫生服务的社会保障职能的真正贯彻。

在具体制度上，“新医改”确定了建立覆盖城乡居民的公共卫生服务体系、医疗服务体系、医疗保障体系、药品供应保障体系四位一体的基本医疗卫生制度，四大体系相辅相成，配套建设，协调发展。在医疗服务方面，坚持非营利性医疗机构为主体、营利性医疗机构为补充，公立医疗机构为主导、非公立医疗机构共同发展的办医原则，推进公立医院管理体制改革。从有利于强化公立医院公益性和政府有效监管出发，积极探索政事分开、管办分开的多种实现形式，明确公立医院要遵循公益性质和社会效益原则，深化运行机制改革。

2. 强化政府责任，创建多元卫生投入机制

纵观世界，各主要国家均普遍建立了比较完善的医疗保障制度，但是无论是哪种医疗保障制度，政府在其中的作用都不可或缺。我国作为一个社会主义国家，要体现社会主义优越性，切实维护百姓健康，政府就必须在医疗体制改革中居于主导地位。

“新医改”指出，要坚持政府主导，强化政府在基本医疗卫生制度中的责任，加强政府在制度、规划、筹资、服务、监管等方面的职责，维护公共医疗卫生的公益性，促进公平公正。同时在医疗服务的投入上要明确政府、社会与个人的投入责任，确立政府在提供公共卫生和基本医疗服务中的主导地位。基本医疗服务由政府、社会和个人三方合理分担费用，特需医疗服务

由个人直接付费或通过商业健康保险支付。按照分级负担的原则合理划分中央和地方各级政府卫生投入责任，加大中央、省级财政对困难地区的专项转移支付力度，积极促进非公有医疗卫生机构发展，形成投资主体多元化、投资方式多样化的办医体制。为保证“新医改”政府责任的真正履行，国务院还确定了从 2009 年到 2011 年，重点抓好基本医疗保障制度等五项改革措施和具体时间表，3 年内各级政府预计投入 8 500 亿元用于新的医疗体制改革。

3. 建立多层次的医疗保障体系，积极推进全民医保进程

2003 年以来，我国卫生事业发展进入了强调公益、改善民生的新阶段。不断推进农村卫生建设和城市社区卫生建设，建立新型农村合作医疗制度和社会医疗保障制度。“新医改”在新型农村合作医疗和城镇居民基本医疗保险取得突破性进展的良好基础上，对今后的医疗保障体系的构建提出了具体目标。明确指出，“深化医药卫生体制改革的总体目标是：建立健全覆盖城乡居民的基本医疗卫生制度”，随着经济发展，逐步提高筹资水平和统筹层次，缩小保障水平差距，最终实现制度框架的基本统一，加快建立和完善以基本医疗保障为主体，其他多种形式补充医疗保险和商业健康保险为补充，覆盖城乡居民的多层次医疗保障体系（时间基本定于 2020 年）。至此，一个由城镇职工基本医疗保险、城镇居民基本医疗保险、新型农村合作医疗和城乡医疗救助共同组成的全民医保体系的基本框架已经构建出来。

4. 实现公共卫生服务均等化，体现社会主义公平正义

多年以来，我国卫生工作中的“重医轻防”、“重城轻乡”等弊端明显，我国基层公共卫生机构功能弱化，城乡医疗保障不均等问题日益突出，成为构建和谐社会中突出的不和谐点。要实现卫生服务均等化就需要发挥政府的主导力，调动全社会的积极性，建立健全农村医疗保障体系，合理配置医疗卫生资源，逐步缩小城乡医疗保障差距，逐步使城乡居民享受政府提供的同等的医疗保障待遇。

此次“新医改”，将试图打破城乡分割的二元医疗保障体系，实现城乡两个医疗保障体系互通，强调推进基本公共卫生服务的均等化，这应该是“新医改”的最大亮点。“新医改”明确公共卫生服务主要通过政府筹资，逐步缩小城乡居民基本公共卫生服务差距，提高全民健康水平。基本公共卫生服务的均等化，意味着我国居民将不受年龄、地域、职业等限制，均能享受到同等的公共卫生服务。但是，要改变二元医疗保障结构，真正保障均等化

医疗水平，就要从根本上建立新的统筹城乡的卫生筹资和投入模式，做到城乡卫生均衡发展，保证城乡医疗卫生机构提供同等服务、获得同等补偿。

（二）“新农保”

2009 年 9 月 1 日，国务院印发了《关于开展新型农村社会养老保险试点的指导意见》（以下简称“新农保”），标志着全国新农保试点工作正式启动。建立“新农保”制度是深入贯彻落实科学发展观、加快建设覆盖城乡居民的社会保障体系的重大决策，是应对国际金融危机、扩大国内消费需求的重大举措，是国家朝着促进社会公平正义、逐步缩小城乡差距、破除城乡二元结构、逐步实现基本公共服务均等化的一个重大步骤，是实现广大农村居民老有所养、促进家庭和谐、增加农民收入的重大惠农政策。

1. “新农保”坚持公平普惠原则

“新农保”的基本原则是“保基本、广覆盖、有弹性、可持续”。一是从农村实际出发，低水平起步，筹资和待遇标准要与经济发展及各方面承受能力相适应；二是个人、集体、政府合理分担责任，权利与义务相适应，既要体现公平普惠，又要体现个人和家庭的责任，不搞纯福利补贴；三是政府引导和农民自愿相结合，不搞强迫命令，通过利益导向和宣传动员引导农民普遍参保；四是中央确定基本原则和主要政策，地方制定具体办法和实施方案，对参保农村居民实行属地管理。

2. “新农保”的基本制度模式是社会统筹与个人账户相结合

党的十四届三中全会确定了我国养老保险制度实行社会统筹与个人账户相结合，十多年的改革实践证明符合我国国情，有利于把公平和效率原则较好地结合起来。“新农保”与城镇职工基本养老保险制度在基本模式上协调一致，有利于城乡养老保险关系的转移衔接，适应农民工就业流动性大的特点和城镇化的发展趋势；而建立养老保险个人账户，体现多缴多得，长缴多得，有利于调动农民参保积极性，也适应农民收入的差异性。

3. “新农保”实行个人缴费、集体补助、政府补贴相结合的筹资结构

个人缴费目前设 100 元至 500 元 5 个档次，地方政府还可以根据实际需要增设档次，由农民根据自身情况自主选择缴费。这样设置，农民群众容易看清楚、算明白，有弹性，也便于管理。100 元大体相当于去年全国农民人均纯收入的 2%多一点，适合欠发达地区和低收入农民的经济承受能力；

500 元大体相当于去年全国农民人均纯收入的 10%，但在发达地区只相当于 5%～6%，可供收入较高的农民选择。有条件的村集体要对村民参保缴费给予适当补助。农村土地集体所有，村集体在农民生产生活中具有重要地位和作用，一些村集体有经营性收入。因此，有条件的村集体应该对农民参保缴费给予支持，既体现了集体的责任，也有利于调动农民的参保积极性。但由于各地集体经济发展不平衡，不作统一的硬性规定。同时，考虑到一些农村集体经济组织已经改制，因此也鼓励其他经济社会组织和个人为参保人缴费提供资助。政府补贴分为两部分：一是政府财政对符合领取条件的参保人全额支付基础养老金，其中中央财政按中央确定的基础养老金标准（目前为每人每月 55 元）对中西部地区给予全额补助，对东部地区给予 50%的补助（另 50%由地方政府补助），体现了党和政府对广大农民的亲切关怀，体现了社会保障制度的公平性和普惠性。二是地方财政对农民缴费给予补贴，补贴标准不低于每人每年 30 元，以利于调动广大农民的参保积极性，尽快实现“广覆盖”的目标；对农村重度残疾人等缴费困难群体，地方政府还应适当代其缴纳最低标准的养老保险费。

4. “新农保”养老金待遇为基础养老金加个人账户养老金

年满 60 周岁、未按月享受城镇职工基本养老保险待遇的农村居民，可享受由新农保基金支付基本养老金。基本养老金由基础养老金和个人账户养老金两部分组成。目前中央确定的基础养老金为 55 元/人·月，这是根据目前中央财政承受能力和保基本的原则确定的，国家将根据经济发展和财力状况适时调整基础养老金标准；有条件的地方可以在此基础上提高当地基础养老金标准。个人账户养老金为个人账户累计储存额除以 139（这是根据目前我国 60 岁以上人口平均存活期计算出的经验系数）。目前城镇职工基本养老保险个人账户养老金也采用这样的办法。城乡两种方法一致，有利于农民工在城乡之间流动就业的养老金权益转换衔接，减少制度摩擦。

“新农保”制度实施时，已经年满 60 岁的农村居民，可以直接享受基础养老金，但其符合参保条件的子女应当参保缴费。需要强调的是，子女参保缴费记入本人个人账户，用于自己将来的养老，而不用于父母。这是在社会保障中体现家庭赡养责任的一种形式，符合相关法律规定，也有利于扩大覆盖面和促进家庭和睦。距领取年龄不足 15 年的，应按年缴费，也允许补缴，累计缴费期限不超过 15 年；距领取年龄超过 15 年的，应按年缴费，累计缴费年数不少于 15 年。这主要是引导中青年农村居民尽早参保、长期缴费，

有利于提高保障水平。

5. “新农保”在实施步骤上采取循序渐进的方式

从2009年开始，“新农保”先在全国10%的县（市、区、旗）试点，以后逐步扩大试点，在全国普遍实施，2020年之前基本实现对农村适龄居民的全覆盖。

（三）农民工社会保障制度建设

2009年2月5日到20日，人力资源和社会保障部向社会发布《农民工参加基本养老保险办法》和《城镇企业职工基本养老保险关系转移接续暂行办法》，向社会公开征求意见。这意味着，各界一致关注的农民工参保和城镇企业职工养老保险转移接续，进入了更为细化的实际操作阶段。

针对农民工收入普遍偏低的特点，办法规定：用人单位缴费比例为工资总额的12%，比以前规定的平均缴费比例低了8个百分点；农民工个人缴费比例为4%至8%，可以根据本人的收入情况合理选择和确定。过去已经参加城保的农民工及用人单位，可以按照本办法的规定调整缴费比例。这样规定，可以大大降低农民工及其用人单位的经济负担，以最大限度地将农民工纳入养老保险制度覆盖范围。

针对农民工就业流动性强的特点，办法明确了农民工养老保险关系转移和权益累计、接续的政策：农民工离开就业城市时，当地社会保险经办机构一方面要为其开具参保缴费凭证，证明他在本地参保的时间和累计缴费情况；另一方面暂时封存其权益记录和个人账户。农民工回到原就业城市就业并继续参保的，其权益记录和个人账户自然解封，养老保险权益得以延续；农民工到其他城市就业并继续参保的，只要向新就业地社会保险经办机构出示参保缴费凭证并提出转移申请，就可以转移接续养老保险关系，其养老保险权益累计计算；农民工由于各种原因未能继续参保的，其权益记录和个人账户一直封存，个人账户继续按国家规定计息，直到其继续参保或到达领取待遇年龄，已经参保缴费的权益不受损失。采取以上措施后，农民工离开就业城市、中断参保缴费的，原则上不再办理“退保”。

办法确保了农民工参加基本养老保险能与城镇职工享受同样的权利。农民工只要履行了同样的参保缴费义务，就享有同等的养老保险权益。到达领取养老保险待遇年龄的农民工，按照与城镇参保职工一视同仁的原则计发相关待遇：缴费满 15 年以上的，按月领取基本养老金，包括基础养老金和个人账户养老金；缴费不满 15 年的，而参加了新型农村社会养老保险（“新农保”）的，由社保机构将其养老保险关系及资金转入其家乡的“新农保”制度，按规定享受“新农保”待遇；没有参加“新农保”的，比照城镇同类人员，一次性支付其个人账户养老金。“新农保”实施后，农民工在城镇参保与“新农保”之间的具体衔接转移办法，国家人力资源和社会保障部将按照切实保障农民工合法权益的原则另行制定。

该办法主要适用于在城镇就业并与用人单位建立了劳动关系的农民工。城镇各类用人单位与农民工签订劳动合同时，必须明确农民工参加养老保险相关事宜，并为农民工办理参保手续。在城镇就业的农民工还有一部分是从事个体经营的，考虑到他们没有用人单位缴费，如果参保将由个人负担全部缴费，经济上难以承受，因此，这部分农民工以及在乡镇就业的农民工可参加家乡的“新农保”。

（四）事业单位养老金制度改革

2008 年 2 月 29 日，国务院总理温家宝主持召开国务院常务会议，研究部署事业单位工作人员养老保险制度改革试点工作，会议讨论并原则通过了《事业单位工作人员养老保险制度改革试点方案》，确定在山西、上海、浙江、广东、重庆 5 省市先期开展试点，与事业单位分类改革配套推进。会议指出，事业单位工作人员养老保险制度改革涉及面广，政策性强，必须先行试点，积累经验，积极稳妥地推进。2009 年 1 月 28 日，国家人力资源和社会保障部将相关改革文件下发至先行试点的 5 个省市，试点工作正式启动。

改革事业单位现行养老制度的原因：一是为了社会保障制度的统一，维护社会公平的需要；二是事业单位现行养老金制度建立在计划经济的基础之上，随着事业单位自身改革必要性的凸显，现行养老金制度的内在缺陷无法在既有体制框架内得到修补，越来越难以维持；三是各级财政负担过重，事业单位养老金制度必然要继企业养老金制度的转轨改革之后，实施改革。

事业单位养老保险制度改革的主要内容是，要求事业单位与企业的职工在退休以后享受到基本一致的养老金。具体包括：一是事业单位人员养老保险不再单纯靠财政，而是也要和企业与职工一样统筹交纳养老保险，体现企事业单位之间的社会公平，并减轻政府财政压力；二是建立企事业统一的养

老保险制度，事业员工养老金发放办法也与城镇企业职工一样，并逐步实行省级统筹；三是建立基本养老金正常调整机制；四是建立社会化养老服务网络，实行事业单位养老金社会化发放；五是探索建立职业年金制度，作为事业单位基本养老制度的补充，以弥补其因养老保险标准向企业看齐所减少的退休金；六是采用“老人老办法，新人新办法，中人过渡”的办法过渡。也就是说，事业单位养老保险制度以后将与企业在缴费、待遇、服务方面一体化。

目前，我国有人口13亿多，享有养老保险的人数在3亿～4亿人之间。城市低收入人员/失业人员、95%以上的农村人口没有养老保险。在享有养老保险人员中，分为三个层次：最高的是机关公务员，其次是事业单位人员，最后是企业职工。目前，全国三者平均养老金水平分别为32 000元/年·人、29 000元/年·人、11 000元/年·人。其中公务员与事业单位人员接近，均为企业退休职工的约3倍。在这三类享有养老保险的人员中，多年来公务员和事业单位人员养老金多数由财政支付，个人只交纳很少或不交纳。而企业员工的养老金自1986年开始企业养老保险制度改革以后，就陆续分别由企业及其员工共同承担。所以，机关事业单位的养老保险制度改革已经滞后了二十多年，这种养老保险制度“碎片化”的现象，已成为中国养老保险制度的主要缺陷。

据统计，我国事业单位总计130余万个，涉及教科文卫、农林水、广播电视、新闻出版等，工作人员超过3 500万人，是国家公务员的4.3倍，占全国财政供养人数的80%。事业单位养老保险制度的这一改革，对于不断增强社会保险功能，促进社会主义市场经济健康有序地发展；对于按照社会公平公正的理念，理顺全社会的养老保险体系，使每一个退休职工都能享受到公平合理的养老保障，并以此来推动社会和谐；对于有效缓解和避免人口老龄化问题给财政带来的巨大压力，尽可能保障离退休人员的基本生活等方面，有着重大的现实意义和深远的历史意义。

当然，推进事业单位养老金制度改革的重要性与必要性虽不难理解；但由于事业单位和党政机关极为密切的历史渊源和现实关系，首先改革事业单位养老金制度而对党政机关养老金制度不加改革或未作出切实承诺，必然引起事业单位人员的不公平感；另外，也是更为重要的一点，改革的方向是和企业建立相同的养老金制度，必然引起事业单位人员的各种利益顾虑，目前试点工作困难重重已经体现了这一点。因此，事业单位养老金制度改革应充分考虑相关人员的利益关切，稳妥进行，切不可操之过急。

(五) 大学生参加城镇居民基本医疗保险

2008 年 10 月 25 日，国务院办公厅发布《关于将大学生纳入城镇居民基本医疗保险试点范围的指导意见》(国办发〔2008〕119 号) 进一步明确了大学生参加城镇居民基本医疗保险的基本原则和主要政策，要求各地尽快组织开展在校大学生基本医疗保险工作。这项工作在 2009 年度取得了重大进展。意见主要内容包括：

(1) 参保范围。各类全日制普通高等学校（包括民办高校）、科研院所（以下统称高校）中接受普通高等学历教育的全日制本专科生、全日制研究生。

(2) 保障方式。大学生住院和门诊大病医疗，按照属地原则通过参加学校所在地城镇居民基本医疗保险解决，大学生按照当地规定缴费并享受相应待遇，待遇水平不低于当地城镇居民。同时按照现有规定继续做好大学生日常医疗工作，方便其及时就医。

鼓励大学生在参加基本医疗保险的基础上，按自愿原则，通过参加商业医疗保险等多种途径，提高医疗保障水平。

(3) 资金筹措。大学生参加城镇居民基本医疗保险的个人缴费标准和政府补助标准，按照当地中小学生参加城镇居民基本医疗保险相应标准执行。个人缴费原则上由大学生本人和家庭负担，有条件的高校可对其缴费给予补助。大学生参保所需政府补助资金，按照高校隶属关系，由同级财政负责安排。中央财政对地方所属高校学生按照城镇居民基本医疗保险补助办法给予补助。大学生日常医疗所需资金，继续按照高校隶属关系，由同级财政予以补助。

(4) 大学生参加居民医保与职工医保的制度衔接。大学生参加城镇居民基本医疗保险毕业后稳定就业的，应当随同用人单位参加城镇职工基本医疗保险；灵活就业的，可按灵活就业人员身份参加城镇职工基本医疗保险；未就业或无稳定工作的，可继续参加城镇居民基本医疗保险，按城镇非从业居民标准缴费。大学生在校期间参加城镇居民基本医疗保险的年限，与其就业后参加城镇职工基本医疗保险的年限合并计算，具体办法按城镇居民基本医疗保险相关规定执行。

为了落实国务院的文件精神，卫生部于 2009 年 1 月 10 日颁布了《关于做好大学生参加城镇居民基本医疗保险有关工作的通知》，各省（直辖市、自治区）也先后颁布了《关于做好大学生参加城镇居民基本医疗保险有关工作的通知》，全面落实大学生参加城镇居民基本医疗保险工作。截至 2009 年 10 月，全国高校各类学生近 2 150 万人全部参加了城镇居民基本医疗保险。

将大学生纳入城镇居民基本医疗保险可以通过更大范围的社会互助共济来解决大学生的医疗费用问题，提高大学生医疗保障水平，减轻高校和家庭的负担，这是加快完善医疗保障体系建设、缓解高校在校生“看病难、看病贵”问题的客观要求，也是发展和改善民生，促进社会和谐的重要保证。同时解决不同学校学生享受的医疗保障待遇差别较大的问题，利于体现社会公平。

（六）城乡保障性住房建设

2009 年 3 月底，国务院在长沙召开全国保障性安居工程工作会议，明确了全国保障性安居工程 3 年目标和任务。在国家支持下，在 3 年内全国要解决 750 万户城市低收入困难家庭、240 万户林区垦区煤矿等棚户区居民的住房困难。2009 年，要分别完成 260 万户和 80 万户。同时，扩大农村危房改造试点，2009 年安排近 80 万户。

2009 年 5 月 22 日，住房城乡建设部、国家发展改革委、财政部联合下发《2009—2011 年廉租住房保障规划》，提出了工作的总体目标是：从 2009 年起到 2011 年，争取用三年时间，基本解决 747 万户现有城市低收入住房困难家庭的住房问题。其中，2008 年第四季度已开工建设廉租住房 38 万套，三年内再新增廉租住房 518 万套、新增发放租赁补贴 191 万户。进一步健全实物配租和租赁补贴相结合的廉租住房制度，并以此为重点加快城市住房保障体系建设，完善相关的土地、财税和信贷支持政策。年度工作任务为：(1) 2009 年，解决 260 万户城市低收入住房困难家庭的住房问题。其中，新增廉租住房房源 177 万套，新增发放租赁补贴 83 万户。(2) 2010 年，解决 245 万户城市低收入住房困难家庭的住房问题。其中，新增廉租住房房源 180 万套，新增发放租赁补贴 65 万户。(3) 2011 年，解决 204 万户城市低收入住房困难家庭的住房问题。其中，新增廉租住房房源 161 万套，新增发放租赁补贴 43 万户。

国家将通过新建、购置和改造等方式筹集房源，同时继续实施租赁补贴制度，多渠道、多方式解决城市低收入住房困难家庭的住房问题。新建廉租住房采用统一集中建设和在经济适用住房、普通商品住房、棚户区改造项目中配建两种方式，以配建方式为主。同时规定，廉租住房保障对象是城市低收入住房困难家庭，廉租住房保障标准控制在人均住房建筑面积 13 平方米左右，套型建筑面积 50 平方米以内，保证基本的居住功能。租赁补贴额根据当地平均市场租金、家庭住房支付能力合理确定。

中央将加大对财政困难地区廉租住房保障补助力度。住房公积金增值净收益要全部用于廉租住房建设，保证土地出让净收益用于廉租住房保障的比例不低于 10%。对符合贷款条件的廉租住房建设和棚户区改造项目，商业银行要加大信贷支持力度。

综上所述，2009 年在前期社会保障城乡统筹改革的基础上取得了显著进展。“新医改”提出要建立城乡统一的公共卫生保健制度。针对基本医疗保障制度，提出要“随着经济社会发展，逐步提高筹资水平和统筹层次，缩小保障水平差距，最终实现制度框架的基本统一”，并“做好城镇职工基本医疗保险制度、城镇居民基本医疗保险制度、新型农村合作医疗制度和城乡医疗救助制度之间的衔接”，“探索建立城乡一体化的基本医疗保障管理制度”。此外，“新医改”规定“2010 年各级财政对城镇居民基本医疗保险和新型农村合作医疗的补助标准提高到每人每年 120 元”，体现了城乡医疗保障制度的统一趋势。“新农保”正式出台，将结束自古以来农民依靠子女（后代）养老的传统，是中国社会保障制度城乡统筹改革的重大突破。农民工社会保障制度建设体现了过渡性、灵活性的特点，有利于实现社会保障制度的城乡衔接乃至整合。大学生纳入城镇居民基本医疗保险及城乡保障性住房建设等也是推进“国民皆保障”的重要举措。事业单位养老金制度改革乃至呼声极高的公务员养老金制度改革等对推进基本养老保障制度的统一、实现制度的群体公平具有重要的意义。

四、中国社会保障制度改革的难点与发展方向

（一）改革目标问题

当前，我国社会保障体系建设进入了关键时期，党的十七大明确提出，到 2020 年基本建立覆盖城乡居民的社会保障体系。实现这个战略目标，必须坚持广覆盖、保基本、多层次、可持续的指导方针，在全面推进各项工作的同时，着力推进制度完善、体系建设：

立足基本国情，加快完善中国特色的社会保障制度。我国的社会保障制度建设不能照搬西方国家的模式，必须立足基本国情，建立中国特色的社会保障制度。在筹资机制上，根据我国人口多、底子薄的特点，社会保障体系建设必须坚持公平与效率相结合，由国家、企业（集体）和个人共同承担保障责任，把缴费型的社会保险作为核心制度，辅之以适当的普惠式制度安排，防止单位和个人对政府和社会的过度依赖。在保障水平上，考虑到我国初级阶段较低的经济发展水平，我国的社会保障制度只能从低水平起步，保障人民群众的基本需求，随着经济发展逐步提高水平。在制度模式上，我国人口老龄化来势迅猛，并且具有规模大、“未富先老”等特点，决定了我国的社会保障制度不能采用现收现付的制度模式，而必须坚持统账结合的制度模式并加快做实养老保险个人账户，实现社会保障基金的部分积累，为未来人口老龄化高峰预做资金准备。继续注重发挥市场机制和社会力量的作用，大力发展多层次、多支柱的社会保险，在更大程度上体现社会保险权利与义务相对应的原则和社会保障的效率特征，减轻政府社会福利支出与服务提供的压力，确保社会保障体系的健康运行和持续发展。

统筹城乡发展，加快建立覆盖城乡居民的社会保障体系。我国总体上已进入城市带动农村、工业反哺农业的发展阶段，社会保障制度建设必须按照统筹城乡发展的要求，逐步实现由城镇为主向城乡统筹、由城镇职工为主向覆盖城乡居民的重大转变。从社会保障追求社会公平的内在要求出发，完善社会保障体系要把弥补制度缺失作为优先目标，先解决“从无到有”的问题，再循序解决“由低到高”的问题。因此，按照十七大“覆盖城乡”的要求，新时期完善社会保障体系的主要任务，应在不断完善基本养老保险、城镇职工基本医疗保险等已有制度的基础上，加快解决城镇未参保集体企业退休人员、城镇无工作老年居民的养老保障问题和困难企业、关闭破产企业退休人员等困难人群的医疗保障问题，重点加强农村社会保障制度建设，抓紧落实农民工养老保险办法，加快推进“新农保”的试点工作，积极推进被征地农民社会保障工作，使社会保障从城镇向农村、从职工向居民、从正规就业人员向灵活就业人员不断拓展，建立覆盖城乡的社会保障体系。

实现建立覆盖城乡的社会保障体系的目标，其涵义十分丰富。笔者认为，有两点需要特别强调：第一，要加快实现国民皆保障，以保障全体国民基本的生存权与发展权；第二，要按照“城乡整合”或“统分结合”的模式，实现基本保障项目、待遇的城乡统一和其他项目、待遇的一定差异，推进全体国民基本社会保障权利的平等。

（二）群体公平问题

我国社会保障制度在实施中存在着社会成员在机会和待遇上的不公平，导致最有保障需求的对象恰恰被排除在社会保障之外。原因是最初的制度设计没有向弱势群体倾斜。这种起点上的不公平往往又导致过程的不公平和结果的不公平。

其一，最初的社会保障设计只保国有企业职工，而忽略了集体企业、民营企业的职工和农民工。20 世纪 80 年代中期，我国开始实行社会保障体系改革，主要是为国有企业下岗失业人员服务，非国有企业下岗职工并没有被纳入其中。这使得集体企业下岗职工在与单位脱离关系时，政策上并没有规定企业需要给予职工一定的经济补偿，也没有要求企业补齐以前所欠的各项社会保险金。所以，集体企业下岗职工在与单位脱离关系时，大部分没有得到相应的社会保险补偿。一些小集体企业和绝大部分的乡镇企业、私营企业的职工及城镇个体劳动者更是被排除在社会保障体系之外。改革开放以后，随着市场经济的发展，人口流动性越来越大，出现了数以亿计的农民工。他们的户籍身份是农业户口，但从事的却是工业生产劳动，事实上已经成为产业工人的一部分。他们为城市出卖苦力，与城市人同工不同酬，受伤致残患病却没人管的现象至今仍是一个突出的社会问题。随着我国经济社会的发展和城镇化的推进，大批农民离开土地，进城务工，为城镇的快速发展作出了重要贡献。但由于户籍制度的限制，他们往往被排除在城镇社会保障体系之外。目前，由于农民工社会保障制度缺失，农民工在从事各种脏、苦、险、累工作并接受低收入待遇的同时，却很少享受到养老、医疗、失业、工伤及住房、教育等相关福利。社会保障制度所应贯彻的公平、公正原则并没有在农民工身上得到应有的体现。

其二，最初的社会保障设计只保有工作的，不保没工作的。在这里“没工作的”主要指下岗失业人员。从社会保障的实际运行来看，尽管目前已建立起了涵盖下岗失业人员的社会保障体系，但大部分下岗失业人员并没有真正被纳入其中。有调查数据显示，在“低保”的实施过程中，各地由于地方财力不足，普遍采取“虚拟收入”的办法，人为缩小“低保”范围。这样，大多数最需要基本生活保障的群体被排除在社会安全网之外，这显然与社会保障建立的初衷背道而驰，也有失社会公平。

其三，最初的社会保障设计导致不同单位、部门之间待遇悬殊。机关、事业单位和企业三种组织形式之间，社会保障标准就存在着明显反差。2004年，全国企业职工退休金人均为7 831元，而事业单位的职工退休金人均为14 644元，机关单位的职工退休金人均为15 932元；在2000—2004年这5年间，全国企业职工的退休金以年均6.31％的速度缓慢增长，而机关和事业单位职工的退休金增长速度分别是13.45％和11.67％。在如此不公正的政策下，企业退休职工的退休金迅速地与机关和事业单位退休职工的退休金拉大了距离。

因此，推进社会保障的群体公平，应是今后我国社会保障制度改革的一个重要内容。

（三）城乡公平问题

一直以来，“城乡分治”是我国的基本社会格局。在过去相当长的一段时期内，政府以“剪刀差”积累了工业发展的资本，城镇企事业单位的就业人员享有高就业、高补贴、高福利的社会保障，而占人口绝大多数的农村居民仅仅拥有以合作医疗、社会救济和五保供养为内容的较低层次的社会保障，这就形成了所谓的“二元社会保障”格局。

1978年农村实行联产承包责任制之后，伴随着农村集体经济的逐渐瓦解，依托于集体经济的社会保障项目逐渐消失。原有的合作医疗一步一步地走向衰亡，农村社会救济和“五保”制度停滞不前，甚至出现了倒退。国家更多关注的是下岗职工再就业、养老保障、城镇医改等社会保障项目，农村社会保障受到忽视。在这段时期，“二元社会保障”的格局不但没有得到改变，而且得到了强化。

就核心内容而言，我国农村目前实行家庭和集体相结合、以家庭保障为主的社会保障制度；在城市实行以国家、企业和个人分担资金支出，面向企业劳动者的社会保险制度。城乡社会保障差距很大。城乡分割的“二元社会保障”格局使社会保障制度的收入再分配功能严重扭曲，附着于户籍制度之上的城市福利不断累加，形成了市民与农民事实上的权利不平等。同时，城乡分割的社会保障在很大程度上提高了农民进城的门槛，客观上剥夺了农民接受城市文明、分享现代化成果的权利，剥夺了农民的迁徙自由权利，阻碍了城乡统一的劳动力市场的形成。

显然，从社会公平角度考察，必须打破这种不合理的城乡二元结构，实现城乡社会保障一体化。如果说，在工业化初期优先发展城市社会保障具有其历史必然性和一定的合理性，那么，现在将工作重心转移到农村社会保障方面，则也是历史发展的必然，也具有更大的合理性。在未来一段时期内，我们应当将社会保障发展的重心由城市转移到农村。

要打破社会保障的二元结构，必须深入推进社会保障制度的城乡统筹改革，实现社会保障制度的城乡衔接乃至整合。从当前的实际情况来看，需要做好外出务工农民和农村常住人口两方面的社会保障工作。一方面，以农民工和失地农民保障为突破口，尝试建立城乡衔接乃至统一的医疗保障体系、养老保障体系、失业保障制度和工伤保险制度，实现不论户籍的城乡基本社会保险一体化；另一方面，实现城乡基本保障项目的全覆盖，短期内完成农村低保制度及五保供养、特困户生活救助、灾民补助体系的构建，继续推进农村合作医疗“扩面”工作，逐渐探索建立与农村经济发展水平、风俗习惯、生产组织方式相适应的社会养老保险制度。城乡一体化的社会保障的实现是循序渐进的过程，不能冒进，需要与经济发展水平相协调，与城市化进程相一致，但无论如何，目前的工作重心应当是农村，而不是城市。

（四）区域公平问题

近年来，中国东中西部地区“三大阶梯”的经济态势始终未变，且相互间的差距持续扩大，相应的社会保障整体水平也呈现出较大的区域性差异，东部地区社会保障水平最高，中部次之，西部最低（见表 4—1）。

表 4—1　　2005 年东中西部各地区基本社会保障情况

地区	年底总人口（万人）	基本养老保险		基本医疗保险		失业保险	
		参保人数（万人）	基金收支累计结余（万元）	参保人数（万人）	基金收支累计结余（万元）	参保人数（万人）	领取失业保险金人数（万人）
全国	130 756	17 487.0	40 410 251	13 782.9	12 781 199	10 647.7	362.3
东部	50 609	9 496.7	24 641 952	7 309.5	7 856 934	5 566.4	185.5
中部	41 738	4 804.1	8 967 835	3 521.5	2 440 502	2 994.7	108.3
西部	35 976	3 164.2	6 756 035	2 952.0	2 483 763	2 086.6	68.5

资料来源：根据《中国统计年鉴 2006》计算得来。东中西部划分指中国大陆三大经济地带，即东部、中部、西部。

由表 4—1 数据计算得知，东部地区人口占全国总人口的 38.7%，其参加基本养老保险、基本医疗保险、失业保险的人数占全国参保人数的比例分别为 54.31%、53.03%、52.28%；中部地区人口占全国总人口的 31.92%，其参保的相应比例分别为 27.47%、25.55%、28.13%；西部地区人口占全国总人口的 27.51%，其参保的相应比例分别为 18.09%、21.42%、19.60%。东部地区的参保比重大大超过其人口比重，而中西部地区参保比重都低于其人口比重，尤其西部地区，社会保障水平最低，其基本养老保险、基本医疗保险的基金收支累计结余分别占全国的 16.72%、19.43%，领取失业保险金人数占全国的 18.91%，大大低于东部地区所占比例。各地区的社会保障水平较不平衡，区域性差异较大。

推进社会保障制度的区域公平，应从以下两个方面着手：其一，完善中央财政转移支付功能，从制度上保证社会保障发展的区域公平。中央财政负有调节地区差异的政府职能，对地方社会保障的财政补贴需要做到相对公平。当前中央财政虽然对经济相对落后地区有所倾斜，但这种倾斜往往是领导拍板，缺乏科学依据，更缺乏法律依据，我们迫切需要研究一套科学规范的财政转移支付管理制度，综合考虑地区人均收入、消费价格指数等经济指数，按照不同的标准层级给予合理的财政补贴，这样才能保证财政转移支付制度的动态适应性和可持续发展。

其二，发挥中央统一协调功能，促进区域社会保障协同发展。我国的社会保障制度区域之间的协调性很差，具体表现在养老保险、医疗保险制度不能实现区域衔接，就业保障制度、养老保险、医疗保险制度排斥外来人员，严重阻碍了劳动力的正常流动。虽然造成这些问题的原因只是一些技术性障碍，但根源在于中央协调职能的缺位以及地方政府的推诿责任。在这种情况下，就迫切需要中央出面，协助地方实现社会保障的区域协调，尤其要处理好流动人口的社会保障问题。

需要强调的是，社会保障整体公平只是一个远期目标，并且对于不同层次和项目可以有不同的目标。例如，在基础性社会保障项目如社会救助、最低生活保障方面，要做到全国覆盖，实现整体公平；在保障层次较高的项目上，例如养老保险、医疗保险方面可以体现一定的地区差异。

（五）政府责任问题

社会保障中的政府责任来源于近代以来国家责任的转变。在 17 世纪的时候，欧洲由传统社会迈入了近代社会，而国家形态也从封建国家转变为近代国家。近代国家形态的基本理念就是强调国家权力来源于公民的权利，每个公民将一部分权利让渡出去组成国家权力，以保护公民的公共安全，而国家绝对不得干涉公民个人的自由权，这种国家所充当的角色是“守夜人”，因而被称为“夜警国家”。与这种国家形态相应的政府形式是“有限政府”。但是，到19世纪末20世纪初的时候，自由资本主义开始走向垄断资本主义，社会分化加剧，财富越来越集中于少数人的手中，这就要求国家一改往日的被动角色，去积极地干涉社会各方各面，以保护社会弱者的“生存权”，达到社会公正，这种国家被赋予了“保姆”的使命，称为“社会国家”。与此相应的政府形式被称为“责任政府”，要求政府通过行政权的运用广泛地干预社会，为民众提供就业、住房、医疗机构、养老金等等。在这种背景下，产生了制度化的社会保障制度，其标志就是德国19世纪80年代颁布的一系列的社会保险法令。社会保险制度作为一种强制性、规范化的社会政策，已不再是统治者对被统治者的恩赐与怜悯，而是国家和社会的一项应尽职责。社会保障中的政府责任也来源于社会保障制度对社会、经济的积极作用。由于市场机制的内在缺陷不可避免，所带来的收入分配差距拉大不仅因为有效需求不足而对经济造成损害，同时也聚集了潜在的社会风险，到达一定临界点时，就可能引发大规模的社会危机。典型例子就是1929年开始的大规模的经济危机使社会风险骤然增加，美国在此背景下实施“新政”，建立起了全面的社会保障制度以缓解经济和社会危机，最终成功地避免了社会解体，迅速恢复了经济。如今，社会保障已被喻为调节经济的“自动稳定器”，成为政府利用财政投资宏观调控国民经济的重要手段之一。

在不同的国家和地区，社会保障有着不同的模式，有政府作为直接的组织者和管理者，广泛深入介入社会保障、以高税收为支持的“从摇篮到坟墓”的福利型国家社会保障模式，如北欧和中欧的德国、英国；有政府作为间接管理者和以税收优惠等措施引导社会保障市场化运作的社会保障模式，如美国；也有完全通过市场机制对社会保障进行运作和管理的新加坡或南美模式。显然欧洲无微不至的社会保障制度是我们所不能效仿的，因为其运作中的问题恰好说明了政府承担过多的责任必然会导致社会保障运行效率低下，经济缺乏活力，而且人口老龄化必然造成财政负担过大问题；我国经济的二元化结构及区域经济发展的不平衡性决定了我们也不能效仿新加坡或南美完全市场化、政府只充当监管者角色的模式。我国社会保障中政府

的责任应该是注重政府的基本责任，即为社会公众提供基本的“底线”保证，腾出资源对特定的目标群体进行转移支付，同时也应注重企业（单位、集体）和个人的责任，通过市场的力量引导除纯公共品以外的保障项目健康发展。

——在立法方面，政府有能力也有责任推动国家立法机关为社会保障制度提供一个健全的法律框架，而后依法确立制度加以实施，只有如此，才能保证社会保障制度的权威性和执行的有效性。

——在制度设计和创新方面，政府应发挥绝对主导的作用。市场在制度设计和创新方面表现出先天性的不足。无论是对正在实施的社会保障制度进行的改革和调整，还是建立完善新的社会保障制度，政府都利用其得天独厚的信息来源及分析预测优势，明确资金的筹集方式、支付水准以及保障项目的范围。

——在维持制度的有效运营和持续发展方面，要发挥积极的作用。政府在这方面应承担起包括注入资金、成立组织机构、提供服务、培育市场的责任，以保证制度的正常运转。

——进行产权界定。产权的界定实际上就是对权力的划分。不同的产权界定会产生不同的效率。明确界定社会保障基金的产权，明确各权利主体的权利和义务关系等，使权利和义务的关系对等起来，有效地发挥激励机制和监督机制的作用。

（六）中国特色问题

我国有长达五千年的文明史，有两千多年基本由中央政府统一治理的社会政治史。这一极具特色的历史文化背景是任何国家都无从类比的。我国社会保障制度的建立和完善，也要从这一背景出发，坚持政府主导与社会参与相结合。特别是现阶段，政府必须在社会保障制度建设上发挥主导作用，积极推动立法，增加财政尤其是中央财政投入，提供更多的公共服务。那种把社会保障全面推向市场的主张并不适合中国国情。同时要发扬中华民族悠久的尊老爱幼、扶危济困和集体主义的文化传统，充分调动社会各方面的积极性，发展社会慈善事业，支持志愿者公益行动，鼓励社区群体和邻里互助，发挥社会组织自我管理和自我服务的作用，提倡家庭成员互济互帮等等。在政府主导下，让全体社会成员共同参与构建社会保障的大厦，是我国社会保障制度建设中一项长期的任务。

参考文献

1. 李迎生．中国社会保障制度改革的目标定位新探．社会，2006（2）

2. 李迎生．为了亿万农民的生存安全．合肥：安徽人民出版社，2006

3. 李迎生，张瑞凯，乜琪．公益·公平·多元·整合："新医改"的社会政策内涵．江海学刊，2009（5）

4. 中共中央关于构建社会主义和谐社会若干重大问题的决定．北京：人民出版社，2006

5. 温海红，段雅慧．构建覆盖城乡社会保障体系的现实条件分析．理论月刊，2009，18（6）

6. 景天魁．社会保障：公平社会的基础．社会保障制度，2007（2）

7. 郭殿生．公平、效率与社会保障．福建论坛，2006（10）

8. 吴忠民．社会公正断想．江苏社会科学，2004（5）

9. 曹庆庆．从社会公平的角度反思我国社会保障的缺失．魅力中国，2009（15）

10. 张甲子．社会公平理念在我国社会保障制度中的缺失．知识经济，2009（8）

11. 郑功成．中国社会保障 30 年．北京：人民出版社，2008

12. 刘同芗．当代中国社会保障理念的嬗变与启示．山东社会科学，2007（10）

13. 何智慧．农民工社会保障体系的构建．特区经济，2009，13（5）

14. 钟会兵．论社会保障权实现中的国家义务．学术论坛，2009，225（10）

15. 常倩灵．我国社会保障体系中的政府责任．大众商务，2009，104（8）

16. 陈孝伟．建立具有中国特色的社会保障制度．黑龙江科技信息，2009（21）

17. 杨翠迎．中国社会保障制度的城乡差异及统筹改革思路，浙江大学学报（人文社科版），2004（3）

18. 卫生部卫生经济研究所. 农村卫生保健的历史、现状和问题. 课题报告（未出版），2003

19. 王诚. 论社会保障的生命周期及中国的周期阶段. 经济研究，2004（3）

［医疗卫生］

第五章　医药卫生体制改革的新进展

刘仲翔*

长期以来，“看病难、看病贵”问题成为改善民生的一大掣肘。2005 年以来，医药卫生体制改革进入了快车道。2009 年 3 月 17 日，国务院颁布了《关于深化医药卫生体制改革的意见》，随后又公布了《医药卫生体制改革近期重点实施方案》，这两个文件的出台，大大加快了医药卫生体制改革的进程，现在已经有很多措施开始付诸实践，在一定程度上缓解了“看病难、看病贵”的难题。

一、我国医药卫生体制改革的历史沿革

（一）城镇医疗保障体制改革的历史沿革

中华人民共和国成立之初，尽管面临严重困难，百废待兴，但是，我国政府首先把人民群众的健康放在突出位置，建立了公费医疗和劳保医疗。

* 刘仲翔，人民出版社编辑。

1952年，政务院颁布了《中央人民政府政务院关于全国各级人民政府、党派、团体及所属事业单位的国家工作人员实行公费医疗预防的指示》。该指示规定，针对全国各级人民政府、党派、工青妇等团体、各种工作队以及文化、教育、卫生、经济建设等事业单位的国家工作人员和革命残废军人，实施公费医疗制度。1953年，高等学校在校学生被列入公费医疗范围。1956年，卫生部、财政部下发了《关于改进公费医疗管理问题的通知》，对于相关费用的报销、营养滋补药品的费用支付、整顿与改进公费医疗的管理等作了进一步的调整和明确。之后，国家颁布了一系列行政法规，对公费医疗制度进行修订和完善，逐步形成了一套完整的公费医疗制度。

1951年，政务院颁布了《中华人民共和国劳动保险条例》。条例规定：实施劳动保险的范围为雇用工人与职员人数在一百人以上的国营、公私合营、私营及合作社经营的工厂、矿场及其附属单位。1953年，劳动部发布了《中华人民共和国劳动保险条例实施细则修正草案》，对劳动保险条例的实施范围、工资总额、劳动保险待遇计算标准、工龄、医疗机构、各项费用申请与支付手续以及劳动保险金保管收支等作了具体的规定。之后，国家制定了一些相关的法律法规，进行调整和规范，逐步形成了完整的劳保医疗制度。

作为一种崭新的社会制度，公费医疗和劳保医疗制度在新中国成立后的社会主义建设初期发挥了重要的作用。公费医疗和劳保医疗的实施，有效地保障了广大劳动者的健康权益。公费医疗和劳保医疗的实施，使广大劳动者的疾病得到了及时的治疗，有效保障了他们的身体健康，提高了他们的生活质量。同时，公费医疗和劳保医疗的实施，改善了广大劳动者的生活和生产条件，减少了他们的后顾之忧，充分调动了他们的生产和工作积极性，从而促进了国民经济的全面恢复和快速发展，促进了整个社会的发展和进步。

1997年中共中央、国务院颁布了《关于卫生改革与发展的决定》。《决定》指出，要改革城镇职工医疗保障制度，“九五”期间要基本建立起城镇职工社会医疗保险制度；改革卫生管理体制，提高卫生资源利用率，逐步实现企业卫生机构社会化；改革城市卫生服务体系，发展社区卫生服务，逐步形成功能合理、方便群众的卫生服务网络。1998年12月，国务院召开全国医疗保险制度改革工作会议，发布了《国务院关于建立城镇职工基本医疗保险制度的决定》，明确了医疗保险制度改革的目标任务、基本原则和政策框架，要求1999年在全国范围内建立覆盖全体城镇职工的基本医疗保险制度。以这一文件的发布为标志，我国城镇职工医疗保险制度的建立进入了全面发展阶段。我国城镇基本医疗保险制度的建立，为保障城镇职工身体健康和促进社会和谐稳定起到了十分重要的作用。自 1999 年该制度正式实施以来，覆盖面不断扩大，取得了良好的社会效应。

对于没有医疗保险的特殊人群，国家决定实行一定范围的医疗救助制度，帮助解决这一部分人的求医问药的难题。2005 年 7 月国务院办公厅转发了 2005 年 4 月民政部、卫生部、劳动和社会保障部、财政部发布的《关于建立城市医疗救助制度试点工作的意见》，该意见指出，从 2005 年开始，用 2 年时间在各省、自治区、直辖市部分县（市、区）进行试点，之后再用 2～3 年时间在全国范围内建立起管理制度化、操作规范化的城市医疗救助制度。该意见指出，要认真选择试点地区，要建立城市医疗救助基金，还规定救助对象主要是城市居民最低生活保障对象中未参加城镇职工基本医疗保险人员、已参加城镇职工基本医疗保险但个人负担仍然较重的人员和其他特殊困难群众。

2006 年的十六届六中全会通过的《中共中央关于构建社会主义和谐社会若干重大问题的决定》进一步明确提出"建立以大病统筹为主的城镇居民医疗保险"。2007 年 4 月，国务院总理温家宝主持召开国务院常务会议，决定开展城镇居民基本医疗保险制度试点，并明确 2007 年将在有条件的省份选择一两个市，进行建立以大病统筹为主的城镇居民基本医疗保险制度试点。城镇居民基本医疗保险试点从 2007 年下半年开始启动，2008 年总结试点经验、继续推广，预计到 2009 年在全国范围内推开。2007 年 7 月 10 日，国务院发布了《关于开展城镇居民基本医疗保险试点的指导意见》。该意见指出，随着城镇职工基本医疗保险制度、新型农村合作医疗制度以及城乡医疗救助制度的开展，只有城镇非从业居民没有参与医疗保障制度，所以决定从 2007 年开始开展城镇居民基本医疗保险试点。该意见对城镇居民基本医疗保险的目标和原则，参保范围和筹资水平，管理和服务以及相关制度的配套改革等方面作了具体规定。为进一步深化医药卫生体制改革，解决人们的"看病难、看病贵"的问题，中共中央、国务院 2009 年 3 月 17 日通过了《关于深化医药卫生体制改革的意见》，该意见指出，深化医药卫生体制改革的总体目标是：建立健全覆盖城乡居民的基本医疗卫生制度，为群众提供安全、有效、方便、价廉的医疗卫生服务。进一步完善城镇职工基本医疗保险制度，加快覆盖就业人口，重点解决国有关闭破产企业、困难企业等职工和退休人员，以及非公有制经济组织从业人员和灵活就业人员的基本医疗保险问题；2009年全面推开城镇居民基本医疗保险，重视解决老人、残疾人和儿童的基本医疗保险问题；完善城乡医疗救助制度，对困难人群参保及其难以负担的医疗费用提供补助，筑牢医疗保障底线。探索建立城乡一体化的基本医疗保障管理制度。2009年3月18日，国务院印发了《医药卫生体制改革近期重点实施方案（2009—2011年）》，该方案强调在2009—2011年，要重点抓好五项改革，第一项就是加快推进基本医疗保障制度建设，可见医疗保障制度建设在医药卫生体制改革中的重要地位。

（二）农村合作医疗的历史沿革

新中国成立后，农村缺医少药的现象非常严重，农民看病难问题相当突出。党和政府十分重视农村医疗卫生事业的发展，提出医疗卫生要“面向工农兵”，将农村“有医有药”作为发展我国医疗事业的首要目标。

我国农村合作医疗制度，最初是随着农业互助合作化运动的兴起而逐步发展起来的。东北地区的农民率先采取合作制和群众集资的方式创办农村基层卫生机构，以解决农村缺医少药问题。农业合作化运动进入高潮后，农村合作医疗有了较大的发展。

20世纪60年代，农村合作医疗在曲折中发展。农村看病难问题虽有一定改善，但农村医疗保障的供需矛盾仍然非常突出。

为了更好地解决农民看病难问题，卫生部根据中央指示，于1964年4月下发了《关于继续加强农村不脱离生产的卫生员、接生员训练工作的意见》，该意见对农村医疗队伍建设和医疗事业的发展，起到了积极的促进作用。1965年6月26日，毛泽东针对我国医疗资源布局不合理和农村缺医少药等问题，作出了“把医疗卫生工作的重点放到农村去”的指示。9月，中共中央批转了卫生部党组《关于把卫生工作重点放到农村的报告》。此后，在各级党委、政府的重视下，农村合作医疗进入迅速发展阶段。

据1977年底统计，全国有85%的生产大队实行了合作医疗，人口覆盖率达80%以上。全国赤脚医生达150多万人，生产队的卫生员、接生员共有390多万。最鼎盛时，农村从事医疗卫生工作的（不脱产）人员达500多万。①

① 参见卫生部基层卫生与妇幼保健司编：《农村卫生改革与发展文件汇编（1951—2000）》，内部资料，419页。

虽然这一时期的农村合作医疗起伏很大，保障水平不高，缺乏有效监督，但是毫无疑问，这种建立在集体经济基础上的合作医疗对于保障农民的健康发挥了重要作用。改革开放以来，合作医疗所依附的政治动员式的集权体制、人民公社制度和计划经济下的医疗服务递送体系等制度环境均已消失后，合作医疗制度内在固有的缺陷便暴露无遗。① 由此也导致了农村合作医疗的起伏和萎缩。

农村合作医疗的萎缩，引起党和政府的高度重视。1990 年 6 月，卫生部等五部委向国务院递交了《关于改革和加强农村医疗卫生工作的请示》，分析了农村合作医疗出现严重萎缩的主要原因，建议“把加强农村医疗卫生工作作为重点，提高到各级政府的议事日程”，要求各级领导“从卫生事业发展长远战略着眼，从当前农村卫生事业严重不足，城乡之间医疗卫生资源分布极不合理情况出发，通过整顿和深化改革，将农村卫生事业振兴起来，并把‘2000 年人人享有卫生保健’作为农村卫生工作的目标”。1991 年 1 月，国务院批转了该文件，要求各地参照执行。这是启动农村合作医疗新一轮改革的重要文件。但当时农村合作医疗基本解体，尚存的农村医疗室（站）也被个人承包经营，农村合作医疗改革依然困难重重。

20 世纪 90 年代初，我国开始了一系列以社会主义市场经济为价值取向的农村合作医疗制度改革。

1997 年 1 月，中央下发了《中共中央、国务院关于卫生改革与发展的决定》，对农村合作医疗制度改革提出了具体要求：“要在政府的组织和领导下，坚持民办公助和自愿参加的原则。筹资以个人投入为主，集体扶持，政府适当支持。”“力争到 2000 年在农村多数地区建立起各种形式的合作医疗制度，并逐步提高社会化程度。”

1997 年 5 月，国务院批转了由卫生部等五部委提出的《关于发展和完善农村合作医疗的若干意见》，对农村合作医疗的性质、组织机构、队伍建设、医疗资金使用和管理监督等有关事项作了政策性规定。同年 11 月，卫生部发出《关于进一步推动合作医疗工作的通知》，要求各地做好合作医疗的宣传动员、管理培训、引导等工作。

从 2001 年起，我国开始探索新型农村合作医疗制度。2001 年 5 月 24

① 参见顾昕、方黎明：《自愿性与强制性之间：中国农村合作医疗的制度嵌入性与可持续发展分析》，载《社会学研究》，2004（5）。

日，国务院办公厅转发国务院体改办等五部委联合提出的《关于农村卫生改革与发展的指导意见》，该意见要求："地方各级人民政府要加强对合作医疗的组织领导。按照自愿量力、因地制宜、民办公助的原则，继续完善与发展合作医疗制度。合作医疗筹资以个人投入为主，集体扶持，政府适当支持，坚持财务公开和民主管理。提倡以县（市）为单位实行大病统筹，帮助农民抵御个人和家庭难以承担的大病风险。"

2002 年 10 月，中央下发《中共中央、国务院关于进一步加强农村卫生工作的决定》，提出"逐步建立以大病统筹为主的新型农村合作医疗制度"和"到 2010 年，新型农村合作医疗制度要基本覆盖农村居民"的目标，要求"各级政府要逐年增加卫生投入，增长幅度不低于同期财政经常性支出的增长幅度"。这个决定的下发，拉开了我国新型农村合作医疗制度探索的序幕。

随后，国务院办公厅转发了卫生部等部委制定的《关于建立新型农村合作医疗制度的意见》。该意见重点围绕开展新型农村合作医疗试点工作的重要性和艰巨性、目标任务、原则、做好宣传和引导、加强组织管理、选择试点县（市）、开展基线调查、确定筹资标准、完善资金收缴方式、合理设置统筹基金与家庭账户、合理确定补助标准、探索手续简便的报账方式、加强基金监管、努力改善农村卫生服务条件、加强农村药品质量和购销的监管等方面提出了具体的指导意见。新型农村合作医疗制度的试点工作就此在全国各地陆续展开。

2005 年 8 月，国务院总理温家宝主持召开国务院常务会议，专题研究农村合作医疗经费补助问题，提出要进一步加大中央和地方财政支持力度。

为加速新型农村合作医疗试点工作，2005 年 9 月召开了全国新型农村合作医疗试点工作会议。国务院副总理吴仪在会上强调指出：各地要加大力度，加快进度，突破难点，积极推进新型农村合作医疗制度健康发展。

2007 年 1 月召开的全国新型农村合作医疗工作会议，是新型农村合作医疗从试点到全面推进的一次关键性会议。会议对新型农村合作医疗制度的定位、政策的稳定性和连续性、防止单纯追求覆盖面、建立稳定的筹资机制、探索建立多形式的筹资方式和规范财政补助资金的拨付机制，以及提高农村医疗保障水平、加强医疗服务和医药费用监管等问题提出了具体要求。

在 2008 年 2 月的全国新型农村合作医疗工作会议上，国务院副总理吴仪强调指出："新型农村合作医疗制度符合我国国情，符合农村经济发展水平，与农民经济承受能力和医疗服务需求基本适应，在减轻农民医疗负担、缓解因病致贫和返贫状况、保障农民健康方面发挥了重要作用，是我国农村卫生改革发展的重大制度创新和现阶段农民基本医疗保障的重要实现形式。”她还对五年来新型农村合作医疗制度建设积累的宝贵经验进行了总结。

2009 年 1 月 8 日召开的全国卫生工作会议指出：“经过几年努力，新型农村合作医疗制度已经实现全覆盖。目前我国新农合全面覆盖所有含农业人口的县市区，参加新农合人口超过 8.1 亿，参合率达到 91.5%。今后的工作重点要转到巩固和完善新型农村合作医疗制度，加强基金管理，规范医疗行为，不断提高群众受益的保障水平。”

经过半个多世纪的探索与改革，我国终于建立起了符合我国国情的新型农村医疗保障制度，这是党中央、国务院解决“三农问题”的一大重要举措，是我国医疗卫生事业发展史上的一个重要里程碑，也是中国社会主义建设和改革开放事业的一个重大成果。①

（三）药品生产流通体制改革的历史沿革

药品生产流通体制一直是整个医药卫生体制改革中的重要组成部分，新中国成立之初我国就成立了主管药业的药政机构，并形成了计划经济体制下特有的药品管理体制。1961 年中共中央转发了卫生部、化工部、商业部党组《关于加强药品生产和质量管理问题的报告》，要求各地和主管部门必须加强药品质量工作的领导。② 到 1978 年改革开放之前，这种体制的特点是条条分割，机构变动频繁。改革开放以后，我国越来越重视药品的生产流通管理。1981 年 5 月 22 日，国务院颁布了《关于加强医药管理的决定》，系统阐明了医药管理政策，推动了医药事业的调整工作。1985 年 3 月，国家医药管理局召开全国医药工作会议，研究医药行业的改革。2000 年强调“三改并举”以后，药品生产流通体制改革与医疗体制和医疗保障改革的联系也越来越紧密。我国在药品企业的准入机制、药品价格管理体制、药品流通体制（集中招标、医药分家）、药品分类管理体制、基本药品目录的形成

① 参见蔡天新：《新中国成立以来我国农村合作医疗制度的发展历程》，载《党的文献》，2009 (3)。

② 参见《当代中国的医药事业》，13 页，北京，中国社会科学出版社，1988。

机制等方面都进行了一定程度的改革，取得了一定进展。①

改革开放以后，随着市场经济的逐渐完善，我国医药工业快速发展，各类药厂如雨后春笋般的出现。与此同时，药品生产的准入和新药的审批成为药品管理制度中的重点。1978 年国务院就批准颁发了《药政管理条例》，到了 1979 年，卫生部又组织制定了《新药管理办法》。1984 年，我国颁布了《药品管理法》，这部法律也被看作是中国药品管制制度的雏形。它规定了药品的市场准入机制，即开办药品生产企业、经营企业，必须由所在省、自治区、直辖市药品生产经营主管部门审查同意，经所在省、自治区、直辖市卫生行政部门审核批准，并发给《药品生产企业许可证》和《药品经营企业许可证》。无此两证的，工商行政管理部门不得发给《营业执照》。但是由于各部门权力的分割，这种制度并没有得到很好的贯彻实施。1985 年，卫生部根据 1984 年的《药品管理法》制定颁布了《新药审批办法》，从此我国新药的管理审批进入了法制化阶段。1988 年卫生部又颁发了《关于新药审批管理若干补充规定》，进一步完善了新药审批。1992 年，卫生部再次颁发了《关于药品审批管理若干问题的通知》，同时对中药和生物制品也分别作了补充规定。

从 1984 年开始 10 年时间里药品生产管理一直处于混乱状态，1994 年国务院发布了《关于进一步加强药品管理工作的紧急通知》（国发〔1994〕53 号），其实这也是对《药品管理法》的一次非正式修正案，使得药品市场的准入进入“两证一照”的程序，同时也为进一步理顺药品管理体制作出了相关规定。但是药业多头管理的格局并没有得到改善，反而进一步加深。

1996 年，国务院办公厅发布《关于继续整顿和规范药品生产经营秩序加强药品管理工作的通知》（国办发〔1996〕14 号），此通知总结了药品管理方面的问题：无证照或证照不全，出租或转让证照违法生产、经营药品现象严重。

1998 年颁布了我国《药品临床试验管理规范（试行）》。1998 年 8 月，国家药品监督管理局正式成立。1999 年，国家药品监督管理局正式颁布了《新药审批办法》、《新生物制品审批办法》、《进口药品管理办法》、《仿制药品审批办法》、《新药保护和技术转让的规定》等 5 个法规。这些法规很多都

① 参见王虎峰：《我国卫生医疗体制改革 30 年》，见邹东涛主编：《中国改革开放 30 年》，680 页，北京，社会科学文献出版社，2008。

参考了国际上通用的做法，标志着我国的药品管理进行创新尝试。

2001 年，中华人民共和国第九届全国人民代表大会常务委员会通过了修订后的《中华人民共和国药品管理法》。2002 年 8 月颁布的《中华人民共和国药品管理法实施条例》，进一步细化了《药品管理法》中的相关规定。在生产质量方面，2005 年 10 月，《药品生产质量管理规范认证管理办法》开始施行。

2002 年 12 月，国家药品监督管理局新修订的《药品注册管理办法（试行）》开始执行。1999 年发布的《新药审批办法》、《新生物制品审批办法》、《新药保护和技术转让的规定》、《仿制药品审批办法》、《进口药品管理办法》5 个行政规章同时废止。2005 年 5 月 1 日，国家食品药品监督管理局颁布的《药品注册管理办法》开始施行。2007 年《药品注册管理办法》经过再一次的修订，于同年 10 月 1 日施行。药品的注册管理一直存在问题，尤其是新药的审批，大量的仿制药重复出现，药品产业创新机制缺乏，需要进一步研究解决。

在药品流通领域，除了对药品市场的监管，还包括药品的集中招标政策以及医药关系的问题。1999 年 8 月《药品流通监督管理办法（暂行）》实施，对药品生产企业的销售，药品经营、采购以及药品销售人员的经营行为和条件进行了规范。2006 年 12 月，国家食品药品监督管理局局务会审议通过了《药品流通监督管理办法》，2007 年 5 月 1 日起施行。

2000 年 7 月，卫生部、国家计委等 5 部委印发《医疗机构药品集中招标采购试点工作若干规定》，确定河南等四省市为国家试点地区。2000 年 9 月，国家药品监督管理局、卫生部发布《药品招标代理机构资格认定及监督管理办法》。2001 年 1 月，为了促进药品集中招标采购试点工作的顺利进行，国家计委下发了《关于集中招标采购药品有关价格政策问题的通知》，对药品招标采购中有关药品价格问题作了进一步的明确规定，同年 7 月下又发《关于进一步做好医疗机构药品集中招标采购工作的通知》。2001 年 11 月，全国药品集中招标采购会议决定在全国普遍推行药品集中招标采购制度。同年 12 月，召开了首届药品集中招标采购专题研讨会。2004 年 9 月，卫生部制定《关于下发〈关于进一步规范医疗机构药品集中招标采购的若干规定〉的通知》。2007 年 7 月，下发《关于进一步加强医疗器械集中采购管理的通知》，加强对医疗器械采购的管理。2009 年 8 月，国务院启动了国家基本药物制度工作，公布了《关于建立国家基本药物制度的实施意见》、《国家基本药物目录管理办法（暂行）》和《国家基本药物目录（基层医疗卫生机构配备使用部分）》（2009 版）。2009 年 11 月，国家发展改革委、卫生部、人力资源和社会保障部下发《改革药品和医疗服务价格形成机制的意见》。新制度的实施大大加快了药品生产和流动制度的改革步伐。

（四）公共卫生体制改革的历史沿革

一般而言，公共卫生是指组织社会共同努力，改善环境卫生条件，预防控制传染病和其他疾病流行，培养良好卫生习惯和文明生活方式，提供医疗服务，达到预防疾病，促进人民身体健康的目的。因此，公共卫生建设需要政府、社会、团体和民众的广泛参与，共同努力。其中，政府主要通过制定相关法律、法规和政策，促进公共卫生事业发展；对民众和医疗卫生机构执行公共卫生法律法规实施监督检查，维护公共卫生秩序；组织社会各界和广大民众共同应对突发公共卫生事件和传染病流行；教育民众养成良好卫生习惯和健康文明的生活方式；培养高素质的公共卫生管理和技术人才，为促进人民健康服务。

新中国成立以后，从事公共卫生的人员，在预防为主的方针的指引下，深入现场实行服务、科研和教学相结合，在环境卫生、食品卫生、学校卫生和放射卫生等各个方面，都做了大量的工作，积累了丰富的经验，取得了巨大的成绩。然而，总体来讲，在中国社会主义市场经济体制改革之前，我国的公共卫生还存在很多的不足。

这一阶段公共卫生体系建设的成功经验，主要在于牢固确立了预防为主的方针，构建了比较完善的公共卫生体系，有效地控制流行病和地方病的传播。

预防为主是新中国成立之初确立的卫生工作指导方针之一，这一指导方针的确立给我国公共卫生事业的发展奠定了基础。贯彻这一方针可以有效地预防疾病的发生，减轻国家和广大人民群众的疾病负担。这一方针早在新中国成立之前，在革命根据地就已经提出来，并且得到有效推行。新中国成立之后，我国一方面加大了对预防为主的方针的宣传力度，另一方面又在贯彻执行这一方针的时候根据时势的变化不断丰富其内容。可以说卫生工作与群众运动相结合的方针，正是预防为主这一方针的进一步落实，卫生工作与群众运动相结合才能更加有效地促使公共卫生的开展，使公共卫生能够落到实处。

新中国成立以后，我国建立起包括环境卫生、食品卫生、劳动卫生、学校卫生、放射卫生等为主体的公共卫生体系。环境卫生工作的任务，是研究各种生活环境因素与人群健康的关系，开展环境卫生监测和监督，制定保障人群健康的卫生标准，提出改善环境的切实建议和措施。新中国成立以后，在党和政府的领导下，首先从改变城乡环境卫生面貌，减少和预防生物性污染着手，大力开展了城乡给水卫生和粪便管理工作，对旧城镇进行了改造，在较短时间内消灭了旧社会留下来的臭水沟和贫民窟；接着，开展了环境卫生监测、卫生监督和环境污染对人群健康影响的调查等工作。经过多年的努力和奋斗，一些严重威胁人群健康的烈性传染病和寄生虫病基本被控制或消灭，人口平均寿命已由解放前的 35 岁提高到 67.9 岁。①

20 世纪 90 年代初，随着社会主义市场经济体制的确立，市场逐渐成为资源配置的基础手段，公共卫生体制受到一定冲击。计划经济时代，公共卫生的管理和筹资由中央与地方各级政府负责。财政包干体制实行后，地方政府成为卫生事业费用的主要承担者。20 世纪 80 年代中期开始，医疗卫生机构在人事、分配和业务等方面的自主权扩大了，与此同时，卫生防疫机构的费用补偿逐渐从计划经济时期的全额拨款改为差额拨款，卫生防疫机构的日常运行费用越来越依靠自己创收来解决，在这种背景下，卫生防疫、妇幼保健等机构也把很大精力放在提供有偿服务上，公共卫生服务受到很大冲击。

在这一阶段，公共卫生的立法工作和监督工作取得了很大成就，在监督监测网络建设方面，一是把住卫生预防性监督关，对新建、改建、扩建的工矿企业、食品生产经营企业、公共场所、放射性工作场所等工程的选址和设计进行卫生审查和竣工验收，对生产经营部门和企业核发卫生许可证；二是通过定期监测、不定期抽查、巡回检查等多种方式开展大量经常性的卫生监督工作，有力地保护了人民群众正常的工作、学习和生活，取得了较好的社会效益和经济效益。②

1996 年卫生部下发了《关于进一步完善公共卫生监督执法体制的通知》，着眼于分离行政管理行为和业务技术行为，依法实施卫生监督和检测。1997 年中共中央、国务院发布《关于卫生改革与发展的决定》，该决定指

① 参见《当代中国卫生事业》（上），93 页，北京，中国社会科学出版社，1986。

② 参见宋晓梧主编：《中国社会体制改革 30 年回顾与展望》，267 页，北京，人民出版社，2008。

出，要"切实做好预防保健工作，深入开展爱国卫生运动"，各级政府对公共卫生和预防保健工作要全面负责，加强预防保健机构的建设，给予必要的投入，对重大疾病的预防和控制工作要保证必需的资金。2000 年国务院体改办、国家计委、国家经贸委、财政部、劳动保障部、卫生部、药品监管局、中医药局联合下发了《关于城镇医药卫生体制改革的指导意见》，要求在卫生防疫站基础上，整合其他预防保健卫生资源，分别组建疾病预防控制中心和卫生监督所，作为政府卫生防病工作的技术保障部门和卫生事业的监督管理机构。2001 年卫生部出台了《关于疾病预防控制体制改革的指导意见》，指出疾病预防控制机构是政府举办的实施疾病预防控制与公共卫生技术管理和服务的公益事业单位，负责疾病防治和技术服务工作。疾病预防和控制机构的成立标志着我国公共卫生事业进入了一个新的发展阶段。

与此同时，还有一项制度创新对于推进我国公共卫生事业的发展意义重大，那就是城市社区卫生服务事业的起步和发展。1997 年中共中央、国务院《关于卫生改革与发展的决定》提出，改革城市卫生服务体系，要积极发展社区卫生服务，逐步形成功能合理、方便群众的卫生服务网络。1999 年卫生部等 10 部委联合下发了《关于发展城市社区卫生服务的若干意见》，2002 年卫生部等 11 部委制定《关于加快发展城市社区卫生服务的意见》，2006 年国务院颁布了《关于发展城市社区卫生服务的指导意见》，这几个主要的文件，开启了城市社区卫生服务的发展历程。2006 年卫生部等部门印发了 9 个配套文件，这些配套文件有助于社区医疗卫生组织发展相关问题的明确。1997 年以来，我国社区卫生服务体系建设从无到有，从事社区卫生服务的医疗卫生队伍日益壮大。根据《2008 年中国卫生统计年鉴》，2007 年底，我国的社区卫生服务中心（站）达到了 27 069 个，社区卫生服务中心（站）卫生技术人员达到 176 672 人。① 社区卫生服务逐步得到居民的认可，能满足群众基本公共卫生和医疗服务需求的社区卫生服务网络逐步形成。随着社区卫生服务工作的不断开展，组建了由全科医生、社区护士以及专职的预防保健人员组成的全科团队，为居民建立健康管理档案，积极实行预防干预为主的医疗路线，防治结合，对于慢性病、常见病等健康问题提供健康教育，开展康复保健等服务，城市社区卫生服务成为独立于疾病预防和控制机构之外的城市公共卫生服务的重要载体，在城市公共卫生事业中扮演着重要角色。

① 参见《中国卫生统计年鉴》(2008)，6、24 页，北京，中国协和医科大学出版社，2008。

二、新医改方案的主要内容解读

2009 年 3 月 17 日，国务院颁布了《关于深化医药卫生体制改革的意见》，这是一个经过深思熟虑的文件。该意见综合了多家改革方案的意见，结合我国的具体国情，对医药卫生领域的进一步改革作出了具体安排。该方案明确提出了要建立健全覆盖城乡居民的基本医疗卫生制度，在我国医药卫生体制改革的历史上，具有划时代的意义。

（一）指导思想、基本原则与总体目标

1. 深化医药卫生体制改革的指导思想

以邓小平理论和“三个代表”重要思想为指导，深入贯彻落实科学发展观，从我国国情出发，借鉴国际有益经验，着眼于实现人人享有基本医疗卫生服务的目标，着力解决人民群众最关心、最直接、最现实的利益问题。坚持公共医疗卫生的公益性质，坚持预防为主、以农村为重点、中西医并重的方针，实行政事分开、管办分开、医药分开、营利性和非营利性分开，强化政府责任和投入，完善国民健康政策，健全制度体系，加强监督管理，创新体制机制，鼓励社会参与，建设覆盖城乡居民的基本医疗卫生制度，不断提高全民健康水平，促进社会和谐。

2. 深化医药卫生体制改革的基本原则

医药卫生体制改革是一个非常复杂的系统工程，涉及到经济实力、责任分野、利益的平衡等方方面面的问题。医药卫生体制改革必须立足国情，一切从实际出发，坚持正确的改革原则。

首先，坚持以人为本，把维护人民健康权益放在第一位。坚持医药卫生事业为人民健康服务的宗旨，以保障人民健康为中心，以人人享有基本医疗卫生服务为根本出发点和落脚点，从改革方案设计、卫生制度建立到服务体系建设都要遵循公益性的原则，把基本医疗卫生制度作为公共产品向全民提供，着力解决群众反映强烈的突出问题，努力实现全体人民病有所医。

其次，坚持立足国情，建立中国特色医药卫生体制。坚持从基本国情出

发，实事求是地总结医药卫生事业改革发展的实践经验，准确把握医药卫生发展规律和主要矛盾；坚持基本医疗卫生服务水平与经济社会发展相协调、与人民群众的承受能力相适应；充分发挥中医药（民族医药）作用；坚持因地制宜、分类指导，发挥地方积极性，探索建立符合国情的基本医疗卫生制度。

再次，坚持公平与效率统一，政府主导与发挥市场机制作用相结合。强化政府在基本医疗卫生制度中的责任，加强政府在制度、规划、筹资、服务、监管等方面的职责，维护公共医疗卫生的公益性，促进公平公正。同时，注重发挥市场机制作用，动员社会力量参与，促进有序竞争机制的形成，提高医疗卫生运行效率、服务水平和质量，满足人民群众多层次、多样化的医疗卫生需求。

最后，坚持统筹兼顾，把解决当前突出问题与完善制度体系结合起来。从全局出发，统筹城乡、区域发展，兼顾供给方和需求方等各方利益，注重预防、治疗、康复三者的结合，正确处理政府、卫生机构、医药企业、医务人员和人民群众之间的关系。既着眼长远，创新体制机制，又立足当前，着力解决医药卫生事业中存在的突出问题。既注重整体设计，明确总体改革方向目标和基本框架，又突出重点，分步实施，积极稳妥地推进改革。

3. 深化医药卫生体制改革的总体目标

医药卫生体制改革的总体目标是：建立健全覆盖城乡居民的基本医疗卫生制度，为群众提供安全、有效、方便、价廉的医疗卫生服务。

新的医改方案在确定了改革的总体目标的基础上，提出了近期的目标和中期目标，近期目标是：到 2011 年，基本医疗保障制度全面覆盖城乡居民，基本药物制度初步建立，城乡基层医疗卫生服务体系进一步健全，基本公共卫生服务得到普及，公立医院改革试点取得突破，明显提高基本医疗卫生服务可及性，有效减轻居民就医费用负担，切实缓解“看病难、看病贵”问题。

中期目标是：到 2020 年，覆盖城乡居民的基本医疗卫生制度基本建立。普遍建立比较完善的公共卫生服务体系和医疗服务体系，比较健全的医疗保障体系，比较规范的药品供应保障体系，比较科学的医疗卫生机构管理体制和运行机制，形成多元办医格局，人人享有基本医疗卫生服务，基本适应人民群众多层次的医疗卫生需求，人民群众健康水平进一步提高。

（二）基本内容

深化医药卫生体制改革的基本内容就是建立四位一体的基本医疗卫生制度，即建设覆盖城乡居民的公共卫生服务体系、医疗服务体系、医疗保障体系、药品供应保障体系，形成四位一体的基本医疗卫生制度。四大体系相辅相成，配套建设，协调发展。

1. 全面加强公共卫生服务体系建设

建立健全疾病预防控制、健康教育、妇幼保健、精神卫生、应急救治、采供血、卫生监督和计划生育等专业公共卫生服务网络，完善以基层医疗卫生服务网络为基础的医疗服务体系的公共卫生服务功能，建立分工明确、信息互通、资源共享、协调互动的公共卫生服务体系，提高公共卫生服务和突发公共卫生事件应急处置能力，促进城乡居民逐步享有均等化的基本公共卫生服务。

确定公共卫生服务范围。明确国家基本公共卫生服务项目，逐步增加服务内容。鼓励地方政府根据当地经济发展水平和突出的公共卫生问题，在中央规定服务项目的基础上增加公共卫生服务内容。

完善公共卫生服务体系。进一步明确公共卫生服务体系的职能、目标和任务，优化人员和设备配置，探索整合公共卫生服务资源的有效形式。完善重大疾病防控体系和突发公共卫生事件应急机制，加强对严重威胁人民健康的传染病、慢性病、地方病、职业病和出生缺陷等疾病的监测与预防控制。加强城乡急救体系建设。

加强健康促进与教育。医疗卫生机构及机关、学校、社区、企业等要大力开展健康教育，充分利用各种媒体，加强健康、医药卫生知识的传播，倡导健康文明的生活方式，促进公众合理营养，提高群众的健康意识和自我保健能力。

深入开展爱国卫生运动。将农村环境卫生与环境污染治理纳入社会主义新农村建设规划，推动卫生城市和文明村镇建设，不断改善城乡居民生活、工作等方面的卫生环境。

加强卫生监督服务。大力促进环境卫生、食品卫生、职业卫生、学校卫生，以及农民工等流动人口卫生工作。

2. 进一步完善医疗服务体系

坚持非营利性医疗机构为主体、营利性医疗机构为补充，公立医疗机构为主导、非公立医疗机构共同发展的办医原则，建设结构合理、覆盖城乡的医疗服务体系。

大力发展农村医疗卫生服务体系。进一步健全以县级医院为龙头、乡镇卫生院和村卫生室为基础的农村医疗卫生服务网络。县级医院作为县域内的医疗卫生中心，主要负责基本医疗服务及危重急症病人的抢救，并承担对乡镇卫生院、村卫生室的业务技术指导和卫生人员的进修培训；乡镇卫生院负责提供公共卫生服务和常见病、多发病的诊疗等综合服务，并承担对村卫生室的业务管理和技术指导；村卫生室承担行政村的公共卫生服务及一般疾病的诊治等工作。有条件的农村实行乡村一体化管理。积极推进农村医疗卫生基础设施和能力建设，政府重点办好县级医院，并在每个乡镇办好一所卫生院，采取多种形式支持村卫生室建设，使每个行政村都有一所村卫生室，大力改善农村医疗卫生条件，提高服务质量。

完善以社区卫生服务为基础的新型城市医疗卫生服务体系。加快建设以社区卫生服务中心为主体的城市社区卫生服务网络，完善服务功能，以维护社区居民健康为中心，提供疾病预防控制等公共卫生服务、一般常见病及多发病的初级诊疗服务、慢性病管理和康复服务。转变社区卫生服务模式，不断提高服务水平，坚持主动服务、上门服务，逐步承担起居民健康“守门人”的职责。

健全各类医院的功能和职责。优化布局和结构，充分发挥城市医院在危重急症和疑难病症的诊疗、医学教育和科研、指导和培训基层卫生人员等方面的骨干作用。有条件的大医院按照区域卫生规划要求，可以通过托管、重组等方式促进医疗资源合理流动。

建立城市医院与社区卫生服务机构的分工协作机制。城市医院通过技术支持、人员培训等方式，带动社区卫生服务持续发展。同时，采取增强服务能力、降低收费标准、提高报销比例等综合措施，引导一般诊疗下沉到基层，逐步实现社区首诊、分级医疗和双向转诊。整合城市卫生资源，充分利用城市现有一、二级医院及国有企事业单位所属医疗机构和社会力量举办的医疗机构等资源，发展和完善社区卫生服务网络。

充分发挥中医药（民族医药）在疾病预防控制、应对突发公共卫生事件、医疗服务中的作用。加强中医临床研究基地和中医院建设，组织开展中医药防治疑难疾病的联合攻关。在基层医疗卫生服务中，大力推广中医药适宜技术。采取扶持中医药发展政策，促进中医药继承和创新。

建立城市医院对口支援农村医疗卫生工作的制度。发达地区要加强对口支援贫困地区和少数民族地区发展医疗卫生事业。城市大医院要与县级医院建立长期稳定的对口支援和合作制度，采取临床服务、人员培训、技术指导、设备支援等方式，帮助其提高医疗水平和服务能力。

3. 加快建设医疗保障体系

加快建立和完善以基本医疗保障为主体，其他多种形式补充医疗保险和商业健康保险为补充，覆盖城乡居民的多层次医疗保障体系。

建立覆盖城乡居民的基本医疗保障体系。城镇职工基本医疗保险、城镇居民基本医疗保险、新型农村合作医疗和城乡医疗救助共同组成基本医疗保障体系，分别覆盖城镇就业人口、城镇非就业人口、农村人口和城乡困难人群。坚持广覆盖、保基本、可持续的原则，从重点保障大病起步，逐步向门诊小病延伸，不断提高保障水平。建立国家、单位、家庭和个人责任明确、分担合理的多渠道筹资机制，实现社会互助共济。随着经济社会发展，逐步提高筹资水平和统筹层次，缩小保障水平差距，最终实现制度框架的基本统一。进一步完善城镇职工基本医疗保险制度，加快覆盖就业人口，重点解决国有关闭破产企业、困难企业等职工和退休人员，以及非公有制经济组织从业人员和灵活就业人员的基本医疗保险问题。2009 年全面推开城镇居民基本医疗保险，重视解决老人、残疾人和儿童的基本医疗保险问题。全面实施新型农村合作医疗制度，逐步提高政府补助水平，适当增加农民缴费，提高保障能力。完善城乡医疗救助制度，对困难人群参保及其难以负担的医疗费用提供补助，筑牢医疗保障底线。探索建立城乡一体化的基本医疗保障管理制度。

鼓励工会等社会团体开展多种形式的医疗互助活动。鼓励和引导各类组织和个人发展社会慈善医疗救助。

做好城镇职工基本医疗保险制度、城镇居民基本医疗保险制度、新型农村合作医疗制度和城乡医疗救助制度之间的衔接。以城乡流动的农民工为重点积极做好基本医疗保险关系转移接续，以异地安置的退休人员为重点改进异地就医结算服务。妥善解决农民工基本医疗保险问题。签订劳动合同并与企业建立稳定劳动关系的农民工，要按照国家规定明确用人单位缴费责任，将其纳入城镇职工基本医疗保险制度；其他农民工根据实际情况，参加户籍所在地新型农村合作医疗或务工所在地城镇居民基本医疗保险。

积极发展商业健康保险。鼓励商业保险机构开发适应不同需要的健康保险产品，简化理赔手续，方便群众，满足多样化的健康需求。鼓励企业和个人通过参加商业保险及多种形式的补充保险解决基本医疗保障之外的需求。在确保基金安全和有效监管的前提下，积极提倡以政府购买医疗保障服务的方式，探索委托具有资质的商业保险机构经办各类医疗保障管理服务。

4. 建立健全药品供应保障体系

加快建立以国家基本药物制度为基础的药品供应保障体系，保障人民群众安全用药。

建立国家基本药物制度。中央政府统一制定和发布国家基本药物目录，按照防治必需、安全有效、价格合理、使用方便、中西药并重的原则，结合我国用药特点，参照国际经验，合理确定品种和数量。建立基本药物的生产供应保障体系，在政府宏观调控下充分发挥市场机制的作用，基本药物实行公开招标采购，统一配送，减少中间环节，保障群众基本用药。国家制定基本药物零售指导价格，在指导价格内，由省级人民政府根据招标情况确定本地区的统一采购价格。规范基本药物使用，制定基本药物临床应用指南和基本药物处方集。城乡基层医疗卫生机构应全部配备、使用基本药物，其他各类医疗机构也要将基本药物作为首选药物并确定使用比例。基本药物全部纳入基本医疗保障药物报销目录，报销比例明显高于非基本药物。

规范药品生产流通。完善医药产业发展政策和行业发展规划，严格市场准入和药品注册审批，大力规范和整顿生产流通秩序，推动医药企业提高自主创新能力和医药产业结构优化升级，发展药品现代物流和连锁经营，促进药品生产、流通企业的整合。建立便民惠农的农村药品供应网。完善药品储备制度。支持用量小的特殊用药、急救用药生产。规范药品采购，坚决治理医药购销中的商业贿赂。加强药品不良反应监测，建立药品安全预警和应急处置机制。

(三) 近期的改革重点

新医改方案提出，为使改革尽快取得成效，落实医疗卫生服务的公益性质，着力保障广大群众看病就医的基本需求，按照让群众得到实惠，让医务人员受到鼓舞，让监管人员易于掌握的要求，2009—2011 年着力抓好五项重点改革。

1. 加快推进基本医疗保障制度建设

基本医疗保障制度全面覆盖城乡居民，3年内城镇职工基本医疗保险、城镇居民基本医疗保险和新型农村合作医疗参保（合）率均达到90%以上；城乡医疗救助制度覆盖到全国所有困难家庭。以提高住院和门诊大病保障为重点，逐步提高筹资和保障水平，2010年各级财政对城镇居民基本医疗保险和新型农村合作医疗的补助标准提高到每人每年120元。做好医疗保险关系转移接续和异地就医结算服务。完善医疗保障管理体制机制。有效减轻城乡居民个人医药费用负担。

2. 初步建立国家基本药物制度

建立比较完整的基本药物遴选、生产供应、使用和医疗保险报销的体系。2009年，公布国家基本药物目录；规范基本药物采购和配送；合理确定基本药物的价格。从2009年起，政府举办的基层医疗卫生机构全部配备和使用基本药物，其他各类医疗机构也都必须按规定使用基本药物，所有零售药店均应配备和销售基本药物；完善基本药物的医保报销政策。保证群众基本用药的可及性、安全性和有效性，减轻群众基本用药费用负担。

3. 健全基层医疗卫生服务体系

加快农村三级医疗卫生服务网络和城市社区卫生服务机构建设，发挥县级医院的龙头作用，用3年时间建成比较完善的基层医疗卫生服务体系。加强基层医疗卫生人才队伍建设，特别是全科医生的培养培训，着力提高基层医疗卫生机构服务水平和质量。转变基层医疗卫生机构运行机制和服务模式，完善补偿机制。逐步建立分级诊疗和双向转诊制度，为群众提供便捷、低成本的基本医疗卫生服务。

4. 促进基本公共卫生服务逐步均等化

国家制定基本公共卫生服务项目，从2009年起，逐步向城乡居民统一提供疾病预防控制、妇幼保健、健康教育等基本公共卫生服务。实施国家重大公共卫生服务项目，有效预防控制重大疾病及其危险因素，进一步提高突发重大公共卫生事件处置能力。健全城乡公共卫生服务体系，完善公共卫生服务经费保障机制，2009年人均基本公共卫生服务经费标准不低于15元，到2011年不低于20元。加强绩效考核，提高服务效率和质量。逐步缩小城乡居民基本公共卫生服务差距，力争让群众少生病。

5. 推进公立医院改革试点

改革公立医院管理体制、运行机制和监管机制，积极探索政事分开、管办分开的有效形式。完善医院法人治理结构。推进公立医院补偿机制改革，加大政府投入，完善公立医院经济补偿政策，逐步解决“以药补医”问题。加快形成多元化办医格局，鼓励民营资本举办非营利性医院。大力改进公立医院内部管理，优化服务流程，规范诊疗行为，调动医务人员的积极性，提高服务质量和效率，明显缩短病人等候时间，实现同级医疗机构检查结果互认，努力让群众看好病。

（四）改革难点分析

医药卫生体制改革是一项系统工程，改革涉及到医疗服务、公共卫生、医疗保障、药品生产和流动等诸多领域。其主要的难题就在于如何在提升医疗的公益性的基础上，保证医药卫生各组成部分的效率。就目前而言，主要的难点集中在以下几个方面：

首先，如何稳步推进公立医院改革。原来的医药卫生体制改革之所以被诊断为“基本不成功”，就在于“商业化、市场化的走向违背了医疗卫生事业发展的基本规律”①。“看病难、看病贵”的根子就在于公立医院违背了公益性的定位，把赢利作为自己的主要目标。公立医院是整个医药卫生体制的“终端”，是所有其他医改措施发挥作用的平台。② 公立医院改革事关改革的成败，因为，医院是整个医药卫生体系的核心，是连接政府、医保机构、药品供应、社区医疗、普通群众的枢纽，医改的绝大多数决策都会落实到医院的行动上。“看病难、看病贵”的问题也主要通过公立医院体现出来，尤其是三级医院，医疗资源的分配在城乡之间和地域之间的不均导致了“看病难”的问题，而不断攀升的费用远远超出老百姓的收入增长水平，造成了“看病贵”的问题，这些问题也主要体现在公立医院。广大医务人员是医改所触及的一个利益群体，在破除“以药养医”的局面后，要提高广大医务人员的待遇水平，否则就难以提高广大医务人员的积极性，改革就不可能取得成功；公立医院改革有利于医改的整体推进，公立医院改革远比医保、药物等改革复杂，需要调整利益格局，改变许多体制机制甚至潜规则，还要做许多基础性的工作。2009 年 9 月 2 日，国务院常务会议决定从 10 月 1 日开始

① 葛延风、贡森等：《中国医改：问题·根源·出路》，7 页，北京，中国发展出版社，2007。

② 参见李玲、江宇：《公立医院改革如何破题》，载《中共中央党校学报》，2009（4）。

在公共卫生和基层医疗卫生事业单位实施绩效工资，这为改变医疗机构“以药养医”的局面奠定了基础。

其次，如何稳步推进药品生产、流通体制改革，改变医疗机构“以药养医”的局面。医院药品加成局面的形成是医院改革之初留下的一个尾巴，在这种体制下，国家减少对公立医院的投入，允许它们药品加成，由于医生的收入与药品销售直接相关，在巨大经济利益的刺激下，医生成了医药销售的代理，大处方、高价药成为他们的理性选择，老百姓成为最终的受害者，这也是“看病贵”的重要原因。要切实降低虚高药价、取消药品加成、减少大型医疗设备检查费用，降低高值耗材费用，提升医务人员的医疗技术和服务价值，改变医院“以药养医”机制，既要减轻患者不合理的医药费用负担，又要保证医院的正常运转。在推进药品生产、流通体制改革的过程中，改变“以药养医”的局面，涉及到广大医药卫生工作者的切身利益，需要理顺医疗服务价格机制，加大相关制度建设，切断药品销售与医务人员收入之间的密切联系。对此，2009 年 11 月，国家发改委出台《改革药品和医疗服务价格形成机制的意见》，对药品和医疗服务价格问题进行改革。该意见指出，要改革医疗服务定价方式，提高体现技术和劳务价值的医疗服务价格。

再次，在医疗保障制度改革的过程中，如何在逐渐实现医疗保障全民覆盖的过程中，加大医疗保险机构的能力建设。新医改方案提出，三年内，城镇职工基本医疗保险、城镇居民基本医疗保险和新型农村合作医疗覆盖城乡全体居民，参保率均提高到 90%以上。要把关闭破产企业退休人员和困难企业职工纳入城镇职工医保；将大学生全部纳入城镇居民医保；推进城镇非公有制经济组织从业人员、灵活就业人员和农民工参加城镇职工医保。此外，新型农村合作医疗所面对的数量庞大的农村居民和城乡医疗救助所面对的一部分城乡贫困居民，他们的认识水平、支持力度事关改革成败。总之，这一切都对医疗保险机构的能力建设提出了迫切的要求。目前我国的医疗保险机构不足以胜任这么复杂的改革任务，必须加大投入、加强组织建设、加强人员培训、完善管理制度和网络，否则，医疗保险机构将不可能扮演起普通老百姓的“谈判代表”和“管家”，就会成为掣肘医改的一个重要因素。

最后，在医药卫生体制改革中逐步完善公共卫生体制，以应对越来越严重的公共卫生事件。随着经济社会的快速发展，尤其是随着全球化的快速推进，公共卫生事件的影响越来越大，从 2003 年的 SARS 到 2009 年甲型 H1N1 流感，这些年来，新的公共卫生危机对全球经济社会发展产生了重大

影响。然而，公共卫生作为一种公共产品，需要政府切实担负起责任，完善公共卫生服务体系，尤其需要在医药卫生体制改革过程中，完善基层公共卫生服务体系。2003年以来，国家越来越重视公共卫生的发展，国家建立起比较完善的疾病预防控制体系，但是在健康教育、妇幼保健、精神卫生、应急救治、采供血、卫生监督和计划生育等方面还存在不足，需要完善以基层医疗卫生服务网络为基础的医疗服务体系的公共卫生服务功能，建立起分工明确、信息互通、资源共享、协调互动的公共卫生服务体系，提高公共卫生服务和突发公共卫生事件应急处置能力，促进城乡居民逐步享有均等化的基本公共卫生服务。

三、医药卫生体制改革的新进展

（一）基本药物制度的出台

国家基本药物制度是对基本药物目录制定、生产供应、采购配送、合理使用、价格管理、支付报销、质量监管、监测评价等多个环节实施有效管理的制度。

基本药物是适应我国基本医疗卫生需求，剂型适宜，价格合理，能够保障供应，公众可公平获得的药品。政府举办的基层医疗卫生机构全部配备和使用基本药物，其他各类医疗机构也都必须按规定优先使用基本药物。

实施国家基本药物制度是深化医药卫生体制改革近期五项重点工作之一，也是惠及千家万户的民生工程。建立和实施国家基本药物制度是从我国实际出发，着眼于实现人人享有基本医疗卫生服务的目标，同时着力解决人民群众“看病贵”问题，把减低群众基本用药负担、保障人民利益贯穿这一制度建设的每个环节，让人民群众得到实惠。具体表现在：国家统一制定基本药物零售指导价格，药品价格较前将下降；在招标采购配送环节，各省（区、市）在国家零售指导价格规定的幅度内确定本地区基本药物统一采购价格，其中包含配送费用，减少中间环节；在基本药物使用环节，国家要求基本药物在基层医疗卫生机构全部配备使用，其他各类医疗机构须按规定使用并确定使用比例，必将促进医疗机构优先合理使用基本药物，规范用药行为，避免药物滥用，同时，政府办基层医疗卫生机构减少加成比例，改革

“以药补医”机制，减低人民群众不必要的用药负担；在支付报销环节，基本药物报销比例要高于非基本药物，降低个人支付比例；在药品质量监管环节，国家对辖区内生产使用的基本药物品种实行定期抽检，保证群众基本用药安全。①

2009 年 8 月 18 日，国务院深化医药卫生体制改革领导小组办公室举行国家基本药物制度启动实施电视电话会议，会上发布了《关于建立国家基本药物制度的实施意见》、《国家基本药物目录管理办法（暂行)》和《国家基本药物目录（基层医疗卫生机构配备使用部分)》（2009 版）三个文件。这标志着我国建立国家基本药物制度工作正式实施。

根据九部委局联合发布的《关于建立国家基本药物制度的实施意见》，我国建立国家基本药物制度的目标是：2009 年每个省（区、市）在 30％的政府办城市社区卫生服务机构和县（基层医疗卫生机构）实施基本药物制度，包括实行省级集中网上公开招标采购、统一配送，全部配备使用基本药物并实现零差率销售。基本药物全部纳入基本医疗保障药品报销目录，报销比例明显高于非基本药物。到 2011 年，初步建立国家基本药物制度；到 2020 年，全面实施规范的、覆盖城乡的国家基本药物制度。国家基本药物制度政策框架主要包括：(1) 国家基本药物目录遴选调整管理；(2) 保障基本药物生产供应；(3) 合理制定基本药物价格及零差率销售；(4) 促进基本药物优先和合理使用；(5) 完善基本药物的医保报销政策；(6) 加强基本药物质量安全监管；(7) 健全完善基本药物制度绩效评估。

为保证国家基本药物制度的顺利实施，卫生部将在 2009 年年内会同有关部委陆续制定发布《国家基本药物采购配送的若干意见（暂行)》、《医疗机构使用基本药物管理办法（暂行)》、《国家基本药物质量监督管理办法》、《国家基本药物临床应用指南》、《国家基本药物处方集》等配套文件，配合有关部委制定并公布国家基本药物零售指导价格、完成基本医疗保障药品目录调整工作。②

2009 年 11 月 13 日，中共中央政治局常委、国务院副总理、国务院深化医药卫生体制改革领导小组组长李克强主持召开基本药物制度实施工作座谈会。强调要认真贯彻党中央、国务院的决策部署，坚定不移地深化医药卫

① 参见《有关部委就建立国家基本药物制度答记者问》，载《人民日报》，2009-08-20。

② 参见胡其峰：《国家基本药物制度将影响谁》，载《光明日报》，2009-08-21。

生体制改革，积极稳妥地推进国家基本药物制度建设，切实减轻群众基本用药负担，有效缓解“看病难、看病贵”问题，维护人民健康权益。①

（二）健康档案制度的推广

健康档案是居民健康管理（疾病防治、健康保护、健康促进等）过程的规范、科学记录。是以居民个人健康为核心，贯穿整个生命过程，涵盖各种健康相关因素，实现多渠道信息动态收集，满足居民自我保健和健康管理、健康决策需要的信息资源。早在2007年底，北京市卫生局就下发了《关于开展全民建立健康档案工作的通知》，提出要在2008年12月以前，为全市所有户籍人口和在京居住半年以上的流动人口建立个人和家庭健康档案。由社区卫生服务机构具体承担健康档案的建立及管理、使用工作，社区卫生服务中心（站）的家庭医生统一管理所负责辖区居民的个人和家庭健康档案。

根据国务院发布的《医药卫生体制改革近期重点实施方案（2009—2011年）》，为促进基本公共卫生服务均等化，我国决定从2009年开始，逐步在全国统一建立居民健康档案，并实施规范管理。定期为65岁以上老年人做健康检查、为3岁以下婴幼儿做生长发育检查、为孕产妇做产前检查和产后访视，为高血压、糖尿病、精神疾病、艾滋病、结核病等人群提供防治指导服务。

卫生部为此颁布了《关于规范城乡居民健康档案管理的指导意见》、《城乡居民健康档案管理服务规范》、《健康档案基本架构与数据标准（试行）》、《健康档案基本数据集编规范（试行）》、《健康档案公用数据元标准（试行）》、《基于健康档案的区域卫生信息平台建设指南（试行）》等一系列文件和标准，对各地推广健康档案工作进行指导，各地试点工作也逐步展开。

为进一步落实上述精神，卫生部、财政部、国家人口和计划生育委员会联合下发了《关于促进基本公共卫生服务逐步均等化的意见》，该意见提出了促进基本公共卫生服务逐步均等化的工作目标：通过实施国家基本公共卫生服务项目和重大公共卫生服务项目，明确政府责任，对城乡居民健康问题实施干预措施，减少主要健康危险因素，有效预防和控制主要传染病及慢性病，提高公共卫生服务和突发公共卫生事件应急处置能力，使城乡居民逐步

① 参见《深化医药卫生体制改革 建立国家基本药物制度》，载《光明日报》，2009-11-16。

享有均等化的基本公共卫生服务。到2011年，国家基本公共卫生服务项目得到普及，城乡和地区间公共卫生服务差距明显缩小。到2020年，基本公共卫生服务逐步均等化的机制基本完善，重大疾病和主要健康危险因素得到有效控制，城乡居民健康水平得到进一步提高。

2009年10月10日，卫生部办公厅下发了《关于开展建立农村居民健康档案试点工作的通知》。该通知要求2009年各省（区、市）选择具备良好工作基础的县（市）先行开展建立农村居民健康档案试点工作。要求试点县（市）建立农村居民健康档案工作要覆盖县域内所有乡镇，采取整体推进的方法开展试点。各省（区、市）要充分认识建档工作的重要意义，明确工作目标，职责分工和任务要求，及时追踪了解本省（区、市）建立农村居民健康档案的进展情况，不断总结好的做法和经验，推动此项工作扎实开展。试点县要按照卫生部《关于规范城乡居民健康档案管理的指导意见》和《城乡居民健康档案管理服务规范》的要求，结合本地实际，制定切实可行的试点工作方案，经省级卫生行政部门审核同意后执行。该通知要求各试点县（市）建立严格绩效考核制度，同时要做好信息统计工作。

2009年12月1日，卫生部下发《关于规范城乡居民健康档案管理的指导意见》，该意见指出，健康档案是医疗卫生机构为城乡居民提供医疗卫生服务过程中的规范记录，是以居民个人健康为核心、贯穿整个生命过程、涵盖各种健康相关因素的系统化文件记录。居民健康档案是居民享有均等化公共卫生服务的重要体现，是医疗卫生机构为居民提供高质量医疗卫生服务的有效工具，是各级政府及卫生行政部门制定卫生政策的参考依据。该意见提出要积极稳妥推进建立城乡居民健康档案的工作。要加强领导，落实责任，加强宣传，动员居民广泛参与，完善经费保障机制，加强健康档案管理能力建设，加强监督检查，从四个方面规范城乡居民健康档案工作：一是要逐步建立健康档案；二是要有效使用健康档案；三是要规范管理健康档案；四是要逐步建立电子健康档案信息系统。

（三）预约挂号制度的试行

为解决“看病难”的难题，缓减大医院、大专家“彻夜排队、一号难求、高价买号”等紧张局面，有关部门决定把改革挂号制度作为公立医院改革的一项重大举措，预约挂号的推行必将在一定程度上缓减“看病难”的问

题，尤其是有利于改善大医院、名专家一号难求的局面，一定程度上避免号贩子倒号牟利，而真正需要看病的人却挂不上号的问题。

预约服务工作是公立医院以病人为中心开展医疗服务的重要改革措施，对于方便群众就医、提高医疗服务水平具有重大意义。在公立医院率先施行预约诊疗服务工作，有利于患者进行就医咨询，提高工作效率和医疗质量，降低医疗安全风险。

卫生部发布了《关于在公立医院施行预约诊疗服务工作的意见（征求意见稿）》，要求从 2009 年 10 月起，所有公立三级医院都要开展实名预约挂号服务。二级医院也要逐步开展这项工作。

该意见规定，医院必须定期更新门诊诊疗信息；改进预约诊疗服务的组织实施方式；逐步提高门诊预约挂号的比例；加强出院病人复诊的预约服务；拓宽提供预约诊疗服务的途径；规范医务人员出诊管理；做好预约诊疗服务工作。

该意见还就加强预约诊疗服务工作的管理提出了具体的意见：其一，要完善医院工作制度，对医院门诊挂号制度和有关工作制度进行改革，做好衔接工作，完善门诊接诊和服务的流程，并在工作中不断改进；其二，加强保障条件建设，为开展预约诊疗服务工作提供必要的条件，配备相应人员和适当装备，加强人员培训，改善服务态度，提高业务水平，对门诊各科室和辅助科室之间的工作进行合理安排，加强协作、配合，提高工作效率；其三，规范预约诊疗收费管理，公立医院开展预约诊疗服务，必须按照物价管理部门和卫生行政部门规定的标准收取挂号费用和相关费用，不得擅自提高收费标准，不得增加收费项目；其四，坚持社会公益性质，公立医疗机构不得与任何社会中介机构合作开展向患者收取费用的预约挂号服务，在预约挂号时要推广采取实名制方式，医疗机构与社会中介机构合作开展预约挂号服务的，要尽快提出整改意见，进行清理；其五，做好分诊和预检分诊工作，要加强工作人员的服务能力培训，做好预约诊疗咨询服务，科学合理安排各诊疗科目分诊工作，要做好预检分诊工作，严格执行消毒隔离工作制度，防止院内感染。

该意见还要求各级卫生行政部门加强组织领导，做好宣传发动工作，开展指导检查，要把预约诊疗服务工作开展情况作为医院管理和医疗机构评审评价工作的重要内容。

2009 年 9 月 1 日起，北京市开始在 49 家三级医院推行预约挂号制度，从实行的效果看，各界存在争议。有人认为，预约挂号只是调整了挂号方式，并没有真正改变优质医疗资源稀缺的局面，对解决“看病难”问题帮助不大。“看病难，难的是专家号，普通号一般是能挂的。而专家不是短时间内就能培养的，在供不应求的情况下，无论采取什么方式，这个矛盾都是无法调和的。”从技术角度看，方式越复杂，越可能造成不公平。有人认为，推广预约挂号并非解决挂号难，尤其是挂专家号难的问题，而是探索并有效提高专家效率的一种手段，使最需要专家诊治的患者能得到专家服务。也有人认为，预约挂号减少人们的排队时间，减低了社会总成本，无疑是有其合理性的。预约挂号改善了对患者的服务，尊重了病人的选择权，同时也有利于医院秩序规范，减少交叉感染。① 从预约挂号的实践来看，比较棘手的问题主要由两个：其一，如何尽快建立和完善预约挂号的平台，这需要医院投入不少的人力、物力和财力；其二，如何解决预约后爽约的问题，即提高预约挂号的效率问题。

（四）新农合的新进展

2003 年开始试点以来，新农合发展迅速，截至 2008 年底，新农合已经全面覆盖农村地区（见表 5—1），2009 年第一季度参合人数已达 8.3 亿。②

表 5—1　　新型农村合作医疗情况

年份	开展新农合县（市、区）（个）	参加新农合人数（亿人）	参合率（%）	当年基金支出（亿元）	补偿支出受益人次（亿人次）
2004	333	0.80	75.20	26.37	0.76
2005	678	1.79	75.66	61.75	1.22
2006	1 451	4.10	80.66	155.81	2.72
2007	2 451	7.26	86.20	346.63	4.53
2008	2 729	8.15	91.53	662.31	5.85

资料来源：《2009 年中国卫生统计年鉴》，347 页，北京，中国协和医科大学出版社，2009。

2009 年 3 月 17 日公布的《中共中央、国务院关于深化医药卫生体制改革的意见》指出，要建立覆盖城乡居民的基本医疗保障体系。全面实施新型

① 参见董伟：《北京预约挂号在争议中推进》，载《中国改革报》，2009-09-11。

② 参见《人民日报》，2009-07-14。

农村合作医疗制度，逐步提高政府补助水平，适当增加农民缴费，提高保障能力。

2009 年 7 月 13 日，卫生部、民政部、财政部、农业部、中医药局联合下发了《关于巩固和发展新型农村合作医疗制度的意见》，该意见指出，新型农村合作医疗制度是党中央、国务院为解决农村居民看病就医问题而建立的一项基本医疗保障制度，是落实科学发展观、构建社会主义和谐社会的重大举措。2003 年以来，在各级政府的领导下，各有关部门共同努力，广大农村居民积极参与，新农合工作取得了显著成效。农村地区已全面建立起新农合制度，制度框架和运行机制基本建立，农村居民医疗负担得到减轻，卫生服务利用率得到提高，因病致贫、因病返贫的状况得到缓解。

该意见就新型农村合作医疗发展的几个主要方面提出了指导性意见：

1. 要稳步发展新农合制度，逐步缩小城乡居民之间的基本医疗保障差距

要逐步提高筹资标准和待遇水平，进一步调整和完善统筹补偿方案，强化基金监督管理，让参合农民得到更多实惠，增强新农合的吸引力，继续保持高水平的参合率。

2. 要逐步提高筹资水平，完善筹资机制

要根据各级政府财力状况和农民收入增长情况及承受能力，逐步提高财政补助标准及农民个人筹资水平，积极探索建立稳定可靠、合理增长的筹资机制。调整新农合补偿方案，使农民群众更多受益。

3. 加大基金监管力度，确保基金安全运行

要认真执行财政部、卫生部下发的新农合基金财务会计制度。从基金的筹集、拨付、存储、使用等各个环节着手，规范基金监管措施，健全监管机制，加强对基金运行情况的分析和监控，保障基金安全运行，确保及时支付农民医药费用的补偿款。新农合基金要全部纳入财政专户管理和核算，并实行收支两条线管理，专款专用。

4. 规范医疗服务行为，控制医药费用不合理增长

要采取多种综合措施规范医疗服务行为。各级卫生部门要加强对定点医疗机构服务行为的行政监管，将定点医疗机构做好新农合工作情况纳入日常工作考核指标体系，对出现的违规违纪行为要按照有关规定严肃处理。要注重发挥协议管理在定点医疗机构管理中的作用，建立健全新农合定点医疗机构的准入和退出机制，通过协议实行动态管理。

5. 坚持便民的就医和结报方式，做好流动人口参加新农合的有关工作

全面实行参合农民在统筹区域范围内所有定点医疗机构自主选择就医，出院即时获得补偿的办法。简化农民到县外就医的转诊手续，探索推行参合农民在省市级定点医疗机构就医即时结报的办法，方便参合农民在全省范围内就医补偿。积极引导外出务工农民参加新农合制度。要充分考虑流动人口的实际情况，做好新农合与相关制度的衔接。

6. 健全管理经办体系，提高经办服务能力

各县（市、区）要根据要求落实新农合管理经办机构的人员编制，保证必要的工作经费。建立健全各项内部管理、考核制度，继续加强管理经办人员培训，提高管理经办服务水平。要按照全国的统一要求和规定，制定全省的新农合信息化建设方案，加快推进新农合信息化建设，逐步实现新农合经办机构与定点医疗机构的联网，实行县级网上审核，省级网上监测运行，全国网上信息汇总分析。

7. 加强新农合与相关制度的衔接

要加强部门配合，做好新农合与农村医疗救助制度在政策、技术、服务管理和费用结算方面的有效衔接。在县级探索建立新农合与农村医疗救助的统一服务平台，使贫困参合农民能够方便、快捷地获得新农合补偿和医疗救助补助资金。要做好新农合、城镇居民基本医疗保险和城镇职工基本医疗保险制度在相关政策及经办服务等方面的衔接，既要保证人人能够享受基本医疗保障，又要避免重复参合（保），重复享受待遇，推动三项制度平稳、协调发展。

参考文献

1. 陈佳贵，王延中主编. 转型中的卫生服务与医疗保障. 北京：社会科学文献出版社，2007

2. 杜乐勋等主编. 中国医疗卫生发展报告. 北京：社会科学文献出版社，2007

3. 顾昕，高梦滔，姚洋. 诊断与处方：直面中国医疗体制改革. 北京：社会科学文献出版社，2006

4. 顾昕. 走向全民医保：中国新医改的战略与战术. 北京：中国劳动

社会保障出版社，2008

5. 葛延风，贡森等. 中国医改：问题·根源·出路. 北京：中国发展出版社，2007

6. 任苒，黄志强等. 中国医疗保障制度发展框架与策略. 北京：经济科学出版社，2009

7. 王东进. 回顾与前瞻：中国医疗保险制度改革. 北京：中国社会科学出版社，2008

8. 王虎峰. 中国新医改理念与政策. 北京：中国财政经济出版社，2009

9. 王虎峰. 解读中国医改. 北京：中国劳动社会保障出版社，2008

10. 张琪，朱俊生. 中国医疗卫生服务与保障制度的整合研究. 北京：中国劳动社会保障出版社，2009

11. 邹东涛主编. 中国改革开放 30 年. 北京：社会科学文献出版社，2008

［组织制度］

第六章　改革以来的组织与制度变迁

冯仕政*

改革开放以来，中国社会各个层面、各个领域的组织与制度都发生了巨大而深刻的变化。考察这些变化的现状、趋势及内在逻辑，是理解中国社会发展轨迹和前景的题中应有之义。这里所说的“制度”，是指一个社会或群体所遵循的行为规则，包括国家的和民间的、成文的和不成文的、正式的和非正式的，有风俗、惯例、政策、法律、法规等多种体现形式。而“组织”，则是一定范围内的社会成员按照特定规则所组成的实体。根据存在的环境、奉行的规则和履行的职能不同，一个组织所控制的资源的数量和类型、组织界限的范围和清晰程度、成员之间的分工和指挥关系，等等，也会有所不同。任何制度总是要靠一定数量和形式的组织去实施，而任何组织总是按照特定规则成立的，制度离不开组织，组织也不离开制度。正因为如此，不管是在科学文献中，还是在日常生活中，组织和制度两个概念经常连用。不过，尽管联系非常紧密，组织和制度还是两个不同的事物——一个组织总是同时奉行多种制度，一个制度也总是同时依靠多个组织去执行——因此，在分析时对二者应当予以适当区分。

---

* 冯仕政，中国人民大学社会学理论与方法研究中心副教授。

鉴于改革开放以来中国组织与制度变迁的复杂性，面面俱到地描述和阐述其变迁轨迹及走向，既不可能，也无必要。因此，本章将基于对中国改革开放以来组织与制度变迁基本逻辑的理解，选择并围绕一些重要的方面、政策和时点，对1978年以来中国组织与制度变迁领域的重大变革做一个总体描述和分析。

一、改革以来组织与制度变迁的基本逻辑

关于中国自改革以来的组织与制度变迁，不仅在国内有很多研究，即使在西方学术界也是一个热门话题。概括起来，主流的理论解释，不管是经济学的、政治学的，还是社会学的，都有一个共同的基本假设，即，国家和市场是塑造组织和制度变迁的两股基本力量（比如杨瑞龙，1994、1998；黄少安，1999），形形色色的组织和制度变迁轨迹及后果都是国家与市场之间权力博弈的结果。对于这场权力博弈的内在逻辑和机制，不同学者又有不同的理解：一派可以称为“市场转型论”，认为新兴市场的扩张在不断削弱国家的资源分配权力的同时，还在国家主导的政治经济体制之外向劳动者提供了新的刺激、机会和社会流动渠道（Nee 1989，1996；Nee & Matthews，1996；Nee & Su，1990），从而成为推动组织和制度兴替的主要力量。这种观点最先由美国社会学家倪志伟在1989年提出，在国际学术界引起极大反响，赞成和批评的声音都很大。

在批评市场转型论的过程中，逐渐形成另外一种观点，即认为国家在改革过程中仍然保持甚至提高了自己相对于新兴市场的权力（比如Logan & Bian，1993；Oi，1995、1999；Walder，1995、1996），因而仍然主导着整个制度变革。这种观点因其强调社会成员的体制内地位，比如党员、干部、行政级别等身份所具有的凌驾于市场之上的权力，即所谓“地位权力”（positional power），所以不妨将其统称为“地位权力论”。

在同时批判上述两种理论路线的基础上，另有学者提出，国家和市场是“互动演化”的：“在某些领域，它们相互竞争和制约；在某些领域，它们相互加强；在另一些领域，它们则相互适应和改变对方。”（Zhou，2000：1140）相对于“市场转型论”和“地位权力论”，互动演化论并不认为国家与市场之间的权力游戏完全是一场此消彼长、你得我失的零和博弈，相反，

国家与市场之间除了相互竞争、削弱和制约以外，还可以相互加强，甚至相互适应和改变对方；相应地，在经验研究中，除了静态地研究国家和市场谁赢谁输、谁赢多少谁输多少之外，还要动态地研究国家与市场之间的互动过程及其机制。

不管是相互对立的市场转型论和地位权力论，还是企图综合上述两派的互动演化论，都为理解中国自改革以来的组织和制度变迁提供了非常重要的理论思路。但是，它们也有共同的弱点，即都是“市场中心论”的。这表现在：首先，把中国自 1978 年以来的宏大社会转型过程片面地理解为一个市场化过程，因此只注意到市场化逻辑对组织和制度变迁的塑造作用，而忽视了这一社会转型过程同时是一个现代化过程，从而忽视了现代化逻辑在其中发挥的强大塑造作用；其次，严重低估国家在中国组织和制度变迁过程中的主导作用，把国家与市场等量齐观，甚至把市场力量看得高于国家力量，认为市场力量是主动的，国家力量是从动的，甚至是被动的。鉴于上述不足，本章力图提出一个理解中国自改革以来组织和制度变迁的新的分析框架。这个新的分析框架可以表述为“一个中心，两个基本点”。所谓“一个中心”，即以国家力量为分析中心；所谓“两个基本点”，即着重分析两个过程：一个是现代化过程，一个是市场化过程。

（一）国家主导的渐进式改革

之所以要以国家力量为分析中心，是基于一个基本判断——同时也是一个被广泛承认的事实：中国自 1978 年以来的改革是一场由国家主导的渐进式改革。它是由国家主动发起并不断推动的；尽管国家对改革预先并没有一套完整的设计，而是“摸着石头过河”，尽管改革的实际走向、进程和后果并不完全符合国家的初衷，但国家始终掌握着整个改革的基本方向和进程。在这种情况下，如果不将“国家逻辑”作为分析中心，而是像以往的种种理论那样，以“市场逻辑”作为分析中心，是不符合逻辑与历史相一致的方法原则的。

同样，就组织与制度变迁来说，不管有多少种力量参与了改革以来的组织与制度变迁，国家始终是其中的主导力量，“国家逻辑”始终是组织与制度变迁的主导逻辑。因此，厘清改革以来组织与制度变迁的基本逻辑，首先要厘清“国家逻辑”，即国家是怎样发动、组织和控制整个改革进程的；国

家发动、组织和控制整个改革进程的动机、“技术”和后果（包括非期然后果），应当成为理解改革以来组织与制度变迁的主轴。这不是说，整个改革进程及其所造成的组织与制度变迁完全是国家的“理性选择”，完全在国家的掌握中，但国家所发挥的主导作用是毋庸置疑的，其他力量不是不重要，但它们在整个组织与制度变迁过程中的作用是从属性的，而国家的力量则是驱动性的、牵动性的。

基于上述分析，我们在分析改革以来的组织与制度变迁时，就需要特别考察“国家逻辑”的变与不变及其在组织与制度方面的后果。

（二）社会转型中的市场化与现代化

在以往的理论解释中，包括市场转型论、地位权力论和互动演化论，国家和市场都被化约为超脱于历史的社会行动者，它们在不断地创造历史，本身却不受历史的限制。不管国家也好，市场也好，都是具有强大创造力的“理性行动者”，是它们的“理性选择”交相作用，共同造成现实所见的组织和制度变迁轨迹。

事实上，国家与市场之间的互动演化及其制度后果，不仅取决于双方各自的理性选择，而且取决于双方共同所处的历史条件。理性选择既有可能符合，也有可能不符合历史条件，二者之间不能完全通约。互动演化论已经在一定程度上注意到这个问题。周雪光（Zhou，2000：1168）指出：“实质意义上的制度分析应该找到一条道路，在不丧失对经济转型背后的因果过程的洞察力的同时，充分考虑历史背景，且对特殊的制度环境反应灵敏。”那么，对分析中国当前的制度变迁而言，需要充分考虑的历史背景是什么呢？那就是当前中国正在经历的社会转型（郑杭生，1994、1996；李培林，1995）。

长期以来，中国社会转型往往被理解为一个单纯的市场化过程，而未注意到其中还包含着一个现代化过程。市场化视角一般只关注 1978 年以来国家与市场之间的权力转移过程，以及双方围绕这个过程而采取的“理性行动”，即国家的路线、方针和政策以及市场的反应。而现代化视角则强调，不管是国家、市场还是它们之间的关系都有一个从传统向现代的演化过程；国家和市场的行动及其后果不仅取决于它们各自的理性，而且受制于中国在 1978 年以前甚至 1949 年以前的历史发展所积累的历史条件，以及中国在整个世界现代化进程中所处的阶段和地位。这样一些历史条件可能会被国家和市场意识到，并纳入自己的理性算计，也有可能没有被意识到。但是，不管意识到与否，国家和市场的理性算计都会受到这些历史条件的影响并产生相应的历史后果；即使已经被意识到，历史进程也会产生一些国家和市场没有预料到的非期然后果。1949 年以后中国实行计划体制，是国家为了尽快实现社会现代化，参考当时的国内外政治、经济和社会环境而理性选择的结果（林毅夫、蔡昉、李周，1994：18～54），但最终的结果却是：虽然城市和工业部门实现了一定程度的现代化，但农村和农业却仍在很大程度上保留了传统习俗经济和自然经济的特点。人民公社体制虽然号称“计划经济”，实际上是建立在自然经济基础上的一种“准军事共产主义体制”。因此，改革以后，中国经济的发展实际上并存着两个过程：一是体制转轨，即从计划经济向市场经济转变；二是发展转型，即从传统习俗经济或自然经济向现代市场经济转变，从传统城乡二元经济向现代统一市场经济转变（赵人伟，1999）。同样的道理，中国自 1978 年以来的市场化改革虽然在相当大程度上是国家和市场主动选择的结果，但其决策仍然会自觉不自觉地受到 1978 年甚至 1949 年以前所积累的历史条件、世界现代化进程及其自身理性选择的非期然后果的影响。因此，在分析国家与市场的互动演化时，不仅要关注表现于历史前台的国家与市场之间的权力转移，即市场化过程，而且要关注影响这一权力转移过程的、活动于历史后台的现代化进程。当前中国社会中的很多现象，都是现代化进程和市场化进程共同作用的结果。

二、坚持和发展动员体制

既然中国自改革以来的组织与制度变迁是国家主导的渐进式改革的结果，因此首先需要分析国家本身的变化及其逻辑。如果要用一句来描述改革以来中国国家制度和组织逻辑的变化，可以概括为：坚持和发展动员体制。

（一）中国现代化与动员体制

国家对社会动员抱有强烈的动机，并拥有强大的社会动员权力和能力，是中国政治体制的一个基本特征。借用美国社会学家戴维·艾普特的概念，不妨将这种体制称为“动员体制”（Apter，1965）。动员体制的本质是国家

（包括执掌国家政权的政党）对社会拥有强大的权力，能够主导社会发展和变革的中心议程，并且大规模调动社会资源以实施这个议程。在这里，国家的动员能力同时表现在两个方面：一是议程设置能力，即整合和定向社会注意力的能力；二是资源调配能力，即调动和配置人力、物力和财力的能力。显然，动员体制与西方民主体制存在重大区别：国家会为了执行自己的意识形态构想和政策路线而对市场以及基于市场哲学的政治民主进行一定限制。动员体制也因此而频遭责难。受错误观点影响，国内一些人，包括一些领导干部，也对动员体制持怀疑态度，一些人把它当作专制的表现，讳言甚至耻谈动员体制。这是不了解世界现代化史以及中国在其中的位置所致。我们必须清醒地认识到，动员体制是中国现代化进程的必然产物，符合中华民族又好又快地推进现代化的根本利益和要求，在基本方向上是符合中国社会需要的。

1840 年鸦片战争以后，中国一直处于列强侵凌、地方割据的混乱状态中，由此而造成的中央权威危机成为困扰中国现代化进程的一个核心问题。正是由于缺乏强有力的国家领导，中国的现代化进程一直徘徊不前。1949 年建立的新中国，终于使这个问题得到解决。1949 年后，国家在中国社会发展中一直发挥着主导作用；国家不仅是中国现代化进程的倡导者和保卫者，而且是中国现代化进程的规划者、组织者和直接行动者。这种主导作用表现在制度上，就是形成了中国特色的动员体制。1978 年以前中央大一统的计划经济体制——或可称为“举国体制”，是动员体制的极端形式。在举国体制下，市场的作用完全被国家限制，所有社会资源完全通过国家计划进行配置，不同社会主体之间的资源交换要么以国家制定的计划价格为中介，要么通过国家直接调拨。改革开放以后，国家虽然逐渐放弃计划体制，不同社会主体之间的资源交换主要通过市场进行，市场价格是资源配置的主要杠杆，但国家通过经济、行政和政治等多种手段对整个社会的议程设置和资源配置仍然拥有关键影响力，仍可按照国家需要对社会进行大规模动员，因而仍然属于“动员体制”。

国家在中国的现代化过程中发挥主导作用之所以必要，是由两个方面的因素所决定的：从消极的方面来说，政治、经济和文化独立是一国现代化进程得以推进的前提，中国需要一个强有力的国家来保障这种独立；从积极的方面来说，中国作为一个后发展国家，推行的必然是赶超型现代化，赶超型现代化需要足够强大的领导者和组织者，能够扮演这个角色的非国家莫属。

近世以来的世界现代化进程，可以分为三波：第一波是英、美、法等；第二波是德、日、俄、意等；中国和其他第三世界国家属于第三波推行现代化的后发展国家。第三波国家在推行现代化时面临前两波国家所没有的一个约束条件，即，西方列强主导的世界政治经济秩序已经形成，这些国家不可能像前两波国家那样通过殖民掠夺，而只能依靠内部积累推进现代化。而且，从外部来说，西方主导的世界政治经济秩序对第三世界国家是不平等的，从内部来说，第三世界国家的基础是薄弱的、贫穷的，因此，它不可能通过自由市场交换从国内或国外取得推进现代化所需要的足够的资本，包括物质资本和人力资本。在这种情况下，第三世界国家如果不愿意在现代化过程中继续落伍，唯一能够采取的现代化策略就是实行动员体制。动员体制的实质是国家在整个社会变革过程中发挥主导作用，其优势是能够“集中力量办大事”，所谓“大事”，一个是生存，即抵御外侮，捍卫独立，另一个是发展，即“超过英国，赶上美国”。在发挥这种主导作用的过程中，国家免不了对市场以及基于市场哲学的政治民主进行一定限制。对第三世界来说，这种限制不是为了专制，而是为了生存和发展。纵观第三世界国家，凡是现代化比较成功的，没有不是国家发挥主导作用的。当然，在现代化达到一定水平后，国家的作用有所淡化又是另外一回事。

总而言之，国家在中国现代化事业中所肩负的使命，决定了国家必须保持足够强烈的社会动员动机和足够强大的社会动员能力。只有在动员体制下，中国才能又好又快地推进赶超型现代化。当前中国正处于现代化的关键时期，坚持和发展动员体制的必要性不是削弱了，而是更加迫切了。我们对此必须有历史的、清醒的认识。

（二）在发展中坚持动员体制

不过，动员体制当前面临的重大挑战，一是如何在激烈的民意竞争中不断争取民众对动员体制的认可和支持，二是如何在复杂的领导力竞争中不断提高动员效率，防止长官意志和政绩工程。面对上述挑战，改革开放以来，国家对动员体制的基本精神可以概括为一句话：在坚持中发展，在发展中坚持。这一基本精神从根本上决定了中国社会转型的方向和轨迹，也决定了组织制度变迁的线索和过程。

对动员体制的“坚持”，集中体现在一点，就是“坚持四项基本原则”，

即，坚持社会主义道路，坚持无产阶级专政，坚持共产党的领导，坚持马列主义、毛泽东思想。邓小平还特别指出，“坚持四项基本原则的核心，是坚持共产党的领导”①。不难看出，政治上“坚持四项基本原则”，从组织和制度变迁的角度来看，就是要坚持党和国家对现代化进程和整个社会的领导权，保持党和国家对整个社会的动员能力，也就是要坚持动员体制。这一点从“四项基本原则”的历史发展中看得非常清楚。

“四项基本原则”是邓小平在1979年最早提出来的。当时，一些人利用十年动乱所造成的困难和中国共产党发扬民主的机会，宣扬无政府主义，反对社会主义制度，反对中国共产党的领导，反对无产阶级专政的政权，反对毛泽东思想的指导地位，从右的方面歪曲和反对十一届三中全会的路线。针对这种情况，1979年3月30日，邓小平代表中共中央在理论务虚会上作了题为《坚持四项基本原则》的讲话。在讲话中，邓小平将中国共产党一贯强调的思想政治原则概括为“四项基本原则”，同时指出，坚持四项基本原则“是实现四个现代化的根本前提”，“必须一方面继续坚定地肃清‘四人帮’的流毒，帮助一部分还在中毒的同志觉悟过来，并且对极少数人所散布的诽谤党中央的反动言论给予痛击；另一方面用巨大的努力同怀疑上面所说的四项基本原则的思潮作坚决的斗争。这两种思潮都是违背马列主义、毛泽东思想的，都是妨碍我们的社会主义现代化建设事业的前进的。”②

“四项基本原则”的提出迄今已逾30年。在这30多年中，尽管“四项基本原则”在执行过程中曾有一些反复和风波，但总的来讲，执行是一贯的、坚定的。这一点在党的基本路线、党章、国家宪法的制定和修订过程中体现得非常清楚。1987年10月，党的十三大把党在社会主义初级阶段的基本路线明确为“领导和团结全国各族人民，以经济建设为中心，坚持四项基本原则，坚持改革开放，自力更生，艰苦创业，为把中国建设成为富强、民主、文明的社会主义现代化国家而奋斗”，即“一个中心，两个基本点”。“四项基本原则”与“改革开放”并列为基本路线中的两个“基本点”之一。1992年10月，“四项基本原则”又随“一个中心，两个基本点”的基本路线一起正式载入党章。

在1982年制定的新宪法中，也以不同的文字形式写入了“坚持四项基

① 《邓小平文选》，2版，第2卷，391页。

② 同上书，166页。

本原则”的内容，并在以后的宪法修正案中保留下来。比如，于2004年修订的《中华人民共和国宪法》在序言中写道：“国家的根本任务是，沿着中国特色社会主义道路，集中力量进行社会主义现代化建设。中国各族人民将继续在中国共产党领导下，在马克思列宁主义、毛泽东思想、邓小平理论和‘三个代表’重要思想指引下，坚持人民民主专政，坚持社会主义道路，坚持改革开放，不断完善社会主义的各项制度，发展社会主义市场经济，发展社会主义民主，健全社会主义法制，自力更生，艰苦奋斗，逐步实现工业、农业、国防和科学技术的现代化，推动物质文明、政治文明和精神文明协调发展，把我国建设成为富强、民主、文明的社会主义国家。”

党和国家在明确坚持动员体制的同时，也根据国内外最新形势和中国现代化建设的需要，不断对动员体制进行发展。对动员体制的发展可以概括为两个方面：一是着眼于提高动员体制的合法性，通过不断创新政治观念和组织制度，扩大民众对动员体制的支持和拥护；二是着眼于提高动员体制的绩效，通过不断提高党和国家的领导力，特别是驾驭市场经济和国内国际形势的能力，改善动员体制的活动效率和效益。这两个方面的努力分别针对着动员体制在当前面临的两大挑战，交织贯穿在党和国家的思想、政治和组织制度建设中。下面分别予以阐述。

（三）增强动员体制的合法性

党及其领导下的国家政权是动员体制的组织核心。增加党和国家，特别是党的凝聚力，是坚持和发展动员体制的一个关键方面。如果党丧失了凝聚力，不能得到全国人民的支持和拥护，就会出现“合法性危机”，动员体制就无从坚持，自然也不能发展。认识到这一点，中国共产党与时俱进，不断创新政治观念、加强党的建设，从以下四个方面对动员体制作了最重要的发展：

(1) 转变政治合法性观念，将判断标准从所有制标准改变为生产力标准，增强动员体制的务实性。这是对动员体制最为根本和关键的发展，对整个社会的组织和制度变迁具有枢纽和核心作用。

在相当长的时间内，党和国家一直把社会主义简单地等同于公有制，把公与私的区别视为社会主义与资本主义的区别，把坚持社会主义道路等同于推行“一大二公”，为了推行“一大二公”而大搞所谓“阶级斗争”，直至上升到“以阶级斗争为纲”的高度。这不仅严重影响社会的安定团结，而且极大地阻碍了经济社会发展，人民生活水平长期得不到应有的提高。党和国家的领导威望也受到一定程度的损害。在1978年12月召开的党的十一届三中全会上，中央决定停止使用“以阶级斗争为纲”的口号，提出要把全党工作的重点转移到经济建设上来。在此过程中，党和国家的政治合法性观念逐渐从所有制标准转变为生产力标准，即，社会主义的本质是解放生产力，发展生产力，因此，是否有利于发展社会主义社会的生产力，是否有利于增强社会主义国家的综合国力，是否有利于提高人民的生活水平，是衡量一切工作是非得失的判断标准。

中国共产党是一个高度重视执政合法性，对执政合法性十分敏感的政党，因此，党的政治合法性观念从所有制标准向生产力标准的转变，对改革开放以来组织和制度变迁具有中枢性的、根本性的影响。没有这个转变，在30年内出现如此宏大的组织和制度变迁是不可想象的。之所以这么说，是因为它直接开启了当前中国的现代化和市场化进程。不难理解，如果没有党的政治合法性观念的转变，就不会有宏大的市场化过程，中国的现代化过程也会因此而踟蹰不前。如前所述，市场化和现代化是当前中国的组织和制度变迁的两大基本动力，而党的政治合法性观念转变是市场化得以启动，现代化得以大踏步推进的前提。正是在这个意义上，我们说，党的政治合法性观念从所有制标准向生产力标准的转变，是改革以来组织和制度变迁的中枢和关键。

政治合法性标准的转变极大地促进了生产力的发展，人民生活水平在较短的时间内得到极大提高，对中国共产党领导的拥护和支持也不断加强和巩固，动员体制因此而更加巩固，坚持动员体制因此而更有说服力。

（2）审时度势，转变党的组织理念，扩大党的群众基础，扩大党在全国社会范围内的凝聚力和影响力，增强动员体制的包容性。

在这方面，最重要的里程碑是2000年江泽民同志提出的“三个代表”重要思想。长期以来，中国共产党把自己定位为“中国工人阶级的先锋队”。这样一个定位与中国共产党长期所处的“革命党”地位是相适应的，是符合革命需要的。中国共产党执政以后，这样一种政治定位的社会排斥效应逐渐显现出来。特别是改革开放以后，中国社会的阶层构成发生了极大变化，仍然片面坚持“工人阶级的先锋队”的定位，既不利于扩大中国共产党的社会基础，也不利于保持中国共产党的领导地位。因此，中国共产党审时度势，转变组织理念，提出了“三个代表”重要思想，即“中国共产党是中国工人阶级的先锋队，同时是中国人民和中华民族的先锋队，是中国特色社会主义事业的领导核心，代表中国先进生产力的发展要求，代表中国先进文化的前进方向，代表中国最广大人民的根本利益。”

“三个代表”重要思想的提出，表明中国共产党不再简单地把有没有财产、有多少财产当作判断政治上先进与落后的标准，而主要是看思想政治状况和现实表现，看对社会主义建设所作出的实际贡献。能否自觉地为实现党的路线和纲领而奋斗，是否符合党员条件，成为吸收新党员的主要标准。党在把工人、农民、知识分子、军人、干部作为最基本的群众基础和骨干力量的同时，也把承认党的纲领和章程、自觉为党的路线和纲领而奋斗、经过长期考验、符合党员条件的社会其他阶层的优秀分子吸收到党内来。这样做，既可以充分发挥和有效利用各个社会阶层建设社会主义的积极性和创造性，加速社会主义现代化建设，也可以不断增强中国共产党在全社会的影响力和凝聚力，从而促进社会团结，推动社会发展。

（3）加强社会主义政治文明建设，促进党的领导与人民当家作主的有机结合，增强动员体制的激励性。

中国共产党是中国社会主义事业的领导核心，现代化建设离不开党的领导。但在相当长的时间内，由于国际国内的复杂原因，党长期依靠政策而不是法律进行领导，甚至认为法律会限制党的领导、束缚党的领导，从而将党的领导与依法治国对立起来，以党代政、以言代法的现象长期存在。

十一届三中全会以后，中国共产党开始把加强民主和法治作为改善党和国家领导制度的一个重要内容。1980 年，在《党和国家领导制度的改革》的著名讲话中，邓小平指出：党必须在宪法和法律范围内活动，不允许有凌驾于国法之上的特殊党员。1982 年宪法也规定：“全国各族人民、一切国家机关和武装力量、各政党和各社会团体、各企业事业组织，都必须以宪法为根本的活动准则，并且负有维护宪法尊严、保证宪法实施的职责。”1997 年，十五大第一次明确把“依法治国，建设社会主义法治国家”，作为党领导和治理国家的基本方略写进党的报告。这是党的领导理论的重要发展，也是党的领导方式和执政方式的重大进步。

到 2002 年，十六大报告又把“依法治国”方略扩展为内涵更丰富的

“政治文明”的新概念，提出要把发展社会主义民主政治，建设社会主义政治文明，确定为全面建设小康社会的一个重要目标，并从坚持和完善社会主义民主制度、加强社会主义法制建设、改革和完善党的领导方式和执政方式、改革和完善决策机制、深化行政管理体制改革、推进司法体制改革、深化干部人事制度改革、加强对权力的制约和监督、维护社会稳定等九个方面部署了政治文明建设工作。

继承这一思路，党的十七大把政治建设与经济建设、文化建设、社会建设并列为“四大建设”之一，并提出政治建设的六大目标：扩大人民民主，保证人民当家作主；发展基层民主，保障人民享有更多更切实的民主权利；全面落实依法治国基本方略，加快建设社会主义法治国家；壮大爱国统一战线，团结一切可以团结的力量；加快行政管理体制改革，建设服务型政府；完善制约和监督机制，保证人民赋予的权力始终用来为人民谋利益。

（4）以人为本，构建社会主义和谐社会，增强动员体制的团结性。

早在2002年11月，党的十六大在阐述全面建设小康社会的奋斗目标时，就明确提出“社会更加和谐”的发展要求。2004年12月，中共中央总书记胡锦涛指出，要“正确认识和处理社会主义物质文明、政治文明、精神文明与和谐社会建设的关系”，标志着中国共产党开始从中国特色社会主义事业总体布局和全面建设小康社会全局的高度思考和谐社会建设问题（张宿堂等，2006）。2005年2月19日，胡锦涛在中央党校发表重要讲话，深刻阐述了构建社会主义和谐社会的基本特征、重要原则、深刻内涵和主要任务，强调要建设“民主法治、公平正义、诚信友爱、充满活力、安定有序、人与自然和谐相处”的社会主义和谐社会。2006年10月11日，中国共产党第十六届六中全会作出了《中共中央关于构建社会主义和谐社会若干重大问题的决定》。2007年，胡锦涛在“6·25”重要讲话中提出，社会发展应当“以人为本”，“以人为本”是科学发展观的核心，是党全心全意为人民服务根本宗旨的集中体现，对党和政府的各方面工作都具有普遍指导意义。2008年，党的十七大报告指出，要始终把实现好、维护好、发展好最广大人民的根本利益作为党和国家一切工作的出发点和落脚点，尊重人民主体地位，发挥人民首创精神，保障人民各项权益，走共同富裕道路，促进人的全面发展，做到发展为了人民、发展依靠人民、发展成果由人民共享。

我国正处于并将长期处于社会主义初级阶段，人民日益增长的物质文化需要同落后的社会生产之间的矛盾仍然是我国社会的主要矛盾，统筹兼顾各方面利益任务艰巨而繁重。特别要看到，我国已进入改革发展的关键时期，经济体制深刻变革，社会结构深刻变动，利益格局深刻调整，思想观念深刻变化。这种空前的社会变革，给我国发展进步带来巨大活力，也必然带来这样那样的矛盾和问题。以人为本，构建社会主义和谐社会的政治路线就是在这种背景下提出的，目的是要求全党更加积极主动地正视矛盾、化解矛盾，最大限度地增加和谐因素，最大限度地减少不和谐因素，不断促进社会和谐。从发展动员体制的角度来看，以人为本，构建社会主义和谐社会的政策显然有助于增加动员体制的团结性。

上面列述了党和国家对动员体制最重要的四个方面的发展。这四个方面是相互联系的，其中贯穿着一条红线，即不断削弱动员体制的阶级对抗性质，通过调整动员体制的基本取向、群众基础、参与机制和利益关系，不断增强动员体制的务实性、包容性、激励性和团结性，面向社会需要，加强社会整合，激发社会活力，缓解社会矛盾，进一步增强广大民众对动员体制的认同度和支持度，在促进动员体制可持续发展的同时，促进整个中国社会的可持续发展。

（四）提高动员体制的绩效

党和国家在新时期发展动员体制的第二个基本方面，就是通过创新效率机制，不断提高动员体制的绩效，使之更加适应中国现代化建设的需要。在这方面，最根本、最重要的是逐步打破计划经济体制，引入市场机制，成功实现从计划经济向社会主义市场经济的根本转变，推动经济和社会持续快速发展。

改革开放前，中国实行的是以单一公有制为基础，按照国家命令集中统一生产、交换和分配的计划经济体制。这样一种体制是在特定历史条件下产生的，并在一定历史时期内符合中国经济和社会发展的需要。但是，随着国内外形势的改变，计划经济体制越来越成为生产力发展的阻碍，必须进行改革。市场机制就是在这种条件下逐步引入，并最终取而代之的。

1978 年底召开的十一届三中全会提出，应该坚决实行按经济规律办事，改革过分集中的经济体制，从此开启了经济体制改革进程。改革首先从农村

开始：解散人民公社，实行家庭联产承包责任制，极大地调动了广大农民的生产积极性，促进了农村和农业的迅速发展。1982 年，中共十二大提出“计划经济为主、市场调节为辅”的指导原则。1984 年，《中共中央关于经济体制改革的决定》进一步指出，社会主义经济是“公有制基础上的有计划的商品经济”。在新的精神指导下，经济体制改革进一步深入。在农村，乡镇企业异军突起。与此同时，城市改革全面铺开。在 1984 年十二届三中全会发布的《中共中央关于经济体制改革的决定》的鼓动下，扩大企业自主经营权，增强企业的活力，特别是增强全民所有制的大、中型企业的活力，成为当时经济体制改革的中心环节。

1987 年 10 月，党的十三大提出要按照“有计划的商品经济”的思想，建立“国家调节市场，市场引导企业”的经济运行机制，突出和强调了市场机制在整个经济运行中的中心地位。在此基础上，1992 年 10 月召开的中共十四大确认我国经济改革的目标是建立社会主义市场经济体制，开启了经济社会发展的新阶段。1993 年 12 月发布的《中共中央关于建立社会主义市场经济体制若干问题的决定》，全面阐述了建立社会主义市场经济的总体框架和具体任务。

2003 年 10 月，以科学发展观为指导，中共十六届三中全会通过《中共中央关于完善社会主义市场经济体制若干问题的决定》，提出了进一步完善社会主义市场经济体制的目标、任务和具体部署。特别值得一提的，2005 年 2 月 25 日，国务院发布《关于鼓励支持和引导个体私营等非公有制经济发展的若干意见》，这是新中国成立以来首部以促进非公有制经济发展为主题的中央政府文件，对促进社会主义市场经济具有特殊意义。2007 年，十七大报告提出，要着力构建充满活力、富有效率、更加开放、有利于科学发展的体制机制，为发展中国特色社会主义提供强大动力和体制保障。

综上所述，把社会主义基本制度与市场经济有机结合，是贯穿 1978 年以来中国经济改革的主线。经过社会主义市场经济改革，我国形成了以公有制为主体与多种所有制经济共同发展相结合的基本格局。这样一种基本经济格局，极为深刻地影响了整个中国社会的组织和制度变迁，也极大地解放了生产力、发展了生产力，大大增加了动员体制的活力和效率。

在坚持和发展动员体制这一“国家逻辑”主导下，中国社会中的组织和制度在过去 30 年中，发生了翻天覆地，但又前后一贯的变化。这些变化可以概括为两个基本方面，一是市场化，二是现代化。这两个过程互相渗透、互为前提、互相推动，但又相对独立，有时甚至相冲突。下面就从这两个角度勾勒改革以来中国组织和制度变迁的基本轮廓。

三、经济体制改革与社会组织发展

经济基础决定上层建筑。改革开放前，正是在“重工业优先”发展战略的驱动下，我国形成了高度集中统一的计划经济体制。在计划体制下，所有制结构是单一的公有制，生产积极性和创造性受到压抑；为了抑制消费，加速积累，第三产业的发展严重滞后，产业结构十分不平衡；生活技术总体水平低下，劳动生产率不高。随着经济改革的不断深入，中国经济结构的这些基本方面都得到极大改善。这些变化不仅直接影响到经济生产领域，而且深刻地影响着其他领域的组织和制度变迁。

（一）所有制结构

单一的公有制是改革开放前整个组织制度的经济基础。国家正是在掌握绝大部分经济资源的基础上，才实现对几乎全部社会资源的垄断。改革开放以后，随着国家经济政策的转变，我国的所有制结构发生了很大变化。特别是中共十五大明确提出“公有制为主体，多种所有制经济共同发展，是我国社会主义初级阶段的一项基本经济制度，非公有制经济是我国社会主义市场经济的重要组成部分”以后，非公有制经济迅速崛起，在国民经济总量中所占的份额不断提高。表 6—1 显示的是 1978—2007 年我国非公有制经济工业企业和生产单位数及总产值情况。从中可以看出，在改革之初的 1978 年和 1979 年，非公有制经济不管是总产值还是企业和生产单位数量，都几乎可以忽略不计，但此后发展极为迅速。在总产值方面，1980 年只有 25.3 亿元，到 2007 年已达到 358 620.24 亿元，年均增长 40.7%；占全国工业总产值的比重也从 1980 年的 0.49%迅速增长到 2007 年的 88.51%。与此同时，非公有制工业企业和生产单位数，1980 年只有区区 400 个，到 2007 年则已达到 30.31 万个，年均增长 26.7%，占所有工业企业和生产单位总数的比重也从最初的 0.1%增加到 2007 年的 90%。

表 6—1　　非公有制经济工业企业和生产单位数及总产值（1978—2007）

年份	总产值		企业和生产单位数	
	总产值（亿元）	比重	数量（万个）	比重
1978	—	—	—	—
1979	—	—	—	—
1980	25.30	0.49	0.04	0.1
1981	33.30	0.62	0.05	0.1
1982	42.80	0.74	0.07	0.2
1983	57.90	0.90	0.08	0.2
1984	91.50	1.20	0.10	0.2
1985	297.16	3.06	0.17	0.4
1986	471.60	4.22	0.21	0.5
1987	781.16	5.66	0.39	0.8
1988	1 285.81	7.06	0.55	1.1
1989	1 816.10	8.24	0.72	1.4
1990	2 337.86	9.77	0.88	1.7
1991	2 886.58	10.84	1.08	2.1
1992	4 639.57	13.41	1.42	2.8
1993	9 213.06	19.03	3.21	6.2
1994	17 503.35	24.94	4.45	8.4
1995	27 052.00	29.44	6.05	10.2
1996	32 002.10	32.13	7.02	12.1
1997	41 358.14	36.37	7.79	14.6
1998	47 642.00	40.02	5.27	31.9
1999	55 890.00	44.32	6.87	35.9
2000	53 609.45	64.07	7.16	44.0
2001	68 207.30	71.46	9.35	54.6
2002	83 886.40	75.73	11.30	62.2
2003	114 333.39	80.36	13.94	71.1
2004	170 431.79	84.49	22.28	80.6
2005	215 554.56	85.67	22.84	84.0
2006	276 685.92	87.40	26.28	87.0
2007	358 620.24	88.51	30.31	90.0

说明：（1）数据来自《中国工业统计年鉴》（2008）表 2—1、2—2、2—3、2—4；（2）1997 年及以前年份统计范围为全部工业企业（包括个体工业）；（3）1998 年至 2006 年统计范围为全部国有及年主营业务收入在 500 万元以上非国有工业企业；（4）2007 年为全部规模以上工业企业；（5）总产值按当年价格计算。

任何组织都是按照特定的价值和规范组织起来。体制外组织的蓬勃发展，意味着它们将在整个社会的组织化和制度化过程中扮演举足轻重的角色。表 6—2 显示的是 1984 年以来城镇非公有制单位在岗职工总人数及其所占全部城镇在岗职工比重的变化。在 1984 年以前，由于城市改革尚未启动，几乎所有在岗职工均在国有或集体单位就业。1984 年城市改革启动之初，只有 37 万人在非公有制单位就业，但到 2008 年，已经达到 4 766 万人，年均增长 22.4%，占城镇全部在岗职工的比重也由 0.31% 迅速上升到 41.39%。这个数字意味着，城镇在岗职工中有超过 40%的职工将接受体制外规则的约束，除社会基本价值和国家法律法规之外，非公有制单位的体制外规则也将在它们的组织化和制度化过程中发挥重要影响。

表 6—2　　城镇非公有制单位在岗职工人数及所占比重（1978—2008）

年份	城镇在岗职工总人数（万人）	非公有制单位在岗职工人数（万人）	非公有制企业职工占城镇在岗职业比重（%）
1978	9 499	—	—
1979	9 967	—	—
1980	10 444	—	—
1981	10 940	—	—
1982	11 281	—	—
1983	11 515	—	—
1984	11 890	37	0.31
1985	12 358	44	0.36
1986	12 809	55	0.43
1987	13 214	72	0.54
1988	13 608	97	0.71
1989	13 742	132	0.96
1990	14 059	164	1.17
1991	14 508	216	1.49
1992	14 792	282	1.91
1993	14 849	536	3.61
1994	14 849	747	5.03
1995	14 908	877	5.88

续前表

年份	城镇在岗职工总人数（万人）	非公有制单位在岗职工人数（万人）	非公有制企业职工占城镇在岗职业比重（%）
1996	14 845	942	6.35
1997	14 668	1 085	7.40
1998	12 337	1 628	13.20
1999	11 773	1 785	15.16
2000	11 259	1 935	17.19
2001	10 792	2 142	19.85
2002	10 558	2 563	24.28
2003	10 492	2 920	27.83
2004	10 576	3 287	31.08
2005	10 850	3 849	35.47
2006	11 161	4 264	38.20
2007	11 427	4 595	40.21
2008	11 515	4 766	41.39

说明：数据来自 1979—2009 年历年《中国统计年鉴》关于“就业基本情况”和“社会劳动者情况”的报告。

（二）产业结构调整

解放之初，我国是一个典型的农业国。为了加快工业化和现代化进程，在当时的政治和经济环境下，国家选择了“重工业优先发展战略”（林毅夫等，1994）。这样一种战略选择，从根本上决定了改革开放前的产业结构。那就是，工业尤其是重工业成为整个产业结构的重心，农业、轻工业和第三产业的发展受到严重抑制。1953—1978 年，我国工业总产值的年均增长速度为 11.4%，其中重工业为 13.8%，而同期农业总产值仅年均增长 2.7%。同一时期，国内生产总值年均增长 6.1%，但第一产业、第三产业增加值的年均增长速度分别只有 2.1%、5.5%，而第二产业则高达 11%，其中工业增加值为 11.5%，分别高出国内生产总值年均增长速度 4.9 和 5.4 个百分点。从世界历史来看，第二产业、第三产业依次成为整个国民经济的主导产业，是现代化进程的必然走势。但是，在改革开放前，在计划经济体制的高度控制下，这一现代化进程受到抑制。改革开放以来，国家在启动市场化进程的同时，也启动了产业结构现代化进程，将长期受到工业，特别是重工业压制的第三产业解放出来。

如图 6—1，从 1978 年到 2008 年，在国内生产总值的构成中，第三产业增长非常迅速，从 23.9%增长到 40.1%，提高了近 20 个百分点，而同一时期第二产业只上升了不到 1 个百分点，从 47.9%提高到 48.6%。与此同时，第一产业的比重则持续下降，从 28.2%迅速下降到 11.3%，下降了约 17 个百分点。第二次世界大战后，世界现代化的一个重要表现是从“工业社会”向“后工业社会”过渡，即第三产业比重超越第二产业成为整个国民经济的主导产业。目前我国虽然离“后工业社会”还有很长的距离，但无疑朝现代化的方向又大大迈进了一步。

产业结构的变动不仅具有重要的经济意义，而且具有重要的政治和社会意义。从国际上看，第三产业的发展往往与更加注重休闲和生活质量的生活联系在一起。相应地，会有大量以休闲娱乐而不是以生产为目的的社会组织涌现。随着产业结构的调整，中国同样出现了这一趋势。根据国家统计局关于 1986 年以来群众艺术馆、文化馆站业务活动及经费情况的统计，如图 6—2，在 20 多年的时间内，群众业余演出团队从 54 128 个增加到 75 021 个，增长 38.6%；总支出经费更是从 23 751 万元迅速增长到 653 613 万元，增加 26.5 倍，年均递增 15.5%。

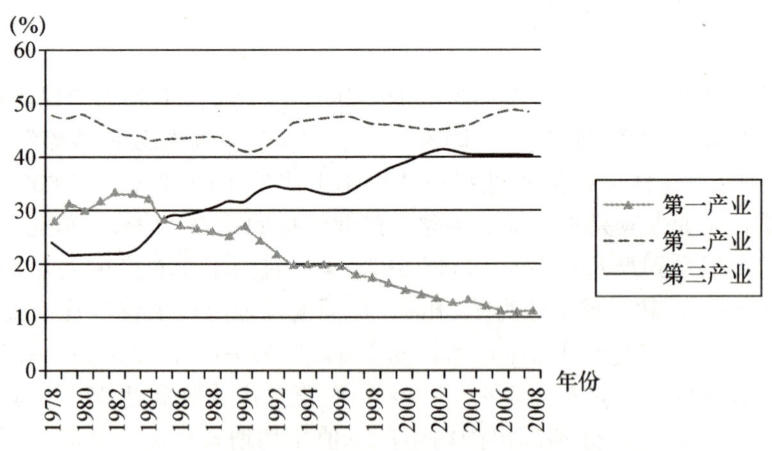

图 6—1　三次产业在国民生产总值中的比重（1978—2008）

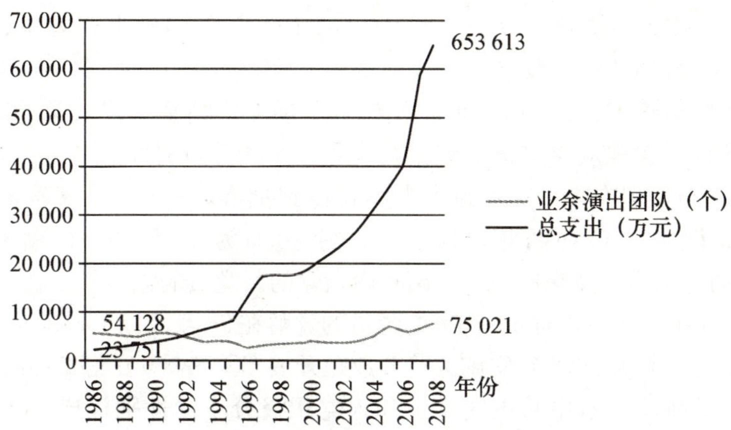

图 6—2 群众艺术馆、文化馆站业务活动及经费情况（1986—2008）

四、入党与结社：公民的政治参与

早在 1980 年，邓小平同志就郑重提出党和国家领导制度改革的问题，吹响了政治改革的号角。在改革开放过程中，政治改革受到党和国家的高度重视，将政治文明提到与物质文明、精神文明相并列的高度，将政治建设与经济建设、文化建设、社会建设并列为“四大建设”之一。政治改革离不开公民的政治参与，下面拟从公民政治参与的角度来管窥政治改革进程中组织和制度的变迁。

在现代社会中，公民的政治参与是以政党和结社的形式进行的。在中国，中国共产党是执政党，也是政治力量最强和民众参与程度最高的政党。因此，本报告将首先考察中国民众加入中国共产党的情况。除政党之外，民众志愿形成的其他社会团体也是政治参与的一种重要形式和一个重要基础，因此本报告还将考察民众志愿结社的情况。这里所使用的数据来自 2003、2005 和 2006 年度中国综合社会调查（以下分别简称 CGSS 2003、2005、2006）。

（一）入党

加入中国共产党是中国政治参与的一个重要组成方面，因为很多政治活动的介入是以加入中国共产党为前提的。首先来看中共党员在整个人口中的比例。在CGSS2005中，党员占总人口的10.8%，当年未调查申请入党情况；在CGSS2006中，党员占总人口的8.74%，总人口的12.69%曾经申请递交过入党申请书。CGSS2006特别调查了递交申请和正式入党的时间。利用这个数据，发现从递交申请到正式入党，平均等待时间约为2年，最长的等待了41年，但有30.01%的人当年就得到批准，另有36.77%和16.75%的人各等待了一年和两年，这三个数字相加为83.53%。也就是说，有83.53%的党员是在递交申请书后两年内入党的。党员的党龄最长者52年，平均为20.55年。其中，有68.73%的党员的党龄在28年及以下，即是改革开放以后入党的，因为1978年实施改革开放距开展CGSS2006正好28年。

下面分别看一看中共正式党员和入党积极分子的性别构成、年龄分布、城乡差异、职业差异和收入差异。

1. 性别构成

从党员的性别构成来看，如表6—3，男性占到70%以上，三次调查中分别为70.57%、74.82%和75.87%，而同期调查中男性的比例分别为48.13%，47.43%和46.15%。这表明，男性党员不管是绝对数量和相对数量上都明显高于女性。如果以是否递交入党申请书来衡量政治上是否积极，那么，男性无疑比女性要积极得多。在CGSS2003中，积极分子中男性占66.77%，而在CGSS2006中，男性占57.45%。不难看出，男性比女性更容易被接收入党。这直观地表现在，在CGSS2003和CGSS2006两个年份的调查中(CGSS2005未涉及此问题)，正式党员中的男女比例都明显大于入党申请者中的男女比例。如果用申请成功率来表示申请者最终被接收为正式党员的比例，那么，在CGSS2003中，男、女两性的成功率分别为71.36%和59.81%，平均成功率为67.52%；在CGSS2006中，上述三个数字分别为17.59%、4.20%和10.01%。男女两性在申请入党、正式入党和申请成功率上的差异到底是由个人原因造成的，还是由党组织的选拔机制所造成，需要进一步研究。

表6—3　　正式党员和入党申请者的性别构成

年份		正式党员		入党申请者		合计	
		人数	百分比（%）	人数	百分比（%）	人数	百分比（%）
2003	男	760	70.57	1 065	66.77	2 835	48.13
	女	317	29.43	530	33.23	3 055	51.87
	合计	1 077	100	1 595	100	5 890	100

续前表

年份		正式党员		入党申请者		合计	
		人数	百分比（%）	人数	百分比（%）	人数	百分比（%）
2005	男	838	74.82	—	—	4 919	47.43
	女	282	25.18	—	—	5 453	52.57
	合计	1 120	100	—	—	10 372	100
2006	男	673	75.87	5 092	57.45	4 685	46.15
	女	214	24.13	3 771	42.55	5 466	53.85
	合计	887	100	8 863	100	10 151	100

从申请到正式入党的平均等待时间，女性的平均等待时间为2.24年，男性为1.96年，男性短于女性。不过，这一差异在统计上并不显著。在党龄方面，女性平均为19.12年，男性为21年，显著长于女性。

2. 城乡差异

从城乡分布来看，如表6—4，城镇地区的党员都远远高于农村地区。在CGSS2005中，城镇地区的党员占74.29%，农村占25.71%；在CGSS2006中，城镇地区党员占68.99%，农村占31.01%。在申请入党方面，也是城镇高于农村，前者占72.24%，后者占27.76%。不过，农村地区的入党申请被接收入党的机会高于城镇，前者为76.62%，后者为65.48%，不过在统计上并不显著。

表6—4　　正式党员和入党申请者的城乡构成

年份			城镇	农村	合计
2005	被接收入党	人数	832	288	1 120
		百分比(%)	74.29	25.71	100
2006	被接收入党	人数	605	272	877
		百分比(%)	68.99	31.01	100
	申请入党	人数	924	355	1 279
		百分比(%)	72.24	27.76	100

再从城乡内部来看。图6—3显示的是城乡内部正式党员和申请入党者占各自总人口的比例。从中可以看出，在城镇地区，不管正式党员还是申请入党者，其占总人口的比例均显著高于农村地区：CGSS数据显示，2005年，城镇正式党员占城镇总人口的13.60%，农村正式党员占农村总人口的6.70%；2006年，这两个数字分别为10.07%和6.58%。从申请者来看，

城镇地区占15.38%，农村地区占8.59%。

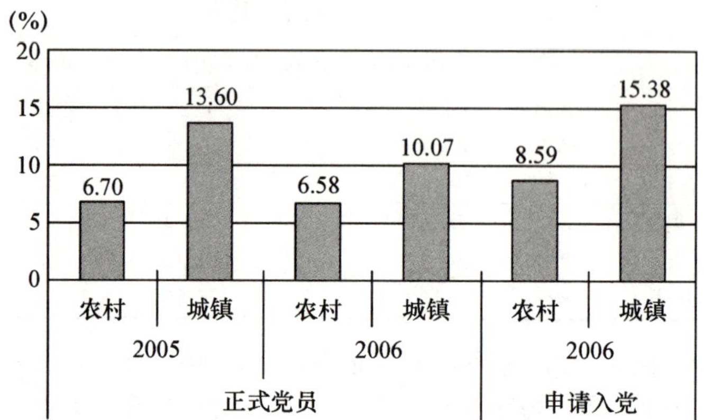

图6—3　城乡内部正式党员和申请入党者占各自总人口的比例

3. 职业差异

为了便于比较，这里用ISEI，即国际职业地位指数来考察中共党员的职业差异。由于CGSS2005数据没有提供ISEI值，这里只计算2003和2006年度CGSS数据。图6—4显示的是正式党员和申请入党者的ISEI分层。不难看出，如果根据ISEI把正式党员和申请入党者分成最低、中低、中等、中高和最高五层，那么，他们主要集中在中高层和最高层。其中，最高层占到40%以上。在2003年和2006年正式党员中分别占46.75%和46.38%，在2003年和2006年申请者中分别占39.86%和45.97%。

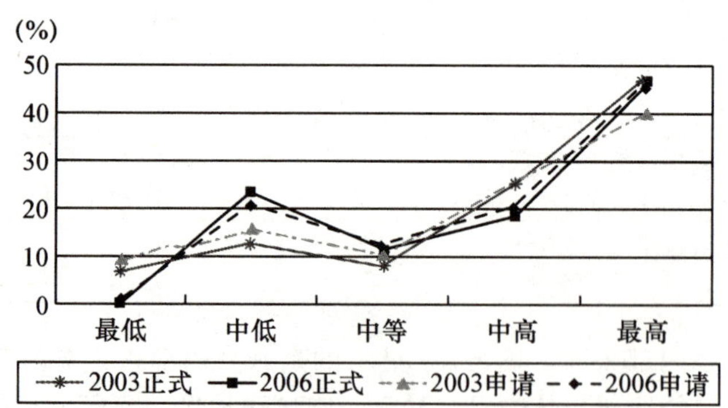

图6—4　党员和申请入党者的ISEI分层

如果考察一下各ISEI分层中的党员和入党申请者的百分比，那么，分

层的趋势就更为清晰。如图6—5，从趋势上，ISEI分层地位越高，其中党员和入党申请者的比例就越高。在CGSS2003（仅调查城镇部分）中，ISEI最高层中分别有50.83%的申请入党，有41.35%的人被接收入党；而在CGSS2006（同时调查农村和城镇）中，这两个数字分别为27.66%和19.78%。而在中高层中，这四个数字分别为32.66%、22.75%、14.41%和9.26%。

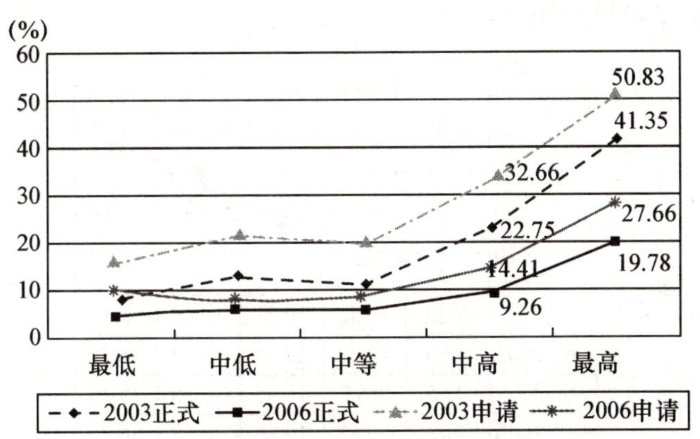

图6—5 各ISEI分层中党员和申请入党者的比例

4. 收入差异

从收入来看，党员也比非党员要高得多。图6—6显示的是2003、2005和2006年度三次中国综合社会调查中党员和非党员的年平均收入。如图所示，在三个年度中，党员的年平均收入分别为14 093、13 118和13 026元，远远高于同期非党员的8 727、8 252、8 597元和同期总人口的平均收入。

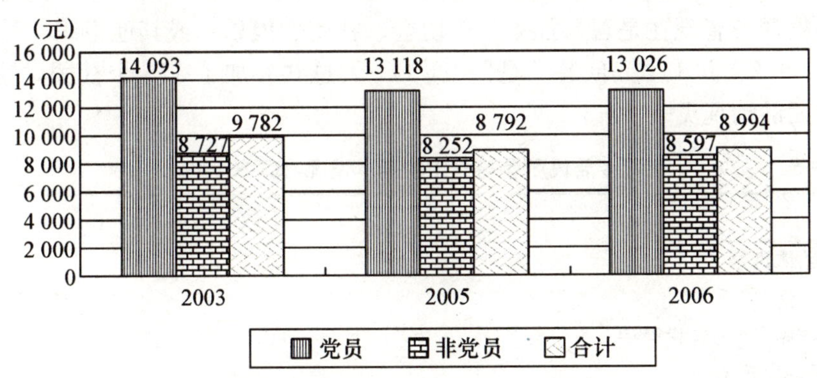

图6—6 党员与非党员的年平均收入

再看党员在各收入层的分布。如果将年收入从低到高分为最低、中低、中等、中高和最高五层，那么，如图 6—7，越是在高收入层中，党员的比例越高。在 CGSS 所涉及的三个年份中，最高收入层中的党员分别占党员总数的 36.36%，46.16%和 36.22%，而同期最低收入层中的党员仅占 4.5%、9.05%和 5.42%。在总体趋势上，随着收入阶层的提高，其中党员的比例基本上是单调递增的。

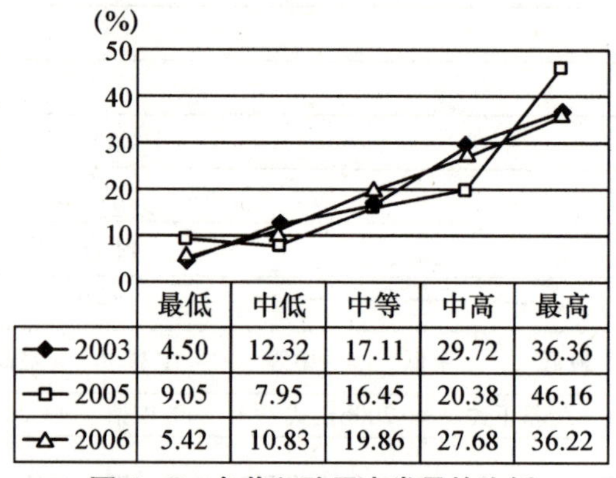

图 6—7 各收入阶层中党员的比例

（二）志愿结社

政治参与往往是以公民结社的形式进行的。活跃的、志愿性公民结社有利于促进政治参与。从调查来看，当前中国公民组织很不发达，政治参与一般不是以组织为基础，而是个体化的、非组织化的。CGSS2006 在调查中曾询问被调查者现在是否参加了某个协会、社团、俱乐部或其他组织，结果只有 1.39%、共 141 人回答“是”。这 141 人总共参加了 175 个社团，这 175 个社团的情况见表 6—5：

表 6—5 城乡居民所参与社团的基本情况（CGSS2006）

	个数	百分比（%）
团体性质		
生活/娱乐	55	31.43
群体/社区自我管理	27	15.43
国家/政治	18	10.29
经济/商业	12	6.86

续前表

	个数	百分比（%）
教育/科学/文化/研究	40	22.86
联谊/社交	15	8.57
其他	8	4.57
合计	175	100
国家拨款情况		
全额	28	16.00
大部分	20	11.43
少部分	28	16.00
完全自筹	76	43.43
其他	6	3.43
不适用	7	4.00
不知道	10	5.71
合计	175	100
挂靠单位情况		
无挂靠单位	52	29.71
无级别	34	19.43
股级/科级	12	6.86
副处级	8	4.57
处级	6	3.43
局级及以上	13	7.43
不适用	33	18.86
不知道	17	9.71
合计	175	100
人事任命情况		
上级部门任命	33	18.86
内部推选，报上级部门批准	35	20.00
完全由内部推选	72	41.14
其他	9	5.14
不适用	16	9.14
不知道	10	5.71
合计	175	100

从表 6—5 来看，城乡居民所参与的社团主要是生活和娱乐性质的，其次是教育、科学、文化和研究性质的。涉及政治的只有 10.29%，群体和社

区自我管理的也只有 15.43%。从经费来源看，尽管经费完全自筹的占到 43.43%，近一半，但国家拨款的，包括全额、大部分和少部分拨款，合计起来刚好也占到 43.43%。从挂靠单位来看，有明确挂靠单位且挂靠单位有国家行政级别（从科、股级到局级及以上）的，合计占 22.29%。而人事任命方面，完全由内部推选的占 41.14%，而完全由上级部门任命或内部推选，然后报上级部门批准的合计占 38.86%。由此可见，城乡居民不仅社团参与程度比较低，而且所参与的社团在人事、经费和管理方面都在较大程度上受国家控制。这表明，城乡居民的自我组织和志愿结社状况还有待改善。

五、社会管理体制变革

社会学的角度来看，改革开放前中国的组织制度体系是一个主要靠行政命令来协调的“再分配体制”。这个体制是一个以单一公有制为基础，以单位制、身份制和行政制为次级表现形式的、功能耦合的制度体系（李路路，1992）。在改革开放过程中，在所有制结构从单一公有制向多种所有制形式共同发展转变的同时，单位制、身份制和行政制都发生程度不同的改变。

（一）“单位制”

“单位制”是改革开放前我国政府施行社会治理的基本设置。所谓“单位制”是指所有成员都被组织到一定“单位”（在农村是“人民公社”）之中，并通过这个“单位”与国家、与社会发生联系这样一种制度设置。“单位制”不仅是一种社会治理方式，同时还是一种资源配置方式。因为在再分配体制下，尽管绝大部分资源名义上归国家或集体所有，但实际上往往沉淀在具体的“单位”之中。个人只有进入或依靠某一单位，才有可能现实地获得国家所控制的某些资源，从而获得具有社会合法性的社会地位。在另一方面，各个单位因其级别不同，在整个“单位”系统中的位置不同，它从国家手中获得的资源的多少、种类和资源分配的权限也不同。也就是说，各个“单位”也有不同的“社会地位”。由于个人的地位获得与单位是紧密相关的，因此，“单位地位”也就基本上决定了个人的社会地位。

在改革开放过程中，“单位制”由于受到市场的冲击而严重削弱。由于体制外出现了替代资源，单位所控制的资源在社会全部资源中所占的比重有所下降，相应地，单位对社会成员的生活和职业的决定作用大大减弱。这一点，从没有任何单位的个体劳动者数量的增长也可管窥一斑。如表6—6，1978年，我国城乡个体劳动者只有15万人，集中在城镇，只占城镇就业人员的0.16%，占城乡全部就业人员的0.04%。到2008年，城镇个体劳动者已经达到3 609万人，占城镇就业人员的11.95%；乡村个体劳动者也达到2 167万人，占乡村就业人员的4.58%。城乡合计来看，个体劳动力占就业人员总数的7.45%。

表6—6　　中国城乡个体劳动者发展状况（1978—2008）

年份	城镇就业状况			乡村就业状况			城乡合计	
	就业人员（万人）	个体（万人）	个体比重（%）	就业人员（万人）	个体（万人）	个体比重（%）	就业人员（万人）	个体比重（%）
1978	9 514	15	0.16	30 638	—	—	40 152	0.04
1979	9 999	32	0.32	31 025	—	—	41 024	0.08
1980	10 525	81	0.77	31 836	—	—	42 361	0.19
1981	11 053	113	1.02	32 672	—	—	43 725	0.26
1982	11 428	147	1.29	33 867	—	—	45 295	0.32
1983	11 746	231	1.97	34 690	—	—	46 436	0.50
1984	12 229	339	2.77	35 968	—	—	48 197	0.70
1985	12 808	450	3.51	37 065	—	—	49 873	0.90
1986	13 292	483	3.63	37 990	—	—	51 282	0.94
1987	13 783	569	4.13	39 000	—	—	52 783	1.08
1988	14 267	659	4.62	40 067	—	—	54 334	1.21
1989	14 390	648	4.50	40 939	—	—	55 329	1.17
1990	14 730	671	4.56	42 010	—	—	56 740	1.18
1991	15 260	692	4.53	43 093	—	—	58 360	1.19
1992	15 630	740	4.73	43 802	—	—	59 432	1.25
1993	15 964	930	5.83	44 256	—	—	60 220	1.54
1994	16 816	1 225	7.28	44 654	—	—	61 470	1.99
1995	19 093	1 560	8.17	48 854	3 054	6.25	67 947	6.79
1996	19 815	1 709	8.62	49 035	3 308	6.75	68 850	7.29
1997	20 207	1 919	9.50	49 393	3 522	7.13	69 600	7.82
1998	20 678	2 259	10.92	49 279	3 855	7.82	69 957	8.74
1999	21 014	2 414	11.49	49 572	3 827	7.72	70 586	8.84

续前表

年份	城镇就业状况			乡村就业状况			城乡合计	
	就业人员（万人）	个体（万人）	个体比重（%）	就业人员（万人）	个体（万人）	个体比重（%）	就业人员（万人）	个体比重（%）
2000	23 151	2 136	9.23	48 934	2 934	6.00	72 085	7.03
2001	23 940	2 131	8.90	49 085	2 629	5.36	73 025	6.52
2002	24 780	2 269	9.16	48 960	2 474	5.05	73 740	6.43
2003	25 639	2 377	9.27	48 793	2 260	4.63	74 432	6.23
2004	26 476	2 521	9.52	48 724	2 066	4.24	75 200	6.10
2005	27 331	2 778	10.16	48 494	2 123	4.38	75 825	6.46
2006	28 310	3 012	10.64	48 090	2 147	4.46	76 400	6.75
2007	29 350	3 310	11.28	47 640	2 187	4.59	76 990	7.14
2008	30 210	3 609	11.95	47 270	2 167	4.58	77 480	7.45

说明：数据来自1979—2009年历年《中国统计年鉴》中关于“就业基本状况”和“人口与就业”的报表。

不过，尽管“单位制”已经严重削弱，但近年来一个人引人注目的现象是，一些企业或组织利用在市场中的垄断地位，向其成员提供显著高于市场水平的工资、福利或其他待遇，形成一个个相对封闭的新的“单位”。

（二）“身份制”

“身份制”是我国改革开放前的又一个重要的社会管理制度。在高度集权的计划经济时期，国家赋予每个社会成员各种各样的“身份”。这种“身份”具有很强的先赋性，因而与现代社会很不协调，但它却实实在在限制着每个成员获取社会资源的数量和机会。这些“身份”主要包括三种：第一种是阶级身份。每个成员一出生，即根据其家庭血统获得了一定的阶级身份。那些获得地、富、反、坏、右身份的“黑五类”分子，在整个社会分层中将陷于万劫不复的境地，在历次资源分配过程中都只能“靠边站”。第二种是户籍身份。每个人一出生，即根据其出生地获得一定的户籍身份。不同的户籍身份的资源获得机会是大不一样的。一般来说，是大城市户籍的“含金量”高于中城市，中城市的高于小城市，小城市的高于小城镇，小城镇的高于农村。其中，最基本的分界是“市民”和“农民”的区分，即城市户口与农村户口的区分。具有城市户口的“市民”生、老、病、死都由国家包下来，而农民则只能由自己包下来。第三种是职级身份。国家将所有劳动者从高到低依次划分为三个等级：干部、工人和农民。具有干部身份的人，一般处于单位的上层，他们是国家政权的体现者，实际履行资源分配职能。工人不掌握资源分配权力，但他们能够享受国家给予的大量社会福利。相比之下，农民的社会地位最为低下，基本处于被剥夺的地位。在再分配体制下，三个职级身份之间的流动是非常困难的，工人被"提干"、农民被"招工"都是难得一见的事情。

"身份制"在改革过程中发生了根本性变化。首先，是阶级身份被彻底取消，对社会资源的分配和个人地位的获得不再有任何影响。其次，"干部"、"工人"、"农民"的职级界限基本消失，工人晋升干部、农民"晋升"工人，主要障碍在于个人的能力，而不在于"身份"。在三种"身份"中，户籍身份是最为顽固，并对个人的地位获得产生严重影响的一种身份。1978年以来，户籍制度也作了一些改革，主要是将一些日常生活消费品的获取与户口脱钩，但一些事关安身立命的关键资源和机会，比如职业、住房、入学等等，仍然受到户籍的极大限制。目前，户籍制度改革已经成为强烈的社会呼声。中央也已经把户籍制度改革提上了日程。各地都在积极探索户籍改革模式，一些地方已经取消城乡户籍差别。最近，周永康同志在《求是》杂志上发文，指出要"加快推进户籍管理制度改革，着力解决流动人口就业、居住、就医、子女就学等问题，探索'以证管人、以房管人、以业管人'的流动人口服务管理新模式，提升流动人口服务管理水平"。

（三）"行政制"

在计划经济体制时期，国家垄断了几乎全部社会资源。为了保证社会资源的有序分配，国家赋予每个单位以一定的行政级别，不管该单位的性质是政治的、经济的、社会的还是文化的。行政级别标明了该单位与国家权力中心的距离，标明了该单位在整个资源分配配置体系中的具体位置，标明了该单位对有关资源的处置权限。这就是所谓的"行政制"。通过"行政制"，国家把所有单位都纳入统一的行政管理序列中，使所有的单位都同资源分配中心——中央政府建立起具体的、操作性的制度化联系。"行政制"意味着，国家是整个社会资源分配的中心，国家权力是整个资源分配的主轴，整个社会的资源配置结构是"官本位"的。改革开放后，随着市场机制的引入，国家不再是唯一的资源配置方式，行政权力作为资源分配主轴的地位有所动摇，但总的来说，新兴的市场权力仍不足以同国家的行政权力相抗衡。下面仅以1978年以来国家财政收入的有关情况来说明国家与市场之间的关系，从中透视“行政制”在改革开放30年中的变革轨迹。

如表6—7，在改革开放初期，国家财政收入在整个GDP中的比重高达31.1%，这充分体现了计划经济体制高度集中的特征。随着市场化改革的深入，财政收入占GDP的比重逐渐下降，到1995年下降到最低点，为10.4%。此后又逐渐上升，特别是1998年分税制改革以后上升较快，到2008年已经达到20.3%。国家财政收入占GDP比重的不断升高，表明国家对整个社会资源的掌控能力越来越强。

表6—7　　财政收入占GDP比重及其在中央和地方之间的分配（1978—2008）

年份	GDP（亿元）	财政收入（亿元）	中央（亿元）	地方（亿元）	比重（%）		
					中央	地方	财政占GDP
1978	3 645.2	1 132.26	175.77	956.49	15.5	84.5	31.1
1980	4 545.6	1 159.93	284.45	875.48	24.5	75.5	25.5
1985	9 016.0	2 004.82	769.63	1 235.19	38.4	61.6	22.2
1990	18 718.3	2 937.10	992.42	1 944.68	33.8	66.2	15.7
1991	21 826.2	3 149.48	938.25	2 211.23	29.8	70.2	14.4
1992	26 937.3	3 483.37	979.51	2 503.86	28.1	71.9	12.9
1993	35 260.0	4 348.95	957.51	3 391.44	22.0	78.0	12.3
1994	48 108.5	5 218.10	2 906.50	2 311.60	55.7	44.3	10.8
1995	59 810.5	6 242.20	3 256.62	2 985.58	52.2	47.8	10.4
1996	70 142.5	7 407.99	3 661.07	3 746.92	49.4	50.6	10.6
1997	78 060.8	8 651.14	4 226.92	4 424.22	48.9	51.1	11.1
1998	83 024.3	9 875.95	4 892.00	4 983.95	49.5	50.5	11.9
1999	88 479.2	11 444.08	5 849.21	5 594.87	51.1	48.9	12.9
2000	98 000.5	13 395.23	6 989.17	6 406.06	52.2	47.8	13.7
2001	108 068.2	16 386.04	8 582.74	7 803.30	52.4	47.6	15.2
2002	119 095.7	18 903.64	10 388.64	8 515.00	55.0	45.0	15.9
2003	135 174.0	21 715.25	11 865.27	9 849.98	54.6	45.4	16.1
2004	159 586.7	26 396.47	14 503.10	11 893.37	54.9	45.1	16.5
2005	184 088.6	31 649.29	16 548.53	15 100.76	52.3	47.7	17.2
2006	213 131.7	38 760.20	20 456.62	18 303.58	52.8	47.2	18.2
2007	259 258.9	51 321.78	27 749.16	23 572.62	54.1	45.9	19.8
2008	302 853.4	61 330.35	32 680.56	28 649.79	53.3	46.7	20.3

说明：数据来自《中国统计年鉴》（2009）表2—1“国内生产总值”和表7—3“中央和地方财政收入及比重”。

从国家内部来看，财力又进一步向中央集中。在 1998 年以前，财力主要集中在地方。但 1998 年分税制改革以后，财力向中央集中，到 2007 年，中央财政已经占到 54.1%，2008 年略降至 53.3%。图 6—8 非常直观地显示了 1978 年以来国家财政收入占 GDP 比重以及中央与地方财政收入比重的变化趋势。除了财政资源外，国家还掌握着政策、法律、法规等其他社会力量所不掌握的资源。日益增强的财政资源与其他资源手段相配合，无疑会使国家，特别是中央政府，对整个市场和社会的驱动力不断增强。国家影响力的不断增强，自然也会使国家官员的“含金量”和影响力不断增强。这正是近年来整个社会感觉“官本位”正在回潮，甚至比改革前更强烈的原因。

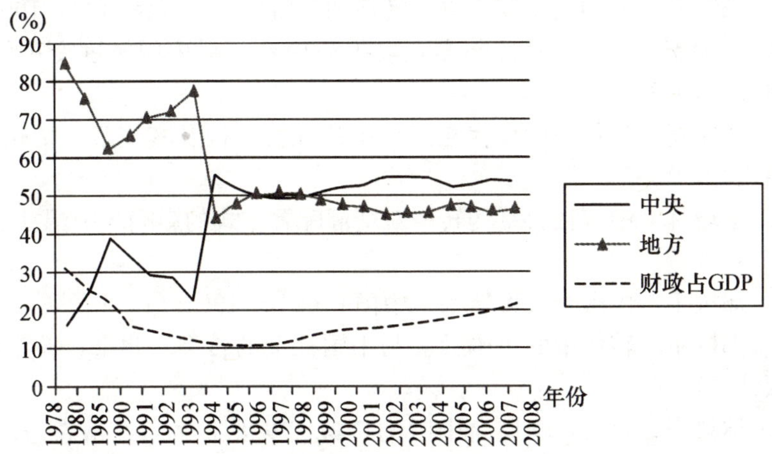

图 6—8　国家财政收入占 GDP 比重以及中央与地方财政收入比重的变化趋势（1978—2008）

结　语

1978 年以来，在国家主导的渐进式改革中，中国经历了深刻的、宏大的组织与制度变迁。贯穿这一场组织和制度变迁的基本线索，是党和国家面对国内外复杂形势，一方面在发展中坚持，另一方面在坚持中发展“动员体制”。在此过程中，党和国家在坚持四项基本原则的同时，不断创新观念、体制和机制。其中，最引人注目的是引入市场机制，逐渐打破计划经济体制，建构社会主义市场经济体系。市场化极大地推动了中国的现代化进程。在市场化与现代化的交互作用下，中国的基本经济结构、政治组织与公民参与、社会管理体制都发生了显著的变化，促进了社会主义制度的自我发展和完善，也极大地推动了中国的现代化进程。

参考文献

1. 邓小平. 邓小平文选. 2 版. 第 2 卷. 北京：人民出版社，1994

2. 杨瑞龙. 渐进改革与供给主导型制度变迁方式. 经济研究，1994 (5)

3. 杨瑞龙. 我国制度变迁方式转换的三阶段论. 经济研究，1998 (1)

4. 黄少安. 制度变迁主体角色转换假说及其对中国制度变革的解释. 经济研究，1999 (1)

5. 李路路. 当代中国现代化进程中的社会结构及其变革. 杭州：浙江人民出版社，1992

6. 李培林. 中国社会结构转型对资源配置方式的影响. 中国社会科学，1995 (2)

7. 郑杭生. 中国社会大转型. 中国软科学，1994 (1)

8. 郑杭生. 转型中的中国社会与中国社会的转型. 北京：首都师范大学出版社，1996

9. 林毅夫，蔡昉，李周. 中国的奇迹：发展战略与经济奇迹. 上海：三联书店，1994

10. 赵人伟. 对我国经济改革二十年的若干思考——特点、经验教训和面临的挑战. 经济社会体制比较，1999 (3)

11. 张宿堂等. 构建社会主义和谐社会的纲领性文件. 人民日报，2006-10-20，(1)

12. Apter，David Ernest. 1965. *The politics of modernization*. Chicago；London：University of Chicago Press

13. Logan，John R.，and Yanjie Bian. 1993. "Inequalities in Access to Community Resources in a Chinese City." *Social Forces* 72：555-576

14. Nee，Victor，and Rebecca Matthews. 1996. "Market Transition and Societal Transformation in Reforming State Socialism." *Annual Review of Sociology* 22：401-435

15. Nee, Victor, and Su Sijin. 1990. "Institutional Change and Economic Growth in China: The View from the Villages." *The Journal of Asian Studies* 49: 3-25

16. Nee, Victor. 1989. "A Theory of Market Transition: From Redistribution to Markets in State Socialism." *American Sociological Review* 54: 663-681

17. Nee, Victor. 1996. "The Emergence of a Market Society: Changing Mechanisms of Stratification in China." *American Journal of Sociology* 101: 908-949

18. Oi, Jean C. 1995. "The Role of the Local State in China's Transitional Economy." *China Quarterly*: 1132-1149

19. Oi, Jean Chun. 1999. *Rural China Takes off: Institutional Foundations of Economic Reform*. Berkeley: University of California Press

20. Walder, Andrew G. 1995. "Local Governments as Industrial Firms: An Organizational Analysis of China's Transitional Economy" *American Journal of Sociology* 101: 263-301

21. Walder, Andrew G. 1996. *China's Transitional Economy*. Oxford; New York: Oxford University Press

22. Zhou, Xueguang. 2000. "Economic Transformation and Income Inequality in Urban China: Evidence from Panel Data." *American Journal of Sociology* 105: 1135-1174

［经济社会］

第七章　市场经济道德基础的缺失与重建[①]

刘少杰*

中国市场经济赢得了快速发展，这已经举世瞩目，但以次充好、以假乱真，甚至坑骗顾客、牟取暴利，这些现象在中国市场中也是随处可见，这说明快速发展的中国市场经济缺乏健康的道德基础。面对中国市场经济道德基础缺失的普遍性和严重性，不仅应当深入揭示道德基础缺失的社会根源，而且还应当积极探寻培育市场经济道德基础的有效途径。

一、社会道德风尚低下的评价与根源

分析市场经济的道德基础，既要深入市场经济活动中，考察人们在市场交易行为中呈现的各种道德现象，也要在市场经济活动之外，了解人们对社会道德风尚的评价认同。因为无论何种时代的市场经济，一定是处于特定社会环境之中的，社会的道德风尚也一定会影响市场经济的道德基础，并且，

① 本章是教育部哲学社会科学研究重大攻关项目（05JZD0002）中期成果。

* 刘少杰，中国人民大学社会学理论与方法研究中心教授。

市场经济中的道德行为也一定会体现在社会道德风尚中。所以，从社会生活的一般层面上考察人们对道德风尚的评价，可以在更广阔的层面上把握市场经济道德基础的存在状况。

（一）社会道德风尚低下的评价

了解市场经济条件下的道德风尚问题，是我们在北京、上海、深圳和武汉等七城市开展意识形态问卷调查的主要内容之一。从近 3 000 份问卷的数据分析可知，大多数被调查者对市场经济条件下的道德风尚作出了处于较低水准的评价，由此可以看到当前中国社会道德问题的普遍性。

表 7—1 是从被调查者对自己社会地位的认同与对社会道德风尚的评价作出的相关性分析。从表 7—1 的统计数据可知，把自己认同为下层、中下层、中层、中上层和上层等五种社会地位的被调查者，其中自认为上层的被调查者同其他被调者之间的评价差别较大（他们之中认为社会道德风尚非常好和比较好的占 33.4%，认为社会道德风尚处于一般水平的占 26.7%，这两个统计数据是比较特殊的），但这部分人只有 15 人，占被调查者总人数的 0.5%，可以暂且不计。而把自己认同为下层、中下层、中层和中上层的被调查者占被调查者总人数的 99.5%，他们对当前社会道德风尚的评价没有太大的差别，这四类被调查者对社会道德风尚作出非常好和比较好评价的人数在 18.5%～25.9%之间，作出比较差和非常差评价的人数在 29.5%～38.6%之间，作出一般性评价的人数在 39.4%～48.2%之间。如果考虑到汉语习惯中的“一般”是一个低调的评价，那么可以看出，大部分被调查者对当前社会的道德风尚的评价是不乐观的，或者说表现了一种悲观的趋同性。

表 7—1　社会地位认同与对社会道德风尚评价的相关性

		下层	中下层	中层	中上层	上层	合计
非常好	人数 占比	9 3.2%	18 1.6%	22 1.7%	11 5.2%	1 6.7%	61 2.1%
比较好	人数 占比	53 18.8%	188 16.9%	266 20.8%	44 20.7%	4 26.7%	555 19.1%
一般	人数 占比	111 39.4%	537 48.2%	613 48.0%	92 43.2%	4 26.7%	1 357 46.7%
比较差	人数 占比	77 27.3%	322 28.9%	327 25.6%	57 26.8%	4 26.7%	787 27.1%

续前表

		下层	中下层	中层	中上层	上层	合计
非常差	人数 占比	32 11.3%	50 4.5%	50 3.9%	9 4.2%	2 13.3%	143 4.9%
合计	人数 占比	282 100%	1 115 100%	1 278 100%	213 100%	15 100%	2 903 100%

资料来源：2008 年全国七城市社会意识形态变迁调查。

如果说从被调查者社会地位的认同差别来分析社会道德风尚评价的趋同性，是在两个主观性指标之间的联系中开展的分析，那么从被调查者的职业类别来分析社会道德风尚评价的趋同性，则是一种把被调查者的职业身份的客观性同其道德风尚评价的主观性联系起来作出的分析。表 7—2 是把被调查者的职业类别同其社会道德风尚评价联系起来的相关性分析，从表中的数据可以看出：在对社会道德风尚作出非常好和比较好评价的两个指标中，除了三资企业从业人员和自雇人员分别有 30.4%和 31.4%的人数以外，其他各类职业人员占比在 18.0%～24.5%之间，差别不大。在对社会道德风尚作出比较差和非常差评价的两个指标中，除了公务员较低和教师较高以外(公务员占比为 21.3%，教师占比为 42.3%)，其余占比在 27.3%～33.9%之间，差别也不大。认为社会道德风尚处于一般状况评价的占比在34.8%～51.3%之间，均值为 46.8%，差别也不是太大。总之，不同职业的大部分被调查者对社会道德风尚给出的也是较低程度的评价。

表 7—2　　对社会道德风尚的评价与职业的相关性

		公务员	教师	管理人员	工程技术人员	工人	三资企业从业人员	自雇	其他	合计
非常好	人数 占比	9 2.3%	5 1.3%	9 1.9%	10 2.8%	6 2.7%	0 0%	4 5.7%	20 2.0%	63 2.2%
比较好	人数 占比	100 25.1%	65 16.7%	94 19.7%	55 15.6%	49 21.8%	7 30.4%	18 25.7%	171 17.2%	559 19.1%
一般	人数 占比	204 51.3%	155 39.7%	243 51.1%	169 47.9%	101 44.9%	8 34.8%	26 37.1%	466 46.9%	1 372 46.8%
比较差	人数 占比	73 18.3%	142 36.4%	108 22.7%	105 29.7%	57 25.3%	7 30.4%	21 30.0%	278 28.0%	791 27.0%

续前表

		公务员	教师	管理人员	工程技术人员	工人	三资企业从业人员	自雇	其他	合计
非常差	人数	12	23	22	14	12	1	1	59	144
	占比	3.0%	5.9%	4.6%	4.0%	5.3%	4.3%	1.4%	5.9%	4.9%
合计	人数	398	390	476	353	225	23	70	994	2 929
	占比	100%	100%	100%	100%	100%	100%	100%	100%	100%

资料来源：2008 年全国七城市社会意识形态变迁调查。

从上述两方面的分析可以看出，无论是联系被调查者对自己的社会地位认同，还是联系被调查者的职业身份，大部分人对社会道德风尚都作出了较低程度的评价。或者更具体说，近三千名被调查者中，对社会风尚给出非常差和比较差评价的约占 32%，给出比较低调（一般）评价的约占 47%，而认为很好和比较好的只约占 21%。被调查者对社会道德风尚作出的这种判断，是根据自己在日常生活中的亲身感受而作出的具有真实经验基础的判断，因此，这些判断是对现实社会道德风尚的真实反映。

（二）社会道德风尚低下的市场根源

肯定被调查者对道德风尚的较低评价是对社会现实的真实反映，这一点不难理解。问题的复杂性在于，人们对社会道德风尚作出较低评价的主要根据是什么？清楚地回答这个问题，既可以深入揭示社会道德风尚低下的根源，而且也可以明确培育健康道德风尚的途径。

应当承认，人们对社会道德风尚评价的现实依据是多元的，因为社会生活的各种领域、各种层面无不存在道德现象，人们每时每刻都要面临各种道德关系并作出各种道德选择，也必然作出内容复杂、褒贬不一的道德评价。然而，无论社会生活如何千变万化，也无论道德评价如何丰富多彩，总是存在某种主导因素规定着特定历史时期的社会变迁、道德行为和道德评价。马克思主义经典作家早就非常明确地指出，道德和道德评价都属于社会生活的上层建筑，而上层建筑的发展变化一定要到经济领域中才能找到它的根源。马克思主义的这个基本原理，对于理解中国社会道德的变化以及人们对它的评价，具有十分明确的指导意义。

回首改革开放30多年的中国社会发展历程，不难得出的结论是，市场经济的建立与发展是推动中国社会发生深刻变迁最根本的动力，在社会各种层面展现出来的道德风尚的变化，可以并且也只有在市场经济中才能够找到它的根源。中国市场经济的快速发展，不仅为社会创造了巨大的物质财富，使大部分社会成员的生活状况都发生了改革开放之前难以想象的崭新变化，而且也把长期在“单位制企业”中工作的城市职工和长期在集体生产队中劳动的农民带入了陌生社会，在陌生社会中遇到了种种新的道德关系。

单位制下的企业和人民公社制度下的农村生产队，是一个被组织起来的“熟人社会”，而市场则展开了一个熟人社会的各种原则在其中已经难以生效的陌生社会。虽然中国市场经济展开的陌生社会并没有同熟人社会完全脱钩，乡土关系、亲缘关系等熟人关系仍然在发生作用，但随着市场规模的扩大和交易行为的活跃，在经营者与消费者之间的陌生关系一定是不断扩展的，只是在那些需要合作的经营者之间保留着比较稳定的熟人关系。经营者和消费者之间的陌生人关系是市场最基本的关系，主要的商品交易和利润获取必须到这种陌生人之间的买卖关系中才能真正实现。所以，尽管中国的市场经济中还存留了熟人关系，但其中展开的主要是陌生人之间的关系。

改革开放之前的中国社会是一个重亲情、重伦理的熟人社会，刚刚从熟人社会中走出来的市场经济参与者，不仅迎来了川流不息的陌生人，而且他们在同陌生人打交道时也面对着各种前所未见的新关系。人们很快明白，在熟人社会中被置于人际交往首位的亲情伦理，在市场中必须让位于商品交易。亲情伦理是稳定的联系，而商品交易却要求尽可能快地转手流通。重亲情伦理会在稳定联系中崇尚道义，而重商品交易则必然追求在尽快流通中牟取利润。被儒家强调了两千多年的义在利先原则，在市场中被很多人颠倒了，甚至变成了取利忘义。

取利忘义固然是不道德的行为，但又不能这样简单地指责那些在市场中拼搏的经营者们。市场的本性是竞争和逐利，竞争和逐利一定要通过交易行为来实现，而交易行为不仅实现了商品交易，同时也展开着人与人之间的交往，这就注定要产生十分复杂的道德关系。所以，市场经济应当在能保证其健康运行的道德基础上进行。这个道理并不复杂，马克斯·韦伯对此已经作出了清楚论述。考察韦伯在《新教伦理和资本主义精神》中对资本主义市场经济的论述，同时思考中国市场经济发展中发生的一些秩序紊乱问题，可以

发现中国市场经济同西方市场经济相比存在一个先天不足：缺乏与之相适应的道德基础。

在韦伯看来，尽管宗教改革确立的新教伦理，并不是要为资本主义市场经济的发展提供道德基础，但是新教提倡的上帝面前人人平等、教徒应当敬重教育、学习科学、参与实业等原则却为资本主义市场经济的长期发展扫清了思想障碍、奠定了道德基础。韦伯的论述表明，资本主义市场经济的道德基础不是仅靠自身的力量确立起来的，新教伦理为之提供有效的道德基础，充分说明在市场经济之外为之确立道德基础的必要性和可行性。哈耶克论述了市场可以通过自发演化而确立自己稳定的秩序，而其主要内容是道德基础的建立，但他也意识到这要通过长期试错性探索而逐渐形成。

中国没有类似于新教改革的道德伦理层面的革命，中国市场经济缺少新教改革中形成的同其具有亲和力的道德基础。不过，这并不说明中国社会失去了其存在与运行的道德基础。在乡土文明、熟人社会中传承了两千多年的道德伦理，至今仍然以其超常的稳定性发挥着作用。问题的关键是，如何清醒地认识中国社会的道德伦理在市场经济展开的陌生关系中遭遇的冲击，具有强大惯性的道德伦理在什么样的关系或条件中还能发生作用?

二、陌生化程度与道德缺失的相关性

对中国市场经济道德现象的进一步研究发现，市场陌生化程度同道德缺失严重性是正相关关系，换句话说，一个市场的陌生化程度越高，这个市场的道德缺失问题就越严重，相反，市场的熟悉化程度越高，道德诚信就越能得到维持。我们对中关村电子市场和长春汽车配件市场道德诚信的比较研究，令人信服地证明了这一点。

(一) 高度陌生关系中的“转型交易”

中关村电子市场是中国最活跃、发展最快的市场之一，在那里为营销商们普遍采用的一个营销方式是“转型交易”，有很多人多次饱尝这种“转型交易”造成的坑害。有一位受访者王某，向我们讲述了他在中关村电子市场中遭遇的三次“转型交易”。

第一次是 2006 年 5 月，王某受外地亲属之托，在海龙电子城买复印机而遭遇的“转型交易”。人们都知道中关村的电脑、打印机和复印机等电子产品要比外地便宜很多，每台差价有可能在 500 元至 1 000 千元左右，并且型号要比在外地买的新一些。王某的亲属托他采购一台佳能牌复印机，他在海龙电子城中考察了几个店铺，后来准备在一家门面比较整洁的店铺中采购。一位自称张经理的青年人接待了王某，他向王某简要介绍了该店的佳能复印机后，然后就竭力劝王某买他们店经销的京瓷牌复印机，他向王某反复介绍了京瓷牌复印机在质量、性能和价格等方面的多种优势。张经理给王某一个老实诚恳的印象，最终王某接受张经理的诱劝花 6 000 多元钱买了一台京瓷复印机。

不到一年，王某给亲属代买的京瓷复印机出现故障，修理人员告诉王某的亲属，这台复印机的硒鼓是以旧翻新，所以用了一段时间就不能用了，需要更换硒鼓。京瓷复印机原装硒鼓的价格是 3 000 多元一个，这就意味着王某买的这台复印机被骗了接近 3 000 元。这是王某第一次接受了“转型交易”，但当时他不知道什么叫做“转型交易”，是后来有了进一步经历才明白了这一点。

王某经历的第二次“转型交易”是 2009 年 4 月。王某刚上大学的孩子要一台笔记本电脑，他带着孩子来到据说信誉比海龙电子城要好些的 E 世界电子城。在 E 世界第一层商场的一家惠普专卖店中看中了一台型号为：HP Pavilion dv3－2121TX 的笔记本电脑，王某的孩子对这台电脑的各项指标和功能都很满意。营销员报价 6 100 元，并说最低 5 900 元可以成交。双方谈妥后，王某和孩子跟着营销员到了该惠普专卖店设在 7 楼的营业室，营销员说交款提货，然后开箱装机。王某交了款以后，来了一位女技术员，向王某介绍这款电脑的各项性能，她特别强调王某应当注意的是：这款电脑原装 Vista 系统和 Office2007 办公软件，而 office2007 试用半年后开始收费，每月付费 200 元左右。王某听到这个情况，感到这款电脑不能买，每个月 200 元左右的使用费实在是一种沉重的负担，于是要退款。但该专卖店财会人员说钱已入账不能退款，营销员和技术员都向王某推荐换购另一种型号计算机。

王某在不能退款的情况下，只好听信营销员和技术员的建议，以 5 900 元买了一台型号为 HP530 的惠普笔记本电脑。王某和孩子回家后对这款电脑不太放心，试图上网进一步了解这款电脑的市场反映，结果发现自己又上当了。原来这是一款低端配置的笔记本电脑，太平洋电脑报价是每台 3 900～4 100 元，同王某买的同样电脑差价竟达 1 800 元。王某非常气愤，

找到E世界客服中心，客服中心以调解矛盾的角度把这家惠普专卖店的负责人找来，经过长达半天时间的交涉，其间几次吵翻，最后专卖店十分勉强地换了一台型号为HP6520s的笔记本电脑，属中等配置，王某又加了300元钱，比买HP530款式吃的亏能少些。这次经历让王某清楚地知道了电脑商们是怎样通过“转型”来欺骗顾客的。

2009年10月，王某又经历了一次“转型交易”。王某要为自己买一台出差用的笔记本电脑，有以前的经验，王某在去中关村电子市场之前，在网上详细考察了笔记本电脑的款式、性能和报价，特别是仔细了解了京东商城、当当网、易趣网和太平洋电脑报价系统对各类款式电脑的报价，最后确定买型号为Thinkpad X200 7457－CH2的笔记本电脑。这款电脑大部分网上报价是8 000元左右，王某在海龙电子城中的一家Thinkpad体验中心谈妥的价钱是7 800元。

第二天，王某携款去海龙电子城提货，途经鼎好大厦（也是一座规模很大的电子商城）一家名为雨辰Thinkpad体验中心的规模较大的联想电脑专卖店时，看到这家店也经销Thinkpad X200 7457－CH2款式的电脑，就顺便打听一下他家该款电脑的报价，没成想却被这家的营销员黏上了。当雨辰店的营销人员知道王某要买一款笔记本电脑后，就竭力劝王某在他们店买，并说可以按7 600元成交。王某同意在该店买电脑后，被带到该店的二楼营业厅。王某又遇到了同样的“转型交易”，交付电脑款以后，王某被告知：这种型号的电脑出厂时就已经预装了Vista和Office2007系统，半年后用户必须购Office正版软件，并且这款机器上网速度较慢，最好是换一台其他款式的电脑。王某告诉营销员，他已经上过这种“转型交易”的当了，坚持要买这台电脑，坚决不换其他型号的电脑。

见王某不仅不同意转换其他牌子的电脑，而且已经懂得“转型交易”的目的和招数，于是装机人员开始给电脑安装程序。令人奇怪的是，一台电脑竟然安装了3个小时还没装好，王某知道其中定有文章。但摆在眼前的机器确实是一台新机器，王某不知道问题究竟出在哪里。装机技术员再三劝王某换一台别的机器，王某执意不换，最后还是把一台没有安装好的机器拿回家了。第二天打开电脑，感到这台机器的运行速度简直慢得无法忍受，仅开机就要用10多分钟的时间。同事们都劝王某赶紧找经销商换购一台其他型号的电脑。后来王某打电话咨询联想客服中心，知道这种型号的电脑出厂时已经将各种程序内置在电脑中，不必再装其他系统。王某用一键恢复把出厂时的原装系统恢复了，结果电脑的速度很快，其他性能也都很好。王某这时才明白，原来是营销员和技术员的“转型交易”没实现，就给电脑安装了带有病毒的程序，所以电脑运行起来特别慢。

如果近几年到中关村电子市场买过电脑，大部分人都会遇到这种“转型交易”，因为“转型交易”已经成为几千家电脑营销商普遍采用的交易方式。“转型交易”是在海龙、太平洋、鼎好、E 世界等中关村几大卖场建立商品网上公开报价制度，经销商之间的竞争也越加激烈，高额利润难以获取的条件下，逐渐流行开的一种交易模式。“转型交易”具有很明显的欺骗性，但这种欺骗又能逃避法律责任。因为中关村电子市场实行议价制度，网上的报价仅仅具有给购买者提供参考的作用，而一种牌子的电脑往往几百款，十分复杂的品种类型和技术参数令消费者眼花缭乱，很难作出清楚判断。2009 年 11 月 4 日，仅海龙电子城一个卖场中经销的十种牌子的笔记本电脑就达 5 236 款（参见表 7—3），并且每款电脑的重要技术参数又有十几个，这种复杂的信息是消费者难以清楚把握的。对于那些从外地来到中关村电子市场的消费者，或一些对笔记本电脑还不熟悉的消费者来说，面对这些信息真是如坠云雾、难以理清。一旦消费者相信营销人员的话，放弃自己选中的电脑，营销人员就容易利用消费者对复杂信息的无知而获取暴利了。

表 7—3　　海龙电子城笔记本电脑款式数量统计

品牌	惠普	华硕	联想	Thinkpad	宏基	三星	戴尔	索尼	神舟	东芝	合计
款数	953	871	635	592	532	495	357	277	271	253	5 236

资料来源：2009 年 11 月 14 日海龙电子商城查价系统。

（二）陌生关系熟悉化中的诚信建立

2009 年 7 月，我们在长春汽车配件市场中开展了为期半个月的调查研究，发现这里的情况同中关村电子市场有很大不同。第一印象形成于我们去这个市场的出租车上，当问及出租车司机在长春汽车配件市场买配件上过当没有，得到了一个意外回答：“这里的配件什么质量的都有，店主能告诉买主各种配件的生产厂家，不同厂家的产品质量不一样，价钱也不一样，有钱买贵的，没钱买便宜的，骗人的不多。”这种回答在中关村实在很少能遇到，难道这里的市场道德同中关村不一样？

我们来到一家奇瑞汽车配件专营店，这家汽配店里有4个人，一个人在查阅电脑里的信息，好像是会计，另两个看上去是工人的在收拾汽车配件，一位被称为刘经理的人同我们交谈起来。刘经理告诉我们，他们除了经销奇瑞配件以外也经销其他牌子的汽车配件，主要有一汽捷达、天津夏利等低档车的配件。我们问刘经理为什么在店里见不到多少顾客，他说："我们的客主很少有直接到我们门市来采购的，都是在网上签订订货合同，然后我们包装配货发给他们。"

我们担心这种交易方式会不会发生质量、规格、价格、时间和按期付款等方面的问题，刘经理说："这方面的问题很少发生，以这种方式交易的客户都是同我们有几年甚至十几年交易关系的老客户，都已是熟人了，相互之间已经建立了牢靠的信任关系。"听到这些，引起了我们深入的思考，是因为变成了熟人而有了稳定的信任关系呢？还是因为建立了信任关系而稳定联系下去成为熟人呢？按常理，这两个方面应当是同时并进的。

长春汽配市场每天上午7时至9时的时间是最忙的，这个时间段是各个店铺向客户发货的时间。每个店铺都有一些直接到门市来采购汽车配件的客户，这种客户大部分是本地的汽车维修站点和个人车主，采购量不是很大。采购量较大的客户大部分是外地的汽车维修站或汽车配件经销商，是关系稳定的老客户，通常采取网上或信函签订合同，然后批发、配货、送货。一些店主告诉我们，他们非常注意维护同这些老客户的稳定联系，因为关系到汽车配件的销售范围和销售数量，而要想维护同老客户的交易关系，最根本的是讲诚信、重道德，这似乎已经成为汽车配件商的一个共识。

努力以诚信维护同老客户的交易关系，是长春汽车配件市场同北京中关村电子市场相比的一个突出特点。不过，这不意味中关村电子市场就不重视诚信了，在海龙、鼎好和太平洋等卖场中，对诚信的宣传要比长春汽车配件市场醒目得多，说明那里的市场管理者和经营者也懂得诚信是市场经营和发展的道德基础。但从交易行为的实际感受中，中关村电子市场给人的踏实感和可信度相差甚远。

是否可以说，中关村电子市场是一个高度陌生化的市场，而长春汽车配件市场则是一个努力把陌生关系熟悉化的市场？在高度陌生化市场中，那些从熟人社会中走来的电子商品经营者，不仅忘记了熟人社会中生成的诚信道德，而且也不知道陌生人社会中应当遵守的诚信道德；在陌生关系熟悉化的市场交易中，汽车配件经销商们还是在坚持熟人社会中形成的道德规范，以诚相待、恪守信用。

张军在对中关村电子市场的调查研究中，也发现了陌生关系熟悉化的现象，但主要发生在经营者之间。张军把经营者同顾客之间的交易关系称之为“外交易”，而把经营者之间的交易关系称之为“内交易”。在“外交易”中，“拉客”、“宰客”、“转型交易”等背弃诚信、不讲道德的交易行为已成为习惯；但在“内交易”中，经营者们凭借亲友、老乡、同行等熟人关系，形成很多注重诚信、相互支持的交易模式，如串货、赊账、搭桥等交易行为，都表现了较强的道德诚信关系。

综合中关村电子市场和长春汽车配件市场的情况，可以得出一个判断：当市场行为在较强的陌生人关系中展开时，经营者容易背弃诚信，市场道德水准较低；当市场行为在熟人关系或陌生关系熟悉化中展开时，经营者们却能恪守诚信，市场道德水准较高。如果这个判断成立的话，那么这表明，虽然中国社会已经开始了从传统社会向现代社会转型，以自然经济为基础的熟人社会正在遭遇以市场经济为基础的陌生人社会的冲击，但是市场经营者的道德观念并没有随之发生根本性质的变化，大多数市场经营者们仍然以在熟人社会中形成的道德原则支配自己的市场行为，而当他们面对陌生人社会时，不仅把熟人社会的道德原则搁置一边，而且不知道在陌生社会中应当坚守何种道德原则。这一点或许是中国市场经济道德基础缺失的一个症结。

三、有效培育中国市场经济的道德基础

事实上，很多学者已经对熟人关系中的道德原则给予了高度重视，尤其重要的是，一些身处西方“团体格局”中的思想家们也能注意从熟人关系或熟人群体对道德原则或道德秩序作出深刻思考，他们的思想观点对身处熟人社会之中的中国学者具有积极的启发性。是否可以根据中国熟人社会的道德伦理在市场经济仍然可以发挥作用这个事实，在传统与现实、熟悉与陌生的联系中探索培育中国市场经济道德基础的有效途径。

（一）感性群体与集体意识的理性思考

似乎迪尔凯姆也遇到了我们这里提出的问题，他关于以集体意识或集体

表象整合社会的论述，实际上主要在讨论感性的或具有熟悉关系的群体中的道德观念。在《社会分工论》中，迪尔凯姆针对劳动分工和市场竞争引起社会矛盾冲突的问题，论述了通过培育集体意识而实现道德教化，进而实现社会整合与社会团结。迪尔凯姆所处的正是欧洲市场经济迅速发展的时代，他也面临着究竟以何种价值原则和道德观念去整合因激烈追逐个人利益而导致社会分裂的问题。迪尔凯姆不仅批判了斯宾塞的极端个人主义，而且也批判了新古典主义经济学推崇的追求效益最大化的经济人的理性选择，认为应当努力培育集体意识，形成能把集体成员团结起来的集体表象，进而有效地化解矛盾冲突和社会分裂。

无论何种层面的集体，宗教团体、政治组织还是职业群体，都一定是具有稳定联系和社会边界关系的群体，特别是形成了明确集体意识或集体表象的集体，其稳定性和紧密性就更为突出。因此，相对于不断转换面孔的陌生的市场关系而言，集体是熟悉关系，也可以称之为熟人社会。在这个意义上，迪尔凯姆实质上试图以熟人社会的集体意识来为被市场经济分化甚至分裂的社会提供整合的途径。并且，迪尔凯姆所指的集体意识或集体表象，主要是以宗教规范、风俗习惯和仪式象征等感性形式表现出来的非正式制度。

迪尔凯姆是理性主义者，但同斯宾塞和新古典经济学从个体主义立场出发、仅在个人急功近利的理性选择中坚持理性不同，迪尔凯姆不仅从社会整体主义出发，在社会各种层面的整体联系中来坚持理性原则，而且作为一位实证社会学的奠基人，他注重对经验层面的社会现象的关注与考察，所以，他不仅看到了个体在陌生的市场经济中对利益的理性竞争，而且也看到了个体在熟悉的群体关系中的感性交往，看到了风俗习惯、仪式象征这些生动的感性形式对集体成员或社会成员的整合作用。

像迪尔凯姆这样注重从社会生活的整体联系和人们的感性交往来探讨社会整合的有效途径，在社会学史中能够找到很多学者，丹尼尔·贝尔就是一位典型代表。在《社群主义及其批评者》中，贝尔论述了社群在现代生活中的地位与意义，在他看来，尽管现代生活中的专业化行为和市场竞争会导致社会分化与矛盾冲突，但是，“我们首先是社会的动物，植根于我们生存的社会之中。”① 因此，“社群主义的理想强调，人既要有自己的生活，又需要

---

① ［美］丹尼尔·贝尔：《社群主义及其批评者》，18页，北京，三联书店，2002。

与安身立命的社群契合无间，唇齿相依。”[①] 贝尔讨论了三种社群：地区性社群、记忆性社群和心理性社群，这三种社群的共同特点是具有诚信、合作和利他的道德原则，而这也正是社群的本质要求。

更值得注意的是贝尔对心理性社群的讨论，心理性社群是一种“为信任、合作与利他主义意识所支配的、面对面的有人际交往的社群”[②]。“这些人参与共同的活动，并且在追求共同目标时感受一种心理上的‘共生共存感’。这种社群建立在面对面的交流上，由一种相互信任、合作和利他的原则支配着。”[③] 不难看出，贝尔所说的心理社群实际也就是交往频次较高的熟人群体，正是这种交往密切的熟人群体“通过灌输一种超越狭隘个人利益的对美好事物的关注的心态，很好地防范了社群主义最担心的那种霍布斯式的情景，即：一个分化的社会，人人相互对立，并易为集权所左右”[④]。

哈耶克在讨论怎样才能形成稳定的社会秩序时，也十分明确地论述了感性群体的意义和作用。在哈耶克看来，依靠理性计划建立社会秩序是行不通的，只有那些人们面对面交往、通过相互间的直接模仿和学习才能逐渐对某些行为规则达成共识，并按照这些共同认可的规则支配自己的行为，才能自发生成稳定的社会秩序。哈耶克把形成这种秩序的能力称为在本能和理性之间的能力，而在本能和理性之间的能力正是感性能力。他这样论述：

> 这种不寻常的秩序的形成，以及存在着目前这种规模和结构的人类，其主要原因就在于一些逐渐演化出来的人类行为规则，特别是关于私有财产、诚信、契约、交换、贸易、竞争、收获和私生活的规则。它们不是通过本能，而是经由传统、教育和模仿代代相传，其主要内容则是一些规定了个人决定之可调整范围的禁令（“不得如何”）。
>
> …………
>
> 我愿意用“道德”一词来定义那些非本能的规则，它使人类能够扩展出广泛的秩序，因为道德规则的概念，只有把它一方面同冲动和不假思索的行为相对照，另一方面同对特定结果的理性思考相比较时，才是

---

① ［美］丹尼尔·贝尔：《社群主义及其批评者》，84 页。
② 同上书，9 页。
③ 同上书，176 页。
④ 同上书，181 页。

有意义的。①

可见，哈耶克不仅强调了社会秩序只有在人们的感性实践中生成才有真实的基础和持续传承的根据，而且还认为既不同于本能又不同于理性的感性才具备使社会秩序或道德规则真正形成的能力。哈耶克的观点具有很重要的启发性，他的观点不仅是对人类经济社会发展史作出的清醒反思，而且也是对当代人类面临的社会矛盾与社会冲突作出的深刻思考。既不依靠无意识本能，也不单纯推崇理性设计，而是相信直面现实生活的每个社会成员都能真切形成的感性能力，认为只有凭借广大社会成员朴素的感性意识和感性行为，才能形成普遍遵守的道德规范和稳定的社会秩序。

迪尔凯姆、丹尼尔·贝尔和哈耶克三位西方学者，面对被梁漱溟、费孝通等人称之为团体格局、法理秩序的西方理性化社会，都能高度重视在感性群体中通过人们的感性能力形成道德规范或感性秩序的意义，而我们置身于具有久远的儒学感性教化和深厚的熟人社会传统之中国社会，则更应当清楚地看到感性群体及感性能力在化解因理性化追求而形成的道德扭曲和社会分化问题上的意义。

（二）培育市场经济道德基础的有效途径

为了保证中国市场经济的健康发展，中国学者也对如何有效培育市场经济道德基础开展了丰富的探讨：既有从市场自由主义立场出发试图通过充分竞争而优胜劣汰地优化市场环境，进而形成公平交易、协调共存的市场秩序的主张；也有发掘儒学精华，用新儒学的道德教化来培育市场经济道德基础的文化保守主义主张；还有强调政府责任、批评市场原则，倡导关注底层社会生存状况、抑制市场竞争的新左派主张。虽然这三种社会思潮相互否定、尖锐排斥，但从其三种主张中却能看到它们各有利弊得失。

市场经济以自由竞争为前提，否则，不仅公平交易难以维持，而且市场经济的活力也无从谈起；市场经济是交往经济，只有通过宽幅度、高频次的交易行为才能高效率地实现市场经济的效益追求，而这又说明人际间的道德伦理关系在市场经济中占有不可轻视的地位；中国的市场经济是社会主义市

① ［英］哈耶克：《致命的自负》，8～9页，北京，中国社会科学出版社，2000。

场经济，是政府调控下的市场经济，市场经济制度安排与资源配置都脱离不了政府意志。就此而言，市场自由主义、文化保守主义和新左派的主张都不是空穴来风，都有其存在的现实根据。

问题的关键是，中国的市场经济是中央政府和各级政府主导下的在传统思维方式和行为方式根深蒂固的社会中展开的社会主义市场经济，只有从政府、传统和市场的三重关系来分析中国的市场经济，才能比较真实地认识中国市场经济的矛盾，才能比较清楚地探寻培育市场经济道德基础、优化市场秩序的有效途径。虽然市场自由主义、文化保守主义和新左派在现实的经济生活中都能找到自己的根据，但是三者据守的根据在现实中不是分离而是统一的，统一的现实被分离性的据守，无疑会导致思想观念或政治主张的片面性。

从政府、传统和市场的三重关系来思考培育中国市场经济的道德基础和市场秩序，可以在陌生关系熟悉化的交易行为中得到一些有益的启示。某些经营者在陌生的交易关系中敢于采取一些不正当手段进行不公正甚至欺诈性交易，而在熟悉关系中却能注重公正、诚信，一方面表明市场经营者们的道德观念或道德原则还停留在中国传统社会、传统文化的水准上，还是站在熟人社会或伦理社会的立场上展开道德行为，也就是说，传统道德观念在市场经济中仍然起作用；另一方面，当这些市场经营者用这种道德原则去看待陌生化的市场交易关系时，他们不仅懂得在熟人关系中生成的道德原则不适用于陌生人关系，而且也找不到一种新的道德原则来支配自己在陌生关系中展开的交易行为，于是，陌生关系中出现了一个道德真空，“转型交易”也就可以肆无忌惮地普遍流行开来。

既然中国市场经济是由政府主导在传统文化或传统道德观念仍然根深蒂固的社会关系中展开的，传统文化或传统道德观念仍然在发生稳定的作用，那么各级政府就应当正视这种事实，努力在传统文化或传统道德观念中探寻市场经济道德基础的根据或资源。中关村电子市场和长春汽车配件市场的事实表明，可以通过促进市场交易行为从陌生关系向熟悉关系的转化而提升市场道德水准、优化市场交易秩序。政府或市场的管理部门应当提倡或促进市场交易行为中的陌生关系熟悉化，使市场经营者们清楚明确地认识到，陌生关系熟悉化不仅可以稳定他们同顾客之间的交易关系，降低交易成本、提高经营效益，而且还可以增强顾客对经营者的信任程度、优化市场道德关系、协调市场运行秩序。

其实，这一点经济学已经开展了相关研究。从博弈论和制度经济学的观点看，某种交易行为多次重复可以增强责任感、提高道德意识、维持公平原则、降低交易成本。陈国华等人把重复博弈看成中国市场经济信用建设的必由之路，他指出："一般而言，只要失信行为的短期利益小于长期利益的话，作为理性经济人的厂商是不会作这种决策的。另一方面他们也有着相当长的时间来表达自己的诚意，树立自己的声誉，减少道德风险，降低交易成本，从而以较低的边际成本获得较高的边际收益。因而以彼此间的信任为基础而进行的重复博弈所形成的合作关系终究会维持下去。"① 而重复博弈所形成的持续合作关系，也就是实现了陌生关系熟悉化，所以，经济学也认识到了陌生关系熟悉化的市场意义。

陌生关系熟悉化不仅表现在经营者和消费者之间的人际关系上，还应当实现于消费者同商品之间的关系中。"转型交易"之所以能在中关村电子市场中广泛流行，与电脑、手机和复印机等电子商品的品种、类型、规格以及其他技术指标比较复杂直接相关。电子产品十分复杂的指标参数，可以把非专业消费者搞得晕头转向，经营者可以凭借内行对商品信息"清楚"的优势，居高临下地欺压外行消费者的"无知"。所以，应当大力提高商品信息的透明度，包括商品的指标参数、价格行情、更新情况等方面的信息透明度，尽可能地减小信息不对称在市场交易行为中的影响。

陌生关系熟悉化还可以表现在"标识效应"或"品牌效应"之中。中国商界素有对"老字号"、"品牌店"、"名牌商品"的追求，其实这也是一种让商品、商业服务或商业企业在消费者中熟悉化的做法，其目的是在更稳定、更广泛的时空中赢得人们的知晓与信任，其中不仅有对商品及服务的质量和价值的了解，而且也包含着对经营者信誉和公平的认同。这种追求熟悉化的经营方式或营销策略，在本质上是同注重熟人关系的中国社会本质特征一致的。

总之，无论从经营者和消费者之间的人际关系看，还是从消费者同商品之间的人和物的关系上看，陌生关系熟悉化都有利于降低交易成本、提升道德水准、优化市场秩序，因此，这是一种政府或市场管理者应当努力推进、经营者积极实践的交易模式或交易秩序。并且，陌生关系熟悉化不仅应当是

① 陈国华：《重复博弈：走出信用建设"囚徒困境"的必由之路》，见全球品牌网，http://www.globrand.com，2009-04-01。

一种经营实践，而且更重要的应当是一种理想目标。实际的商品交易过程，一定是一个不断进入陌生关系的过程，并且，陌生关系展开的幅度越广、更新频次越快，市场交易行为越活跃，交易效益越理想。所以，陌生关系熟悉化不可能完全实现，它应当作为一种理想目标去引导经营者开展交易行为，进而使植根于熟人社会中的道德原则在陌生的市场关系中发挥作用。

参考文献

1. [法] 迪尔凯姆. 社会分工论. 渠东译. 北京：三联书店，2000

2. [德] 马克斯·韦伯. 新教伦理和资本主义精神. 于晓，陈维纲等译. 北京：三联书店，1987

3. [美] 丹尼尔·贝尔. 社群主义及其批评者. 李琨译. 北京：三联书店，2002

4. [英] 哈耶克. 致命的自负. 冯克利，胡晋华等译. 北京：中国社会科学出版社，2000

5. 费孝通. 乡土中国生育制度. 北京：北京大学出版社，1999

6. 刘少杰. 经济社会学新视野：理性选择与感性选择. 北京：社会科学文献出版社，2005

7. 陈国华. 重复博弈：走出信用建设“囚徒困境”的必由之路. 全球品牌网，http://www.globrand.com，2009-04-01

［法治社会］

第八章 社会转型期的群体性突发事件及其解决机制

郭星华 秦 强*

每一种类型的社会，都要面对自己特有的社会问题，传统社会是如此，现代社会也是如此。不过，从社会稳定性来考察，现代社会在民主与法制的社会控制机制之下，固然是一个稳定的社会；传统社会在沿袭下来的伦理道德、风俗习惯以及已有的社会制度控制之下，也是一个稳定的社会。但是，当代中国社会却是一个从传统社会向现代社会快速转型的社会，旧有的社会控制机制正在解体而失去效力，新建的社会控制机制因在建立和完善之中而效力不强。这种格局形成之后的结果之一，就是导致各种突发性的群体事件不断发生，各级政府疲于应付。这种情况已经对我国社会的安全运行构成了危险，必须认真应对。进入新世纪以来，我国突发性群体事件的爆发呈现频率加快、规模增大的趋势。近几年来，更是先后爆发了贵州瓮安事件、湖北石首事件、西藏拉萨事件、新疆乌鲁木齐事件等大型突发性群体事件，给国家和人民都带来了重大的人身财产损失，也是对我们的党和政府执政能力的

* 郭星华，中国人民大学社会学理论与方法研究中心教授；秦强，中国人民大学社会学系博士后。

严峻考验。因此，研究如何认识、应对以及化解这些突发性群体事件，不仅是维护社会秩序、保卫改革开放成果的需要，也是建设和谐社会的题中之义。

一、社会转型时期的群体性突发事件

改革开放以来的三十余年，是中国社会急剧变化的三十余年。在这三十余年中，中国社会经历了前所未有的一系列深刻改变，主要体现为我们正在由一个传统的人治社会向一个现代化的法治社会转变，我们正在由一个僵化呆板的计划经济社会向充满活力的市场经济社会转变，我们正在由一个封闭保守的乡土社会向自由平等的市民社会转变。所有的这一切都表明，我们现在正处于一个革故鼎新、激荡变革的社会转型时期。转型时期的社会一般都具有过渡性、阶段性和不稳定性的特征。一方面，传统的社会结构和社会秩序已经逐渐解体，对社会系统内的各组成部分的控制力逐渐减弱，而另一方面，新型的社会结构和社会秩序正在形成过程之中，还没有得到社会整体的普遍接受和充分认可。这样一来，在社会转型时期就会受到传统社会与现代社会的双重社会结构和社会秩序的影响，呈现一种过渡性和阶段性的特征。在这个过渡过程中，作为一个社会有机体，传统社会的各个组成要素与现代社会的各个组成要素之间必然会产生种种冲突和矛盾，这样，转型社会的社会系统内部自然也会产生种种冲突，从而造成转型社会的不稳定特征。这种社会冲突的集中体现之一就是转型时期的突发性群体事件。

对于群体性突发事件的概念，学术界众说纷纭，莫衷一是。通常认为，群体性突发事件是指由某些社会矛盾引发，特定群体或不特定多数人临时聚合形成的偶合群体，以人民内部矛盾的形式，通过没有合法依据的规模性聚集、对社会造成负面影响的群体活动、发生多数人间语言行为或肢体行为上的冲突等群体行为的方式，或表达诉求和主张，或直接争取和维护自身利益，或发泄不满、制造影响，因而对社会秩序和社会稳定造成负面重大影响的各种事件。① 近几年以来比较有影响力的群体性突发事件有：

① 参见苗贵安、王云骏：《从群体性突发事件看我国公民有序政治参与的路径选择》，载《四川行政学院学报》，2009（3）。

1. 贵州瓮安事件

2008 年 6 月 22 日，贵州省瓮安县三中初二（六）班学生、17 岁的李树芬被发现死于河中。公安机关作出“自己跳河溺水身亡”的结论，死者家属对此结论不满。6 月 28 日 16 时，死者家属邀约 300 余人在瓮安县城游行，最终导致暴力事件。游行者和警方发生了激烈冲突。事件中，瓮安县委大楼、县政府办公大楼 104 间办公室被烧毁。县公安局办公大楼 47 间办公室、4 间门面房被烧毁，刑侦大楼 14 间办公室被砸坏，县公安局户政中心档案资料全部被毁，42 辆警车等交通工具被毁，办公电脑数十台失踪。事件共造成 150 余人受伤，大部分为轻微伤，直接经济损失 1 600 多万元。

2. 云南孟连事件

2008 年 7 月 19 日上午，公安机关在云南省孟连县公信乡、勐马镇部分农村地区开展社会治安整治过程中，对勐马镇 5 名胶农实施抓捕时，遭到 500 多名胶农手持长刀、铁棍、锄头等工具围攻。冲突导致 41 名警察被打伤，9 辆警车被砸坏，民警使用防暴枪自卫，15 名胶农被打伤，2 人被击中致死。这起警民暴力冲突事件的背后，是当地胶农与橡胶企业之间错综复杂的利益关系以及由来已久的矛盾纠纷。

3. 甘肃陇南事件

因对陇南市行政中心搬迁存有疑虑，2008 年 11 月 17 日，当地 30 多名拆迁户集体到市委上访，随后大量群众聚集围堵市委大门，并转变为打砸抢烧的突发群体性暴力事件。这起事件共砸烧房屋 110 间、车辆 22 辆，市委大院各单位办公设施及其他损失 503.8 万元。

4. 出租车罢运事件

2008 年 11 月 3 日，重庆市主城区 8 000 多辆出租汽车全城罢工。7 日，湖北省荆州市数百辆的士集体停驶。10 日，上百名海南省三亚市出租车司机停止营运。同一天，甘肃省兰州市永登县上百辆出租汽车集体罢运。18 日，部分“挂靠”在云南大理交通运输集团的个体客车司机集体罢运，造成大量乘客滞留，全州的县际客运秩序一度濒临瘫痪。20 日，广东汕头 1 000 多辆出租车罢运。

5. 湖北石首事件

2009 年 6 月 17 日晚 8 时许，石首市公安局接到群众报警，该市永隆大酒店门前发现一具男尸。接警后，民警和技侦人员迅速赶往现场调查处理。经查，死者涂远高，男，24 岁，系该市高基庙镇长河村人，生前为永隆大酒店厨师。法医对尸体进行了初检，在对死者所住房间进行检查后，发现死者所留的一份遗书。家属对死者的死因表示怀疑，将尸体停放在酒店大厅，引来众多的围观群众。6 月 19 日，不明真相的群众在该市东岳路和东方大道设置路障，阻碍交通，围观起哄，现场秩序出现混乱。6 月 20 日凌晨，事态开始恶化。少数不法分子借机制造事端，在停放尸体的酒店内纵火滋事，并煽动不明真相的围观群众，袭击前来灭火的消防战士和公安民警，造成多名警察受伤，消防车被掀翻砸坏。

6. 拉萨“3·14”事件

2008 年 3 月 14 日中午，一群不法分子在西藏自治区首府拉萨市区的主要路段实施打砸抢烧，焚烧过往车辆，追打过路群众，冲击商场、电信营业网点和政府机关，给当地人民群众生命财产造成重大损失，使当地的社会秩序受到了严重破坏。事后查明，这当日，不法分子纵火 300 余处，拉萨 908 户商铺、7 所学校、120 间民房、5 座医院受损，10 个金融网点被砸毁，至少 20 处建筑物被烧成废墟，84 辆汽车被毁。有 18 名无辜群众被烧死或砍死，受伤群众达 382 人，其中重伤有 58 人。拉萨市的直接财产损失达 24 468.789 万元。

7. 新疆“7·5”事件

2009 年 7 月 5 日 20 时左右，新疆乌鲁木齐市发生打砸抢烧严重暴力犯罪事件，截至 7 月 10 日 23 时，事件死亡人数上升至 184 人，1 080 人受伤；260 余辆机动车被烧被砸，209 家店铺、门面和 2 幢楼房被焚毁，过火面积达 56 850 平方米。“7·5”严重暴力犯罪事件，给各族群众生命财产造成重大损失，给当地正常秩序和社会稳定造成严重破坏。

上述具有代表性的群体性突发事件的发生，实际上是社会转型时期由于新旧社会秩序的交替和社会结构的变革而引发的社会冲突的一种集中反映。群体性突发事件的频频发生既有社会结构自身不断发生变革、社会利益不断发生分化的原因，也有当地政府部门处理类似问题经验不足、能力不够，致使问题不断发生扩大的因素。

在现阶段，群体性突发事件的频繁发生是我国社会发展进程中必须正视的焦点问题，也是我们党和国家在领导社会建设过程中必须要重视的难点问题。在以前，群众运动都是在党和政府领导之下开展的，但是在社会发展到一定阶段之后，社会出现了新问题，类似于群体性突发事件之类的群众运动不再是党和政府领导下予以开展的，相反，现在变成了群众自发运动，运动

目标直指党和政府机关。群体性突发事件的出现是对党和政府执政能力和领导能力的挑战，它要求党和政府在新形势下必须正视群体性突发事件，从而从根源上解决群体性突发事件。在当前随着改革开放的深入进行，各种社会利益不断分化，社会矛盾不断产生，如何在发展的同时，及时有效地处理好群体性突发事件，已经成为事关党的执政能力建设和国家长治久安的一个重大问题。

二、群体性突发事件的理论阐释

从根源上看，群体性突发事件的产生有其深刻的社会原因。在社会学中，群体性突发事件的产生主要与风险社会理论和集群行为理论密切相关。群体性突发事件实际上是风险社会理论和集群行为理论在特定条件下的具体体现，群体性突发事件的产生在某种意义上也印证了风险社会理论和集群行为理论的预见性。

（一）风险社会：群体性突发事件的社会背景

风险社会理论（risk society）的主要创始人是德国著名社会学家乌尔里希·贝克，他在1986年出版的《风险社会》一书中集中探讨了有关风险社会的问题，使得风险社会的概念和理论成为全世界都普遍关注的一个问题。

贝克认为，风险是现代性的产物，具有现代性的特征，“风险的概念直接与反思现代化的概念相关。风险可以被界定为系统地处理现代化自身引致的违宪和不安全感的方式。风险，与早期危险相对，是与现代化的威胁力量以及现代化引致的怀疑的全球化相关的一些后果。它们在政治上是反思性的。”① 之所以说现代社会是风险社会，主要的理由在于：第一，产生于晚期现代性的风险，在本质上是与财富不同的。在风险社会中，风险会引致系统受到常常是不可逆的伤害，而且这些伤害一般是不可预见的。第二，由于风险的分配和增长，某些人比其他人受到更多的影响，由此，社会风险地位应运而生。在某些方面，这些现象伴随着阶级和阶层地位的不平等，但它们

① ［德］乌尔里希·贝克：《风险社会》，19页，南京，译林出版社，2003。

带来了一种完全不同的分配逻辑，或早或晚，现代化的风险同样会冲击那些生产它们和得益于它们的人。贝克举例说，生态灾难和核泄漏是不分国家和边界的，即使是富裕和有权势的人也在所难免。第三，虽然风险的扩散和商业化并没有完全摒弃资本主义发展的逻辑，但它使资本主义进入了一个新的阶段。这就意味着，随着对它自己释放的风险的经济发掘，工业社会产生了风险社会的危险和政治可能性。第四，你可以拥有财富，但必定会受到风险的折磨，因为风险是文明强加的。第五，社会认识的风险，包含一种特殊的政治爆炸力：那些迄今为止还被认为是非政治性的东西，开始变得具有政治性，自然和人类健康、市场崩溃、资本贬值、对工业决策的官僚化审查、新市场的开辟、巨额浪费、法律程序和威信的丧失，在风险社会中出现的是一种灾难的政治可能性。避免和管理这些风险可能包括对权力和权威的再认识。风险社会是一个灾难社会，在其中，异常的情况有成为屡见不鲜的情况的危险。①

由于现代化是一个自我创新的过程，因而工业社会也会被淘汰，这就意味着风险社会的出现。风险社会其实是指现代社会中的一个发展阶段。贝克认为风险社会的产生是“由于工业社会的自信主导着工业社会中的人民和制度的思想和行动。风险社会不是政治争论中的可以选择或拒斥的选项，它出现在对其自身的影响和威胁视而不见、充耳不闻的自主性现代化过程的延续性中。后者暗中累积并产生威胁，对现代社会的根基产生异议并最终破坏现代社会的根基”②。

从贝克对风险社会的论述可以看出，风险社会是社会发展一定阶段的必然产物，风险社会本身是社会形态的一种表现形式，是现代社会所不可避免的一种形态。在转型时期的中国，也体现着风险社会的特征，也存在着巨大的社会风险。改革开放三十余年来，中国的政治、经济和社会得到快速的发展，已经由传统的计划经济社会转向现代化的市场经济社会，但是在这个发展过程中，中国社会也开始具备风险社会的特征，开始出现了无法控制的新的风险，例如伴随着经济高速增长的是日益严重的环境污染，社会生态急剧恶化。因此，中国社会在急剧发展的同时，也给自身带来许多不可预料也无

① 参见［德］乌尔里希·贝克：《风险社会》，20～22页。

② ［德］乌尔里希·贝克等：《自反性现代化——现代社会秩序中的政治、传统和美学》，9～10页，上海，商务印书馆，2001。

法避免的社会风险。在这个意义上，中国实际上已经进入了高风险社会，存在着自然风险、结构性风险、制度性风险、技术性风险等诸多类型。对此，一个最突出的表现是群体性突发事件增多，这些群体性突发事件具有突发性、不可预测性和破坏性等特征，正符合风险社会的特征。所以，转型时期的中国具有风险社会的特征，而群体性突发事件正是中国进入风险社会的一个突出表现。

（二）集群行为：群体性突发事件的诱导机制

集群行为（collective behavior），也称为“集体行为”、“集合行为”。在社会学上，一般将各种人数众多、无组织的群体行为，称为集群行为。从社会规范的角度而言，社会主体的行为一般都处于特定的社会规范的约束之下，服从社会规范的指引，但是在特定的情况下，有些行为可能不受通常的社会规范的指导，这些自发的、无序的、无结构的、难以预测的群体行为，就可以称为集群行为。集群行为具有多种表现形式，如群众骚乱、集会、游行、罢工、种族冲突，这些行为之间可能相互影响，也可能互不相关。

从大众心理角度对集群行为进行开创性研究的是法国著名社会心理学家勒庞（Gustave Le Bon）。他认为，集群是一个组织化的心理群体，它形成了一种独特的存在，受群体精神统一定律的支配。在集群情况下，有些特点是为群体所独有的、孤立的个人并不具备的。造成这种现象的原因主要有：首先，即使从数量上考虑，形成群体的个人也会感觉到一种势不可挡的力量，这使他敢于发泄出自本能的欲望，而在独自一人时，他是必须对这些欲望加以克制的。他很难约束自己不产生这样的念头：群体是个无名氏，因此也不必承担责任。这样一来，总是约束着个人的责任感便彻底消失了。第二个原因是传染的现象，它也对群体的特点起着决定性的作用，同时还决定着它所接受的倾向。在群体中，每种感情和行动都有传染性，其程度足以使个人随时准备为集体利益牺牲他的个人利益。这是一种与他的天性极为对立的倾向，如果不是成为群体的一员，他很少具备这样的能力。第三个原因指的是易于接受暗示的表现，它也是上面所说的相互传染所造成的结果。所以，群体中的个人不再是他自己，他变成了一个不受自己意志支配的玩偶。孤立的他可能是个有教养的个人，但在群体中他却变成了野蛮人——即一个行为只受本能支配的动物，他表现得身不由己、残暴而狂热。①

继勒庞之后，对集群行为作出系统性研究的是美国社会学家斯梅尔塞(Neil Smelser)。作为结构功能学派的代表人物之一的斯梅尔塞受到了经济学的启发：产品生产过程中的各个阶段对最终结果都有不同的贡献，都是必需的。任何一个阶段的失败都会导致生产过程本身的终止，因此，每一个阶段都在最终产品上增加了价值。斯梅尔赛将这种价值累加（value added）的观念引入，提出了产生集群行为或社会运动必须依次出现的六个要素。他的价值累加理论假定，只有当六个特定要素在特定情况下结合起来或相互作用时才能导致集群行为的产生：(1）结构的有利条件。这一因素指出了集体行为在特定条件下成为可能的背景性因素。社会系统通过它们所提供的对行动的限制和机遇，阻碍、促进或帮助集体行为的发生。(2）结构性紧张。个体感知到社会系统在某些方面出了问题或充满压力。(3）一般化信念的增长和扩散。个体对他们感知到的结构性紧张作出解释，诊断出他们所面临的问题，并开出“药方”。(4）突发因素。它是集体行动的导火索。无论哪种紧张作用于互动情景，个体要围绕这些紧张动员起来，紧张就必须被表达为一些具体的或一系列的事件，通常一个戏剧化事件为集体行动提供了具体刺激。这样的事件可能证实一般化信念所表达出的恐惧，或者可能夸大结构性紧张的严重性。(5）参与者行动的动员。一旦前四个因素成立，行动就开始了。在动员过程中通常会出现一些相对模糊的行为规范和模式，涉及交流网络，以及在某些情况下领导和组织的出现。(6）社会控制的实施。它决定了前五个因素，并有助于确定集体行为的结果。② 只有当这六个特定条件在特定情况下结合起来或相互作用才能导致集群行为的产生，其中，最重要的还是社会控制能力，集群行为最终是否会发生取决于社会控制能力的强弱。

集群行为的产生需要一定的条件，一般认为，以下因素对于集群行为的产生具有至关重要的影响：第一，环境因素。作为一种群体性的行为，集群行为需要特定的环境场所，能够使得人们的行为产生积极的互动和交流。比较常见的场所如广场、大街、体育场等容易聚集的场所，在这些特殊场合之下，行为人容易受到刺激和感染，从而刺激了集群行为的产生。第二，社会

---

① 参见［法］古斯塔夫·勒庞：《乌合之众：大众心理研究》，49～52页，桂林，广西师范大学出版社，2007。

② 参见王瑾：《西方社会运动研究理论述评》，载《国外社会科学》，2006（2）。

角色的改变与行为的失范。集群行为是一种破坏性的行为，是对社会规范的一种破坏。在正常的生活和工作中，每个人都有自己的社会分工和社会角色，都有自己需要遵守的社会规范。但是，当很多人集合在一起的时候，个人的角色与规范就会湮灭在群体之中，个人的身份和角色就不再明显，取而代之的是群体身份，个人就感觉不到社会规范对个人的约束，这就容易导致集群行为的产生。第三，社会控制机制的减弱。集群行为实际上是对现有社会秩序的挑战和对社会制度的破坏，这种破坏性的社会行为之所以会发生与特定时期的社会控制机制的减弱有重大关系。如果社会控制机制比较强势，任何破坏现存社会秩序和社会制度的行为都会受到严厉的镇压，集群行为就很难发生。如果社会控制机制减弱并且趋于解体，那么就为集群行为的产生创造了有利的社会条件。因此，在社会转型时期，由于传统的社会控制机制趋于解体，而新型的社会控制机制还没有完全建立，所以，群体性突发事件会频频发生。第四，利益的相对剥夺。群体性突发事件是对现有社会秩序的挑战，原因在于人们认为现有的社会秩序不能满足其社会需求，其自身利益不能完全得到保障。这种利益有可能是经济上的利益，也有可能是自我价值实现的归属感。当人们认为没有完全拥有其应该拥有的利益时，就会产生一种自身利益被“相对剥夺”的感觉，就会在集体行为中将自己的不满发泄出来，从而导致集群行为的产生和急剧发酵扩大。

集群行为理论有效地解释了群体性突发事件中的参与者的心理状态。由于在群体性突发事件中，事态发展总是很突然，短时间内很多的人聚集在一起，这时集群行为效应就会显现出来。本来在现实中温文尔雅的个人，在集群行为效应的刺激下，往往会趋于暴力和狂热，所谓“集体无意识”、“集体无理性”描述的就是这种状态。在群体性事件中，个人的力量湮灭于群体中，个人的身份也隐藏于群体之中，行为的匿名性和情绪的传染性致使群体性中的个人会呈现出急剧的狂热状态，这种力量聚集起来就会对社会秩序造成极大的破坏。

三、群体性突发事件的成因与特征分析

（一）群体性突发事件的成因分析

风险社会理论与集群行为理论仅仅只是为群体性突发事件的发生提供了

理论上的可能性。作为一种具体的社会行为，在现实中，每一个群体性突发事件的发生都有其自身的特定条件，也有其特有的刺激因素，这些不同的因素聚合起来，在外界环境的刺激之下，就很容易导致群体性突发事件的发生。从整体上看，在现阶段导致群体性突发事件发生的原因主要可以归结为以下几个：

1. 社会控制机制的转化

我们现在处于社会转型时期，社会转型时期最大的特点是原来的制度结构趋于解体，而新型的社会制度还处于建构和完善之中，社会制度的变化造成了社会控制机制的转化。在社会制度还不完善的情况下，社会控制机制转化就意味着社会控制的弱化。新旧体制交替过程中不同社会群体的价值观念、行为方式和社会关系产生了变化，出现了许多新情况、新问题和新矛盾，必须建立相应的社会控制机制与之相适应，并有效发挥调整作用。但是，由于转型期社会结构的耦合性不强，容易发生结构性失衡，而社会整合与社会控制机制尚不稳定，社会控制机制相对滞后，社会整合与控制能力下降，社会秩序出现规范真空与控制失灵的状况。当各种问题和矛盾相互交错、相互影响、日趋激化，社会运行机制不能及时有效地进行调整和控制，就必然会导致大量社会失范行为的发生，严重时引发群体性事件。以往我们行之有效的社会控制机制的核心——单位制，即以档案制、户籍制、层级管理为手段的控制方式，随着社会结构的变迁，而逐步解体。在市场经济条件下，除了政府机关、军队和高校系统仍然带有单位制的特色之外，其余的人都游离在单位制之外了。这些游离在单位制之外的人，与工作单位的关系是雇佣与被雇佣的合同契约关系，工作单位除了在工作时间内对他们有约束之外，其他方面不能管、不愿管，也管不了。他们的言行只能依靠法律来约束，当法律不健全，或法律的权威不够高时，对他们行为的控制就变得很困难。这就是从人治社会向法治社会转型时，我们面临的困境。

社会控制机制的弱化对于社会发展来说是一把双刃剑，从积极的方面来说，社会控制机制的弱化意味着社会自由的增加和社会活力的增强。因为在原来的社会控制机制之下，人民的自由和利益会受到旧有社会格局的限制，传统社会中的既得利益群体会仅仅看护既有的社会格局，使得社会缺乏变革和创新。在这种旧有的社会格局或利益分配机制之下，社会资源无法得到充分的利用，社会的生机和活力自然也就无从谈起。而一旦这种旧有的社会控制机制弱化，那么对利益的诉求和对新秩序的渴望就会使得社会发展的积极因素活跃起来，重新使得社会充满生机和活力。社会控制机制的弱化在给社会带来变革的同时，也会带来一定的风险，这个风险主要体现在社会控制机制的弱化所带来的不稳定因素上。在旧有的社会秩序下，由于社会控制机制的存在，使得一切试图破坏现有社会制度和社会秩序的行为都要遭到强制性的镇压，在一定程度上维护了社会的稳定。当这种社会控制机制趋于弱化的时候，社会体系对个人的约束就比较困难，个人之间为了自己的利益或归属感就有可能采取一些对现有制度构成挑战的行为，而这种挑战制度的行为获得较多人的响应的时候，群体性突发事件就有可能爆发。因此，在社会转型时期，如何在旧有社会控制机制弱化的同时，尽快地建立起有效的新型社会控制机制，就成为我们必须解决的首要问题。

2. 利益群体、社会阶层之间的冲突加剧

按照功利主义的学说，每个人都是追求自我利益最大的动物，都具有趋利避害的天性。在以往的社会结构中，在整体利益、全局利益的名义下，各个利益群体、社会阶层的利益被掩盖和湮灭了，个人意识和群体意识还处在朦胧的未觉醒状态。所以，尽管旧有的社会结构只是在维护既得利益群体的利益，但是由于传统的社会控制机制的存在以及个人利益诉求的未觉醒，使得利益群体和社会阶层之间因为利益的冲突并不明显。而在社会转型时期，原来的社会结构即将打破，原来的利益分配格局自然也将打破。所谓改革，事实上就是利益格局的调整，就是按照新的原则来重新分配利益格局。在这种新的利益分配机制的建立过程中，个人的权利意识的觉醒是利益格局调整的原动力。通过思想解放，人们的个体意识和群体意识得以彰显，权利意识和利益意识得以觉醒。不同阶层的人开始为了争取不同的利益而起来抗争。从法律层面讲，为自己或为所属的群体争取合法利益，是现代社会赋予人们的权利。但是，在社会转型时期，由于利益分配机制的不完善，并不是所有的合法的利益诉求都能得到充分满足。在社会利益诉求机制不通畅以及社会纠纷解决机制不完善的情况下，这种争取利益的行为一旦受阻，或者这种行为超出了一定的度量界限，就有可能演变为突发性的群体事件。最典型的案例就是云南孟连事件，其起因与胶农和企业长期的经济利益纠纷有关。据孟连县副县长张鸿新说，孟连县的橡胶产业发展从 20 世纪 80 年代以来经历了两次改革，一次是乡镇企业改革，一次是股份制改革，但两次改革都不彻底。由于产权不清晰，管理不规范，利益诉求长期得不到解决。特别是随着近年来橡胶价格的不断上涨，利益分配纠纷逐渐激化。胶农长期以来对橡胶公司的积怨，逐步发展成为对基层干部、基层党委政府的不满。加之少数违法人员乘机挑唆、误导，在个别地方出现了围攻、打砸橡胶公司，甚至围攻县乡工作组人员，打砸公私财物，非法收缴群众费用，欺压群众等情况。致使基层政权不能正常发挥作用，群众正当利益诉求得不到及时调处，严重影响了当地社会治安稳定。因此，利益群体和利益阶层之间的冲突加剧，是诱发群体性突发事件的潜在原因。

3. 政府观念与应对机制滞后于社会发展

在社会结构发生了巨大变化的今天，我们的政府机构、政府官员的观念变化滞后于社会结构的变迁，我们在处理社会成员的个人利益和群体利益时，不仅对所发生的问题的严重性估计不足，在处理这类事务时也显得经验不足；而且观念陈旧，有时甚至用以往的思维方式来对待眼前的事件。这种现象，在社会学中被称为“文化堕距”，即在文化变迁过程中，观念文化变迁的速率落后于物质文化的变迁速率，从而在两种文化之间产生差异。这也说明，政府观念的更新与应对机制的创新，在今天仍然是一项艰巨的任务。群体性突发事件的发生固然有其内在的社会背景与社会原因，但是从形式上往往与政府观念的落后和应对机制的滞后有着重大关联。在观念上，很多政府工作人员没有从社会稳定与和谐的高度来看待基层稳定问题，对于基层群众的正当的利益诉求视为社会的不稳定因素，对于民众合法的利益抗争也总是采用警力予以强制镇压，使得警察在某种意义上成为政府镇压民众的暴力工具，在这种情况下，警民矛盾的对立自然十分严重。警民对立的背后实际是官民关系的对立。由于某些政府官员插手地方利益，压制民众利益诉求，使得自己不自觉地站在民众的对立面上。一旦发生了纠纷，这些缺乏公信力和权威性的官员会首当其冲地成为民众攻击的对象，成为爆发群体性突发事件的催化剂。因此，正确地转变政府观念，确立依法行政原则，建立起一系列符合现代社会新形势的应对机制是防止群体性突发事件爆发的重要手段。

4. 信息传播的高度发达

按照斯梅尔塞的理论，“普遍情绪的产生或共同信念的形成”是产生集合行为的基本条件之一。在现代社会，信息传播的手段丰富多样，信息的传播变得十分方便和快捷。一旦产生某种反社会情绪，不再需要以往那种口口相授或书信往来的方式，而是通过互联网的传播，很可能就会快速地蔓延开来，从而迅速地形成普遍情绪或共同信念。在网络时代，互联网作为一种新兴的信息传播平台，以其匿名性、自主性、平等参与性及公共性等方面的特

征，为网民的公共参与提供了一个绝佳的参与空间。[①] 在网络传播过程中，一些无法证实的信息尤其是谣言会很快地蔓延，成为刺激群体性突发事件爆发的催化剂。由于在社会进程中，社会信息的享有并不对称，掌握信息者可能没有或者不愿意将真实的信息公布于众，而众多的参与者渴求信息真相却无从得知。在这种情况下，捕风捉影或者空穴来风就成为集群行为中信息传播的一个突出特点，这就是谣言的产生机制。美国社会学家特·希布塔尼将谣言看作是一群人议论过程中产生的即兴新闻，谣言是一种集体行动。所以，有学者认为，在群体性突发事件中，谎言是诱发群体行为的导火索，谣言则是维系整个群体行为的纽带。谣言作为一种语言形式，反映了当时的民众心理，也触动了社会深层的机制，从这个角度讲，它有时的确会起到社会调节的正面作用，但由谣言而引发的集体行为所带来的社会负面影响也是显而易见的。谣言一旦出现，便不可遏制，必然会经历一个从酝酿到大规模传播再到消失的周期。在这期间，政府、团体、组织或个人请出权威进行辟谣、利用大众传媒进行辟谣、依照法律进行评判、用行动针锋相对地进行回击、找到可靠的消息来源进行澄清等等，都是预防、控制、处理和对付谣言的基本手段，也可以说是一种应对策略。谣言是不可能杜绝的，尽量降低谣言在群体性突发事件中的风险，是现代国家与社会管理者的责任。[②] 所以，从整体上看，网络社会中的信息传播机制的发达对于大规模的人群聚集有着直接的促进作用，尤其是谎言或者谣言的传播更是具有匿名性和免责性的社会心理，这就使得在群体性突发事件的进程中，谣言具有极为重要的推动作用。要想从各个方面在根源上消除群体性突发事件，必须要正视并解决信息传播机制尤其是谣言的传播机制问题。

（二）群体性突发事件的基本特征

作为一种群体性、突发性、破坏性的集群行为，群体性突发事件具有自己的典型性的行为特征。从来源上说，群体性突发事件的行为特征源于集群

---

① 参见任娟娟：《“网络正义”还是“网络骚乱”——从几起网络道德追杀事件看网民的集群行为》，载《社会科学论坛》，2008（3）。

② 参见乔晓征、朱力：《谣言在群体性突发事件中的发生机制》，载《江苏警官学院学报》，2007（1）。

行为的行为特征。一般认为，集群行为具有以下典型性特征：第一，自发性。集群行为的产生一般都是自发，尽管在某些特定的情况下可能会受到某些人或某些集团的挑动或者教唆，但通常情况下参加者都是自愿加入并实施集群行为的。第二，不稳定性，集群行为发生往往是因为突发事件而起，也往往会因为事件的解决或其他原因而平息，因而，集群行为通常只是一种短暂的现象。第三，无组织性。集群行为通常是一哄而起，缺乏明确的领导和组织架构。第四，情绪性。集群行为通常带有强烈的情绪色彩，缺乏理智的思考，容易受到群体或者其他人行为的影响。集群行为的特征实际上也就是群体性突发事件的基本特征，因为群体性突发事件实际上是集群行为的一个特殊表现形态而已。但是，作为一种特殊的集群行为，群体性突发事件又有自己的特殊之处。从整体上看，群体性突发事件的特点可以总结为以下几点：

1. 群体性突发事件的爆发通常是突然的，具有不可预测性

群体性突发事件之所以成为“突发事件”，是因为它是突然之间就爆发的，具有不可预测性，这也是群体性突发事件为何具有巨大的社会破坏性的原因之一。由于政府和社会对于群体性突发事件的爆发缺乏足够的经验和应对机制，因而，一旦这种突发事件爆发，往往会无法控制局势的发展，造成事态的恶化。当然，群体性突发事件的爆发尽管是突然的，但在群体性突发事件爆发之前，也不是毫无征兆的，肯定存在着这样那样的矛盾和纠纷，只是我们通常没有从群体性突发事件的高度去认识和重视这些矛盾和纠纷，致使这些问题逐渐加剧。例如，在湖北石首事件中，谁也不会想到，一个厨师的死亡会导致一个几万人参与的恶性事件的发生。群体性突发事件的不可预测性使得这类事件构成对社会秩序的潜在威胁，因为在风险社会中，一个很小的事件可能引发连锁的反应，会给社会带来严重的灾难。

2. 群体性突发事件通常是由一个导火索事件引发的

群体性突发事件尽管通常是缺乏严密组织领导、突然之间爆发的事件，但是，事件爆发往往都是由一个特定事件引发的，这个事件可以称作是导火索事件。通常情况下，群体性突发事件的爆发要经历一个从量变到质变的过程，是伴随着事态的逐步发展和一定程度的加深才逐渐得以爆发的。在事件的积累过程中，矛盾和纠纷在逐渐地加剧，为日后事件的爆发遗留了隐患。像贵州瓮安事件、云南孟连事件、湖北石首事件等群体性突发事件，事件的直接起因，都是因为个案而引发的，如贵州瓮安事件中的李树芬之死，湖北石首事件中的涂远高之死等。长期以来的矛盾积累遇到了一个导火索事件，

自然是瞬间爆发，一发而不可收拾。

3. 群体性突发事件的参加者情绪色彩强烈，非理性情绪强烈

在群体性突发事件中，个人的不满和积怨可以凭借群体的声音表达出来，这就使得群体性突发事件具有浓烈的情绪化色彩和非理性化倾向。根据社会心理学的研究，理性的个人在狂热的群体面前也会逐渐丧失其内在的理性，成为狂热的集群主义者。对此，勒庞有过精彩的论述："孤立的个人很清楚，在孤身一人时，他不能焚烧宫殿或洗劫商店，即使受到这样做的诱惑，他也很容易抵制这种诱惑。但是在成为群体的一员时，他就会意识到人数赋予他的力量，这足以让他生出杀人劫掠的念头，并且会立刻屈从于这种诱惑。出乎预料的障碍会被狂暴地摧毁。"①

一般来说，群体性突发事件的参加者通常是由利益相关者组成。由于牵涉自身的利益，因而这部分参加者情绪激昂可以理解，但是越来越多的"无直接利益相关者"的参与使得这类事件的发展更趋于复杂。从几起大型突发性群体事件来看，都有一个共同的特征，即有为数众多的"无直接利益相关者"的参与。原本只是由于"利益相关者"对某一事件处理的不满而引发的小规模冲突，正是由于有了他们的参与，不仅使得事件的规模增大了、破坏的烈度增强了，而且事件的社会影响力也增大了。所谓"无直接利益相关者"，是指那些参与突发性群体事件的人，本身与引发事件的起因无关，他们并非想从事件中得到实质性的好处，参与就是他们的目的。问题是，这些人从参与事件的过程中既然得不到利益，他们为什么还要参与，他们的动机是什么？

在正常的社会生活中，每个人的社会行为都会受到社会规范的制约，这些社会规范包括法律法规、规章制度、伦理道德、风俗习惯等等，所以法国启蒙思想家卢梭说过："人生而自由，却无往不在枷锁之中。"这里所说的枷锁，可以理解为各式各样的社会规范。"打砸抢烧"这样的行为，在正常的社会生活中是社会越轨行为，要受到社会规范的制裁，在现代法制社会中，将要受到法律的制裁。但是，在突发性群体事件当中，情况就发生了变化。在突发性群体事件当中，参与者是匿名的，这里所说的"匿名"是指参与者的社会身份（非指姓名）是隐匿的。社会心理学中的"匿名理论"认为，人们在匿名状态下由于不必担心受到社会规范的制裁（即我们平常说的"法不

---

① ［法］古斯塔夫·勒庞：《乌合之众：大众心理研究》，56页。

责众”），容易做出平时不敢做的违反社会规范的越轨行为，如“打砸抢烧”行为。所以，从心理层面来分析，“无直接利益相关者”参与突发性群体事件，实质上是人性丑恶面的一种宣泄。

从社会层面来分析，“无直接利益相关者”参与突发性群体事件，则是一种对社会不满情绪的宣泄。改革开放三十余年来，我国在取得举世瞩目的伟大成就的同时，由于贫富差距拉大、社会风气不正、官员腐败等不良现象的不断涌现，引起了人们的不满，也引起了各方面社会矛盾的激化。如果这些矛盾得不到及时的化解，这些情绪得不到有效的疏导，一旦出现了突发性群体事件这个表达的平台，有些人就可能在匿名状态下借此机会宣泄不满情绪，从而造成严重的社会后果。

四、群体性突发事件的应对机制

最近几年来，群体性突发事件之所以频频发生，一方面固然与我国处于社会转型时期，整个社会处于一种风险状态有关，另一方面也与当地政府对待群体性突发事件的态度和处理方式有关。由于群体性突发事件的发生是转型社会时期出现的新事物，因此，当地政府在处理这类事件时明显缺乏经验，缺乏应对措施和应急机制。在群体性事件出现后，政府首先想到的就是封锁消息，动用武力镇压，从而造成事态的激化。所以，尽管从根源上看，群体性突发事件的产生是社会发展到风险社会这一特定阶段的必然产物，但是由于群体性突发事件具有较大的破坏性，会对现有的社会秩序和社会结构造成较大冲击，因此，在现阶段，必须正视群体性突发事件，认清我们在处理群体性突发事件中存在的主要问题，明确群体性突发事件应对的基本原则，建立起群体性突发事件的应急反应机制，最终以制度建设为突破口，从根源上消解、减少群体性突发事件的发生。

（一）群体性突发事件应对的基本原则

群体性突发事件往往是由很小的一件事情引起，由于应对不及时，或者应对不适当，逐渐演化成有众多人参与的大事件。事件一旦发生，我们的政府官员往往惊慌失措，不知如何应对，导致事件愈演愈烈。这样的事例实在

是太多了，教训也太惨痛了。如果我们有相应的法律，我们的政府依法处置、果断行动，就有可能制止事件的蔓延、控制事态的发展。导致法律缺乏的主要原因，是我们习惯于将社会冲突划分为敌我矛盾和人民内部矛盾。对于敌我矛盾，我们往往敢于出手，果断平息；对于人民内部矛盾，我们一般采用说服教育、协商调解的方法。在新中国建立的初期，面对国内外的敌对势力，新生的人民政权这样划分社会矛盾无疑是正确的。但是，在建设现代法制社会的今天，这一思维定式就值得我们好好反思了。

在法制社会里，所有的社会行为都可以分为合法行为和非法行为。在法律的视野里，分裂国家、颠覆国家政权这样典型的“敌我矛盾”，与普通人杀人放火并无区别，都是犯罪行为，都要受到法律的严厉制裁。可是，为什么遇到群体性突发事件时，我们就不会处理了呢？说到底，我们还是缺乏依法治国的理念，普通老百姓的法制观念不强，政府官员的法制观念也不强。如果我们有相应的法律法规作依据，我们的政府官员有依法治国的理念，敢于在群体性突发事件发生的初期，就动用法律武器，许多事件就可以得到有效的遏制，许多悲剧就可以不再发生。依法治国是我们国家的基本方略，在处置群体性突发事件时也必须坚持依法处置的原则。有学者认为，依法处置要求做到三个方面：第一，必须以法律和法规为依据，而不能单纯依靠行政命令或长官的个人意志；第二，权力机关的处置决定与法律规定相抵触时，应当服从法律规定，而不是法律服从权力；第三，防止政府权力的滥用使突发性事件的冲突升温、扩大而被国内外敌对势力所利用。因此，应把应对群体性事件纳入法制化轨道。①

单纯从法律层面来看，我国已经制定了专门针对突发事件的法律，依法处理突发事件也具有法律依据，这个法律就是《中华人民共和国突发事件应对法》。该法已由中华人民共和国第十届全国人民代表大会常务委员会第二十九次会议于 2007 年 8 月 30 日通过，于 2007 年 11 月 1 日起施行。该法第一条开门见山就表明了立法目的：“为了预防和减少突发事件的发生，控制、减轻和消除突发事件引起的严重社会危害，规范突发事件应对活动，保护人民生命财产安全，维护国家安全、公共安全、环境安全和社会秩序，制定本法。”该法第三条对该法的适用范围作了规定：“本法所称突发事件，是指突

① 参见邹东升、胡术鄂：《群体性突发事件的依法处置与人权保障》，载《贵州社会科学》，2007（6）。

然发生，造成或者可能造成严重社会危害，需要采取应急处置措施予以应对的自然灾害、事故灾难、公共卫生事件和社会安全事件。”针对我国以前规定的应急措施较多地考虑有效性，存在合法性保障机制不充分的问题，《突发事件应对法》同时要着眼于应对突发危机行政措施的有效性和合法性。一方面立法需要授予政府足够的权力以有效地控制和克服危机，另一方面还要依法规范行政机关应急权力的行使，使政府能在法律的框架下处理突发事件，使国家和社会应对危机的代价降到最低限度。《突发事件应对法》就是着眼于提高政府应对突发事件的法律能力，明确在应急管理阶段，政府可以采取什么应急措施和依照什么规则采取这些措施。保证政府运用各种应急社会资源的行为，具有更高的透明度、更大的确定性和更强的可预见性。《突发事件应对法》的公布实施，对于规范突发事件应对活动，预防和减少突发事件的发生，控制、减轻和消除突发事件引起的严重危害，保护人民生命财产安全，维护公共安全和社会稳定，具有十分重要的意义。群体性突发事件作为突发事件的一种特殊表现形式，政府在处理时也必须依照《突发事件应对法》来进行。

所以，在法治社会中，群体性突发事件应对的基本原则应该是合法律性（legility）原则。合法律性原则包括两个方面的内容：第一，政府处理群体性突发事件时必须要依照法律的规定，不能滥用警力，违法行政。群体性突发事件的激化往往与政府权力的滥用和违法行使有着重大关系，因此，为了尽可能地化解群体性突发事件，必须要求政府的行为遵守合法律性原则。第二，在对群体性突发事件的参与者进行处理的时候也要坚持合法律性原则。对于参与者的合法利益诉求要给予支持，对于参与者虽然过激但是合法的行为要予以理解，不能动辄就诉诸武力予以强制镇压。但是对于一些明显违法的行为，如杀人放火、颠覆国家政权等犯罪行为，应当主动果断地根据法律采取紧急处理措施，防止危害结果的发生和扩大。

（二）群体性突发事件的应急反应机制

当代中国群体性突发事件的频发，既有时代变迁的原因，也有我们自身观念陈旧、机制滞后的原因。前者要求我们要有清醒的头脑，坦然面对，不必惊慌失措，也不能麻木不仁；后者则要求我们要更新观念，创新针对群体性突发事件的应急反应机制。只有这样，我们才能维护社会稳定、保证公共

安全、减小社会代价、促进社会和谐。从整体上看，在现阶段我国的应急反应机制仍然存在着如下缺陷：第一，应对群体性突发事件的体制尚未完全形成，在事件发生后，责任不明，应对措施不及时有效。第二，群体性突发事件的预防与应急准备、监测、预警、救援机制不够完善，使得群体性突发事件的预防工作远远没有起到应有的预防效果。第三，在社会中没有形成一种危机管理机制，社会公众在群体性突发事件中的参与性不足，自救能力较差，互救能力不强。因此，当务之急，必须要建立针对群体性突发事件的应急反应机制，能迅速平息事件、减小损失、防止事态恶化。这套反应机制的核心是法制，即通过立法，授予政府在面临骚乱时的紧急处置权，包括在发生暴力行为时动用强制力——国家的实质就是一种暴力机器，马克思主义的这一观点在社会主义初级阶段同样适应。遵纪守法，是每一个公民的义务；依法行政是政府的义务也是政府的权力，每一个法制社会都概莫能外。否则，社会秩序如何维系，无辜百姓的人身财产安全如何得到保障？此外，充分发挥政府新闻发言人制度和政府官方网站的作用，积极引导社会舆论，邀请新闻媒体报道与监督，毕竟，公开、透明是遏制谣言传播的最好方式，尽量将事态消灭在萌芽状态。我们要逐渐形成这样的氛围：有了利益诉求或不满情绪，必须通过合法的途径来表达，任何要挟或采取极端手段（如抬棺游行等）都是违法的。一旦那些采取极端手段的人得到了他们想要的结果（这些结果往往超出了正当的利益），就会产生示范效应、连锁反应，会被其他人所效仿，最后导致事态失控，群体性突发事件越来越多，破坏越来越大。

所谓的应急反应机制，是指为防止和处理突发性群体事件而建立的一整套专门的工作机构、工作程序和工作过程。建立这样的机制，要有两个前提。第一个前提是要建立健全相关的法律、法规，只有这样，才能使应急反应机制具有权威性和合法性。毕竟，现代社会的首要权威是法律权威，而不是政府权威或道德权威。在法律的轨道上解决群体性突发事件，能有效地减轻政府受到的压力，不至于出现民众与政府对抗的恶性局面。当然，在要求民众服从法律的同时，政府行为也必须符合法律规范。第二个前提是在借鉴国外经验的同时，要结合中国的国情，生搬硬套国外的经验是不可取的，我们以前有过太多的这类经验和教训了。有了这两个前提，我们就可以具体地建立应急反应机制了。

概括地说，应急反应机制包括预警机制、反馈机制和处理机制。其中，预警机制是指在对社情民意进行调查的基础上，对公共安全的形势作出综合分析与判断，在认为公共安全状态达到某种警戒阈值时，向有关部门发出公共安全危机的警报，以引起有关部门的警觉并采取有效防范措施的过程。预警机制对于防范出现大规模的群体性突发事件是十分必要的，也是十分有效的。建立预警机制，首先要建立一套公共安全监测指标，这些指标通常包含失业率、通货膨胀率等客观指标，也包括生活满意度、施政满意度、心理压力等主观指标。

反馈机制，一方面包括将预警机制所监测到的公共安全状况及时、准确地向有关部门上报；另一方面也包括在群体性突发事件发生之后，及时、快捷地向有关部门上报。前者是一项日常性的工作，后者是一种应急反馈。反馈机制必须是快捷、通畅和灵敏的，这样才有可能使突发性事件在发生的初期阶段即得到妥善处理，不致造成更大的社会影响和社会损失。否则，有可能会把小事闹大，甚至演变成社会动荡。

处理机制，这是整个应急反应机制的核心部分。处理突发性事件并不是某一两个部门的事，而是所有政府部门都要重视的。这些部门应该预先将可能发生的突发性事件分类，并作出对每类事件处理方式的预案。当然，公安局是处理群体性突发事件的主要责任部门，理应作出更为详细的处理预案。对群体性突发事件的处理，既是一个依法办事的过程，也是一个需要采用艺术性手段处理的过程。群体性突发事件与一般的事件不同，参与这类事件的人往往群情激愤，非理性的情感占据很大的成分。简单地依法办事不仅达不到良好的处理效果，往往还会火上浇油，促使事件向恶性化的方面发展。这时，采用艺术性的处理手段就显得特别重要。

总之，在当代中国社会，处理群体性突发事件将成为政府十分重要的一项工作，有关部门应该对此加强研究，建立有效的应急反应机制，以确保我们的社会持续、稳定、和谐地运行。

（三）群体性突发事件的解决机制

群体性突发事件是社会转型的一个必然产物，也是风险社会的风险体现。要想从根源上避免群体性突发事件的发生，必须针对群体性突发事件产生的原因，做好相应的应对解决机制。群体性突发事件的解决可以分为以下几个层面：

首先，针对社会转型时期的利益纷争，需要建立健全利益诉求机制。群

体性突发事件的发生大多与利益有关，社会转型的一个必然结果就是旧有的利益格局被打破，新的利益格局正在形成中，新的利益格局的形成其实就是一个利益博弈的过程。在这个过程中，需要建立健全利益表达机制、利益协商机制和利益保障机制。使得社会成员的利益要求都能通过正常的渠道表达出来，使得社会成员都能分享到社会发展的利益，使得社会成员合法的利益都能得到有效的保护。

其次，针对社会转型中的各种社会冲突和社会矛盾，需要建立健全纠纷解决机制。在社会的发展过程中，必然会产生各种社会冲突和社会矛盾，这是任何社会都无法避免的。尤其是在社会转型时期，各种利益冲突随着社会控制机制的减弱都会展现出来，这些利益如果得不到很好的解决，就会导致社会冲突的产生。一般的冲突可以通过社会纠纷解决机制予以解决，如通过调解机制、仲裁机制或者诉讼机制。如果一个社会的纠纷解决机制不健全，或者这个冲突非常尖锐以至无法通过现有的纠纷解决机制予以解决，那么就会导致一些新的社会冲突，如大规模的信访、聚集等行为，如果事件进一步激化，就有可能导致大规模的群体性突发事件的发生。

第三，针对群体性事件中的信息传播价值，需要建立健全信息公开机制。群体性突发事件爆发的一个重要因素是各种各样的谣言的传播，而谣言之所以会起到煽风点火的作用原因在于我们信息公开机制的不完善。当今社会是一个信息社会，信息已经成为每个社会成员必不可少的社会资源，尤其是在网络社会，信息可以在很短的时间内传遍全国。由于政府和网民信息掌握之间的不对称，大量的信息掌握在政府手中，如果在缺乏信息公开机制的情况下，网民就无法从正常的渠道获取信息，这时谣言就代替了政府信息成为信息传播的主要形式，就会加剧群体性突发事件的爆发和激化。因此，建立健全我们的信息公开机制对于化解群体性突发事件显得尤为必要。

第四，针对群体性突发事件产生中的群众不满情绪，需要建立社会危险疏导机制。群体性突发事件产生的直接原因是社会中存在不安定因素，因而，如何疏导社会的不满与社会的不安定因素就成为解决群体性突发事件的关键。对此，我们必须要追问人们为何会产生对社会的不满情绪，他们对哪些方面不满。关于这个问题，有许多研究成果，主要集中在四个方面：官员腐败、贫富差距过大、司法不公正、社会风气不正。其中，有些问题是社会转型时期不可避免的，有些问题则需要花大力气来治理。这些问题一日得不到治理，社会不满情绪就一日得不到平息，产生群体性突发事件的根源就一日得不到清除。改革开放的目的，并不仅仅是提高人们的物质生活水平，更重要的是提高人们的生活满意度和幸福感，建立人与人、人与社会、人与自然的和谐关系。一个不满情绪蔓延的社会，尽管享有丰富的物质生活，也绝不是一个良性运行的社会。所以，我们必须把对官员腐败问题、贫富差距过大等问题的治理，提高到维护社会安全运行的高度来对待。

在明确社会不满情绪的产生原因后，我们就要有效地疏导社会不满情绪。不管社会如何发展，总会有人对社会产生不满情绪，问题不在于如何完全消除不满情绪，而在于努力不使不满情绪成为社会的普遍状态。也就是说，让不满情绪成为少数人的情绪，而不是社会的普遍情绪。美国社会学家科塞曾经指出，社会冲突也是有正功能的，即对社会运行是有益的。但是，社会冲突要控制在社会可控的范围之内，当社会冲突大到一定程度时，应该有一个释放社会冲突的渠道，即要建立“社会安全阀机制”。同样地，我们也应该建立疏导社会不满情绪的机制，使社会不满情绪有宣泄的途径。社会不满情绪既可能成为促进社会发展的动力，但是，如果没有有效的疏导渠道，也有可能成为造成社会动乱的原因。建立不满情绪宣泄渠道的方法有很多，例如，利用互联网作为宣泄渠道，就是一个很好的方法。可以由各级政府设立网络平台，完全匿名发言，除了分裂国家的言论之外的任何言论，都可以发表，而且不追究发言者的法律责任。我们应当相信，偏激者总是少数，多数人还是有理性的。

总之，民主与法制、平等与宽松，是现代社会和谐、稳定的基础。对于群体性突发事件，只有治标与治本双管齐下，我们才能维护社会的秩序、促进社会的发展，实现民族复兴的伟大目标。

［思想文化］

第九章　社会观念和文化事业的发展现状及动向

陆益龙*

在复杂的社会系统中，人的思想和文化观念对社会行动产生重要影响。社会系统中的各种行动，受其背后的思想观念所支配或影响。人们思想及观念系统是在社会环境和生活实践中形成的世界观、价值观和人生观，人的观念系统由于受复杂因素的影响作用，因而也是一个复杂的系统。文化是社会系统中的重要子系统，是人们精神活动的总和。文化是由人们在社会实践中创造的，同时文化又影响着人们的社会行动。对社会观念及文化系统的考察，旨在把握维持及影响社会系统的行动背后的思想结构和动态，了解不同思潮和文化观念形成的社会机制，以及思想观念系统影响社会行动的机制，由此可对思想和文化观念系统进行积极引导，促进人们的思想观念朝着积极向上的方向发展，为社会的整合及协调运行奠定思想观念基础。

---

* 陆益龙，中国人民大学社会学理论与方法研究中心副教授。

一、2009 年思想文化领域的十大事项

2009 年对于中国来说是有着非常重要意义的一年，2009 年是新中国成立 60 周年，也是改革开放刚刚跨过 30 周年。在这不平凡的一年里，思想文化领域的一些重大事项尤为值得关注，因为这些事项不仅从一个角度反映了中国社会发展的现实，而且也在较大程度上代表了中国社会的精神风貌和动态。

1. 国庆 60 年庆典仪式

2009 年 10 月 1 日上午 10 时许，纪念中华人民共和国成立 60 周年国庆阅兵仪式隆重举行。中央军委主席胡锦涛检阅了数十个徒步方队、装备方队以及空中梯队。这次大阅兵是新中国成立 60 年来，军队装备数量最多、规模最大的一次全景展示。受阅部队展示了中国军队武器装备信息化建设的成果，展示了中国武器装备建设自主创新的能力。

阅兵之后又举行了盛大的群众游行，由 10 万各界群众、60 辆彩车组成的 36 个方阵和 6 节行进式文艺表演队伍依次通过天安门广场中心区，与广场上 8 万青少年呈现的背景图案相呼应，在长安街上展现了共和国流动的历史进程。群众游行以回顾中国共产党领导全国各族人民的奋斗史、创业史、改革开放史为主线，以“我与祖国共奋进”为主题，按照高举旗帜、展示成就和面向未来展开设计，分为“思想篇”、“成就篇”、“未来篇”三大篇章和七个部分。

国庆之夜，天安门广场举行了盛大的烟火联欢晚会。晚会由“和谐中国”、“腾飞中国”、“崭新中国”和“同歌共舞”四个联欢表演板块组成。党和国家领导人在晚会上走进联欢现场，与全场近六万群众和演员跳舞、联欢，整个广场变成欢乐、沸腾的海洋。这场晚会紧扣国家社会发展脉搏，充分发挥个人的自主性和创新性，突出体现政府“以人为本”的执政理念，用文化和艺术的形式盛赞祖国、振奋人心、促进团结。

仪式是人类文化的重要构成，仪式通过象征意义的创造促进社会成员的认同以及社会团结。在仪式过程中，参与者接受了严格规范的仪式行为的训练，并受仪式氛围的熏陶，其心灵和思想都得以净化和提升；与此同时，仪式的观众在观赏仪式活动过程中，实际上也在接受仪式行为及其所创造的象

征意义的教育。通过仪式教育，人们会把仪式所包含的规范和意义内化和神圣化。

国庆60年庆典仪式是2009年中国社会文化生活中的头等大事，首先，国庆庆典仪式的筹办和准备过程，凝聚了广大人民群众的齐心协力的合作，得到社会各界的通力支持。为了庆典仪式安全顺利地举行，各行各业、各阶层群众以各种不同方式提供了支持，所以，国庆仪式是对中国社会团结机制和团结能力的一次大演习。

其次，国庆庆典仪式展示了中华文明和文化的悠久与辉煌，展现了新中国在现代化建设中所取得的让世人瞩目的巨大成就，用更加充分、更加有力的事实向世人证明："中国人民已经站起来了！"仪式有力地唤醒了国内外华人的中华民族认同感和自豪感，让全国人民自信心和凝聚力进一步增强。

最后，国庆庆典仪式是一次爱国主义教育活动。无论是亿万名参与仪式活动组织、管理和演出的军队官兵、学生、各行各业的工作人员及各界群众，还是观看仪式的广大群众，经过庆典仪式隆重、盛大场面的熏陶，爱国主义热情不断高涨。国庆仪式之后，爱国热情激励着各界群众在各自岗位上团结奋进，也给处于国际金融危机寒意之中的人们带来了一股暖流。

2. 深入学习实践科学发展观活动

根据2008年《中共中央关于在全党开展深入学习实践科学发展观活动的意见》，计划用一年半的时间在全党开展学习实践科学发展观活动。因此，2009年是学习实践的关键年，中央提出学习实践活动的主题是：党员干部受教育，科学发展上水平，人民群众得实惠。各级各单位的党员分第二批、第三批参加了学习实践活动，活动主要分为学习调研、分析检查、整改落实三个阶段，各单位围绕如何积极应对国际金融危机的冲击，以及如何保增长、保民生、保稳定等重要任务，深入学习科学发展观的科学内涵、精神实质和根本要求，加深党员干部对科学发展观的科学内涵、精神实质和根本要求的理解和把握，进一步增强贯彻落实科学发展观的自觉性、坚定性，真正做到用科学发展观武装头脑、指导实际、推动工作。充分发挥党员干部在促进经济平稳增长、凝心聚力、提振信心、促进和谐中的带头作用，维护好经济发展的大局、深化改革的大局、社会稳定的大局。

作为执政党思想建设的重要活动，科学发展观的学习实践活动也构成2009年中国社会的思想文化领域里最重要的事项。因为通过这次活动，不仅把广大党员干部的思想观念统一到科学发展理念之上，而且也让广大百姓参与到学习实践活动中。广大群众作为参与者和检验者，既见证了学习实践活动，同时也进一步领会了“以人为本”、“科学发展”的真正内涵，更重要的是广大群众从实践活动中确确实实得到了实惠。

在深入学习实践科学发展观活动过程中，党员干部的理论学习和调查实践意识得到一定程度增强，这为学习型政党建设创造了良好氛围。在学习实践中，民生与发展问题受到高度关注，由此整个社会形成了促民生、谋发展的基本氛围，民生、发展也就成为社会的重要共识。在如何促进发展问题上，通过科学发展观的学习，中国社会也达成了重要共识，即依靠科学技术、自主创新以及深化改革，来促进人、自然和社会的和谐发展、可持续发展。

3. 第二届全国道德模范评比活动

2009 年是《公民道德建设实施纲要》颁布实施 8 周年。为集中展示公民道德建设的丰硕成果，广泛动员人民群众支持和参与道德建设，中央文明委决定由中央宣传部、中央文明办、解放军总政治部、全国总工会、共青团中央、全国妇联组织评选表彰第二届全国道德模范。

全国道德模范评选表彰活动于 2009 年 4 月至 9 月在全国展开，经过群众推荐、审核公示和群众投票、评委评选等程序，共评出 55 位全国道德模范，262 人获得全国道德模范提名奖。这次评选活动吸引了广大人民群众的积极参与，集中展示了近年来公民道德建设的丰硕成果，为庆祝新中国成立 60 周年营造了文明和谐的社会氛围。

道德模范的评选活动实际上就是运用道德榜样的力量，在社会中建构起公民基本道德规范及核心价值体系，发挥道德在促进社会认同，凝聚力量，促进团结、和谐与稳定中的积极作用。

中国社会在向现代的、市场的结构转型过程中，在社会秩序的建构与维持上，道德文化建设是基础，法制建设是手段。一个社会如果道德沦丧，社会必然涣散，再严厉的法律也只能达到治标不治本的效果。道德模范评比活动强化了市场社会中的道德意识，突出了在现代化进程中传统美德的永恒性。一个社会的发展不光是依赖物质的力量，人类精神的力量也是社会发展的重要动力。道德建设就是要帮助一个社会树立起向上、正义的精神，并通过这种精神力量将社会整合起来。

4. 湖北长江大学学生舍己救人

2009 年 10 月 24 日，湖北省长江大学文理学院学生在秋游时，发现附

近有 2 名儿童不慎落入江中，10 多名在场学生冒着生命危险冲入江中，救起儿童，而英雄集体中的陈及时、何东旭、方招三名大学生却英勇献身。

大学生英雄集体的见义勇为事迹在社会上产生了强烈的反响。通过这一事件，新一代大学生用他们的实际行动，向世人证明了“90 后”的独生子女一代有着胸怀祖国、心系人民的崇高思想，不惧危险、舍生忘死的英雄气概，团结互助、众志成城的优良品质。以往，媒体以及社会上常有关于“80 后”、“90 后”一代的讨论，一些媒体曾把家长送孩子报到现象误解为独生子女一代独立性和自主性缺乏的表现。然而，在长江大学 10 余名学生身上，这种怀疑完全可以打消。无论是“90 后”还是独生子女一代，其实他们并没有什么特殊的地方，他们同样传承了见义勇为、舍生取义的中华民族传统美德，他们同样有着齐心协力、团结合作的精神品质。

与大学生见义勇为的英雄行为呈明显反差的是，一打捞公司在事件中唯利是图、见利忘义、敲诈勒索。这一现象也暴露出中国社会在市场转型的过程中，企业的社会责任意识、道义感存在一定问题。一些社会问题和社会风险，如产品安全、生产安全等，其实都是与企业的社会责任意识淡薄有着直接关系。因此，在和谐社会建设中，企业的思想道德建设和企业文化建设需要引起重视，亟待进一步加强。

5. 整治互联网及手机低俗之风专项行动

2009 年 1 月，国务院新闻办、工业和信息化部、公安部、文化部、工商总局、广电总局、新闻出版总署等七部门联合在全国开展整治互联网低俗之风专项行动。此项行动的主要目的就是要采取更加有力的措施，坚决遏制网上低俗之风蔓延，进一步净化网络文化环境，保护未成年人健康成长，推动互联网健康有序发展。

2009 年 12 月，由中央外宣办牵头，会同全国“扫黄打非”办公室、工业和信息化部、公安部等九部门，采取了进一步深入整治互联网和手机媒体淫秽色情及低俗信息专项行动。

在整治网络环境的专项行动中，各地各部门按照中央关于加强网络文化建设和管理的重要指示，对互联网及手机上的低俗信息进行集中整治，对在网上传播淫秽色情及其他低俗信息的不法行为进行严格监管和严肃处理，对影响恶劣的网站以及非法传播信息的网站，依法进行处理。在此次专项行动中，广播电视总局对多家非法传播视听信息的 BT 网站进行了严肃查处，关闭了 BT 中国联盟等网站。美国谷歌搜索网站因为想规避中国政府依法对互联网环境的监管和整治，声称要退出中国市场。美国政府则将此事件政治化，暴露出美国借此干涉中国内政的真实面目。

在专项整治行动中，管理部门要求中国互联网协会等行业组织积极行动起来，组织动员广大网站要履行自律公约，倡导网站遵守法律法规、传播文明健康信息。将行业自律和公众监督结合起来，落实网络信息公众评议、公众举报等制度，动员网民群众对网上信息进行监督。目前，工业和信息化部的12321网络不良信息和垃圾信息举报受理中心网站（http://www.12321.cn/）和中国互联网违法和不良信息举报中心（http://net.china.cn/）正发挥着群众监督功能。

互联网及现代通讯手段的广泛应用，为民众的信息传递和社会生活带来极大的便利。任何先进的工具都具有两面性，如果先进技术得以合理使用，就会增进人类的福祉，如果先进工具被有险恶用心的人所用，则会给社会带来更大的风险。所以，中国政府采取的整治互联网环境的行动，对于促进互联网更好服务于社会、造福于人类非常必要。专项整治行动不是政治的，而是社会的、法制的行动。一方面，对互联网及手机不良信息的遏制是人民的呼声；另一方面，对违法和不良信息传播的遏制，是依法管理互联网、促进互联网健康发展的必要选择。

6. 社会各界悼念钱学森

2009年10月31日中国“航天之父”钱学森同志与世长辞。消息传出，立即在神州大地引起了强烈反响。社会各界怀着悲痛和敬仰的心情，用各种各样的方式悼念和缅怀这位为中国航天事业呕心沥血、贡献毕生精力的一代科学巨星。钱老一生波澜壮阔，充满了传奇色彩，5年归国路，10年“两弹”成。他对祖国、人民、科技和教育事业贡献了他所能贡献的一切，无愧为中国一代爱国科学家的杰出典范和代表。在他身上，人们看到了中国人的传统美德，坚韧、自信、勤奋、爱国、奉献。钱学森的精神赢得了世界的尊重，也感动和激励着中国的知识分子和科技工作者，为国家的繁荣富强而勇攀科技高峰。

各界群众自发参加悼念活动，不仅反映出人们对钱学森先生的敬仰，也体现了中国社会有着尊重科学，崇尚爱国奉献、自强不息，追求自主创新的风尚。人们在悼念钱老先生时，表现出了极大的爱国热情，对中华民族的复兴和国家大事给予了高度关注。针对钱老先生生前提出的如何培养创新型人才问题，社会各界掀起了对中国现行基础教育和高等教育的反思和讨论热

潮。所以，从这一意义上说，悼念钱学森活动是中国社会的一次自觉和反思过程，也是中国知识界的一次自觉和反思机会，更是中国教育界的自觉和反思机会。

7.《文化产业振兴规划》的出台

2009 年 7 月 22 日，国务院总理温家宝主持召开国务院常务会议，讨论并原则通过了《文化产业振兴规划》，标志着振兴中国文化产业正式列入国家产业调整与振兴规划范围之中，文化产业成为国家第十一个产业振兴与调整规划。这充分体现了国家对文化产业和文化事业的重视，对中国文化产业和文化事业的发展意义重大。《文化产业振兴规划》提出了以文化创意、影视制作、出版发行、印刷复制、广告、演艺娱乐、文化会展、数字内容和动漫等产业为重点，加大扶持力度，完善产业政策体系，实现跨越式发展。

随着后工业社会的来临，人们的文化需要将越来越丰富，越来越走向多元，这既对社会文化事业的发展提出了新要求，也给文化产业的发展带来新机遇。在全球产业结构的调整中，推动文化产业的进一步发展是重要内容。在市场化、全球化的时代，文化特别是民族文化的发展和传播，不仅能带动产业的发展，而且也是一国“软实力”的标志，文化产业和事业的发展犹如品牌的树立，对提升国家的国际竞争力和国际影响力意义重大。

《文化产业振兴规划》为未来几年中国文化产业发展确定了总体目标，其发布实施对中国文化产业的发展将起到巨大的推动作用。对于调整优化产业结构，提高自主创新和国际竞争能力，满足人民群众文化需要，提升国家软实力，有着十分重要的意义。

8. 纪念澳门回归十周年

2009 年是澳门回归祖国 10 周年。12 月 20 日，澳门各界举行了一系列庆祝活动，用不同方式展现和表达了回归 10 年来澳门所取得的辉煌成就。

经历亚洲金融风暴和国际金融危机的冲击，澳门的经济发展不仅没有停滞，反而以惊人的速度持续增长，各项事业取得新发展，整个社会充满了活力，市民对澳门的未来更有信心。澳门的经验和发展模式向世界展示和证明了“一国两制”、“澳人治澳”、高度自治方针的成功，也说明了澳门的繁荣发展与祖国的日益富强有着不可分割的联系，富强的祖国会给澳门的繁荣源源不断地注入新活力。与此同时，澳门回归 10 年来所取得的辉煌成就，也有力地说明了只要维护政治上的稳定，发扬爱国爱澳的传统，团结奋进，发展民生，就能够开创繁荣发展的新局面。

举行纪念回归仪式及各种庆祝活动，澳门市民能在参与中感受到发展所带来的喜悦，从而增强对祖国、对澳门的认同感和自信心；全国人民也可通过各种成就展和宣传活动，了解澳门回归祖国后的辉煌成就，增强祖国与澳门的联系。

9. 济南市举办第十一届全运会

2009 年 10 月 16 日晚，中华人民共和国第十一届运动会在山东省济南市隆重开幕。中共中央总书记、国家主席胡锦涛出席开幕式并宣布运动会开幕。第十一届全运会是北京奥运会、残奥会后我国举办的第一个大型综合性赛事，主赛区设在济南市，山东省其他 16 个地市均设有分赛区，共有 10 900 多名运动员参加 33 个大项、362 个小项的比赛。

十一届全运会组委会提出了“和谐中国，全民全运”的理念，东道主山东省为举办全运会付出了巨大努力，并进行了许多积极探索。他们将体育运动与精神文明建设紧密结合起来，将体育设施建设与城市建设很好地结合起来，发挥了体育运动在传播文化、促进社会和谐、推动经济发展中的积极作用。

10.“人文北京、科技北京、绿色北京”的提出

2009 年，北京市委市政府结合深入学习实践科学发展观，提出了建设“人文北京、科技北京、绿色北京”的首都发展理念。建设“人文北京”，就是坚持“以人为本”，使首都更具人文关怀精神；推进精神文明建设，提高城市文明素养；发展文化和教育事业，发挥首都文化中心作用。建设“科技北京”，就是将北京建设成为国家重要的创新城市，让科技渗透到经济、社会、文化各个领域之中，引领、融合、创造新的产业，使生产性服务业、信息化产业、信息服务业迅猛发展，社会管理、治安、旅游、文化等方面的科技含量全面提升，让科技造福人民。建设“绿色北京”就是要建设以资源环境承载能力为基础，以自然规律为准则，以可持续发展为目标的资源节约型、环境友好型社会，坚持走生产发展、生活富裕、生态良好的文明发展之路。

“人文北京”、“科技北京”、“绿色北京”理念的提出，充分体现出奥运会给一个城市发展和建设带来了丰富的精神财富和文化遗产；同时也意味着奥运理念已经顺利转化为城市建设与发展理念，标志着北京市新的城市精神品质的确立。

北京作为一个大国的首都，一个历史名城，要在全球提升自己的知名度

和地位，仅靠基础设施建设是不够的，还必须有自己特有的精神品质。对于任何一个城市发展来说，光靠经济建设和物质设施建设会有很大的局限，尽管经济的、物质的建设非常重要。如果一个城市忽视精神文化建设，那么其生命力将受时间的严重制约。正如人的有机体一样，身体的、物质的部分虽有时间的局限，但其精神文化部分则能超越时空的界限而具有永恒性。

所以，北京市将“人文北京”提升为城市建设与发展的核心理念，突出了城市精神文化建设和城市文明发展的重要性，对确立和发展首都的精神品质具有极其重要的意义，也是其他城市在发展和建设规划中值得参照的重要典范。

二、社会流行观念与核心价值观的建构

流行（popular）现象是一个社会在一定时期由较多人群遵从某种行为方式或具有相似选择的现象，流行既包含人们的从众心理，又超越于简单的从众心理，流行现象背后实际还包含一定时期内人们所接受和信奉的文化价值观念，因为任何社会行为的深层动机其实都在于一个时代或一个时期的价值观。

（一）2009年流行现象

聚焦2009年中国的思想文化领域，究竟有哪些流行现象呢？如果从流行色、流行语、流行文化三个方面看，我们可以发现2009年中国思想文化界有三个重要流行趋势：

1. 流行色——黑色

在2008年美国金融风暴的冲击下，2009年全球经济出现严重衰退，某种意义上说，2009年是全球经济的黑色一年。尤其在发达市场国家，人们对超前消费的消费主义文化开始反思。在对经济危机的反思中，人们似乎也变得沉稳起来，消费欲求大大减退，消费行为更加谨慎。与经济繁荣时期呈明显反差的是，那些艳丽的、夸张的色彩已经不是流行色，而黑色成了流行色。

中国经济虽风景这边独好，但全球经济危机的消极影响也是较为明显。

中国在有力的经济刺激计划作用下，迅速走出衰退的低谷，并维持了超过8%的快速增长。但是，不可否认的事实是，中国居民的消费需求也或多或少受国际经济危机的影响。尤其是国际金融危机的出现，对中国证券市场来说犹如黑色星期一。证券市场的巨幅震荡影响了城镇居民的投资和消费观念，人们的投资和消费都变得更为谨慎起来。谨慎、担忧的社会文化氛围造就了 2009 年的沉稳气质，表现在流行现象上则是黑色成为流行色。

2. 流行语——雷人

在当今网络发达的时代，网络语言成为重要社会语言现象。网络语言是网络世界人们交流使用的语言，它与现实世界人们所使用语言没有本质差别，只是形式上有些微差异。因为人们在网络世界的交流互动方式毕竟与现实社会中的有一些不同，现实中的社会互动通常是面对面的，或是在熟悉的、见过面的人之间进行；而网络社会的互动是与虚拟对象的互动，人们在互动中并不知道对方是什么样的，即使能见到形象，也不知道是否是真实的。所以说，网络世界的交往情境与现实社会的互动情境有所差别，与此同时，网络互动又成为当代社会生活的重要组成部分，尤其是对于 3 亿多网民来说，网络交往行为是其社会交往的一个部分。由于网络交往情境的特殊性，人们使用的网络语言也就有了一些特殊的地方，而且一些特殊的网络流行语言也会在特殊的人群中流行起来。例如，2008 年，网络上流行“囧”字（音同“窘”），这是网民们利用“囧”的象形特征，为了快速表达“郁闷、悲伤、无奈”等意义的一个字。由于具有多义、便捷、快速、直观等特点，“囧”字很快在一些网民群体中流行起来，而且这些群体成员也将此字运用于现实的交往互动之中，成为城市白领职员阶层的流行语之一。

2009 年，“雷”或“雷人”成为网络重要流行语之一。“雷”的意思就是要给人以惊诧的感受。“雷”字在网络及一些群体日常生活中的流行，反映了城市社会年轻一代的一种心态。在喧嚣嘈杂的城市生活中，有着太多的诱惑、太多的欲求、太多的机会，面对纷繁复杂的世界，年轻人产生了一鸣惊人的期望，他们幻想着自己会有某种机会，或通过某种方式，来获得让人意想不到的成就，或一举成名，或一夜暴富。“雷”字的流行，体现了社会的浮躁，也反映出年轻人的浮躁。人们幻想着“一鸣惊人”，而安分守己、踏踏实实做好本职工作的价值，似乎在这种浮躁环境中大大地被弱化。

3. 流行文化——魔术和二人转

流行文化是百姓文化生活中的一种形态和表象，是指某种文化艺术形式在一定时期内被较多的人所接受和偏好。一种文化艺术形式的流行，并非为百姓的从众心理所致，而是受一定时期内的重要事件的影响，同时也反映这一时期社会的一种心态，以及社会文化生活的一种趋势。

2009年的群众文化生活情趣，受春节联欢晚会的影响显著。某种意义上，对中国百姓来说，春节联欢晚会是特定时点的重要事件。人们在共同欢度重要节日的同时，实际上也在接受着文化认同，其中春节联欢晚会无疑是重要的文化认同源。当较多的人认同某种文化形式时，也就形成了流行的动力。

从大众文化的角度看，2009年春节联欢晚会的两个节目在民众中产生较大反响和互动，一是刘谦表演的近距离魔术，另一个是赵本山、毕福剑、小沈阳和毛毛表演的小品《不差钱》。两个节目以其特有的形式给广大观众带来视觉的冲击，以及神奇和快乐的感受。所以，自春节联欢晚会后，刘谦的魔术和小沈阳的小品很快得到大众的追捧和喜好，而他们所代表的两种艺术——魔术和二人转也成为2009年的重要流行文化。

受春晚魔术表演节目的影响，2009年魔术在社会上广泛流行起来，各种各样的魔术学校和培训班火爆起来，报纸、网络等大众传媒上有关魔术培训的广告比比皆是，一些广告甚至将魔术与“千术”联系起来，招引学员。魔术表演通过奇妙变幻的技法来达到神奇的视觉效果，以让观众感到惊奇和娱乐享受。如果魔术的流行像流行歌曲那样，仅仅是为了大众娱乐，那么这种流行不会给社会造成不良影响，但是魔术在大众化的过程中，变成诈骗术的风险加大，所以这种流行也可能带来一定的社会负面效应。而且，从2009年魔术流行现象中，似乎娱乐取向和诈骗取向两种成分兼而有之。一方面，魔术以其神奇的视觉效果而能发挥良好的娱乐功能，因而成为大众所喜爱的一种娱乐方式；另一方面，在多元化的市场社会中，也存在一些群体希望通过特殊的、奇特的方式来改变自己的生存境遇，他们不是把魔术当作一种游戏或娱乐方式，而是作为自己崇尚的一种人生价值，幻想着自己的人生像变魔术那样有神奇的变化，于是他们倾向于将魔术转换为骗术，企图达到不法的、不正当的目的。

随着春晚小品《不差钱》的播出，赵本山的艺术团队更加受到观众的追捧和喜爱，其中尤以小沈阳为代表，在2009年迅速成为特别红火的明星。在赵本山艺术团队的创造和动员下，东北二人转这一民间艺术形式在2009年也成为重要的流行文化。更为可喜的是，这一民间文化又在高雅艺术殿堂里占据了一席之地，那就是由著名电影导演张艺谋执导的贺岁大片《三枪拍案惊奇》，就吸取了东北二人转的夸张和喜剧特色，并由二人转小品演员来演绎。该影片可喜的票房收入反映出了这样一种艺术形式的创新取得了成功，因为这说明了较多的观众还是喜欢和乐意接受这样的艺术。尽管一些电影艺术评论对该片有不同的评价，但从文化社会学的角度看，这一艺术创新符合艺术发展的社会规律，因为任何艺术不仅要供艺术家欣赏，更重要的是要让老百姓享用。

（二）2009 年思想动态

2009 年是具有较多纪念意义的一年，人们对一些重要历史事件的记忆与对当今现实的感受结合起来，构成一定时期的社会思想和精神活动的基本特质。就历史纪念意义而言，2009 年是新中国成立 60 周年，就当年的现实而言，世界金融危机带来了发展困境。所以，在这一背景下，2009 年的社会思想的特质主要体现在社会对团结稳定、可持续发展和自主创新思想的强调和重视。

1. 团结稳定

维护稳定是 2009 年中国社会发展面临的头等大事，在重要历史承接点上，只有保持社会的稳定，才能继往开来，推进社会经济的进一步发展。社会系统的稳定并不能依靠某一个方面的力量就可达到，而是需要社会系统各个方面团结协作、相互配合、共同努力才能实现。因此，强调团结和稳定成为社会思想的主旋律。

新疆“7·5”事件发生后，社会团结、社会稳定问题进一步凸显出来。“7·5”事件对民族团结产生了较大冲击，因此，宣传民族团结思想，促进民族团结，维护民族地区社会稳定显得尤为重要。从基层社区到各级政府，都将维护民族团结、促进社会和谐作为工作重心。

在社会各界庆祝新中国成立 60 周年的过程中，人们接受了团结与稳定的思想教育及实践。多种多样的展览和历史回眸，向世人展示了新中国 60 年团结奋斗的历程，以及通过团结奋斗而取得的辉煌成就。众多的鲜活事实和历史资料，让广大群众感受到了团结稳定对于发展的重要性。特别是组织和筹办 60 周年国庆庆典活动过程中，不同群体、团体和组织，以各种不同方式参与到维护团结和稳定的实践之中。

2. 可持续发展

在美国金融风暴的影响下，全球经济陷入到危机周期之中。这种现象有力地说明经济一体化和全球化在推动经济快速增长的同时，也给各国经济发展带来极大的风险。由此也不得不让人们开始反思经济快速增长与可持续发展之间的辩证关系，反思独立自主的发展道路与全球化的战略之间的关系。此外，随着全球经济的快速发展，对资源、环境的压力越来越大，气候变化问题成为2009年国际社会关注的重大问题之一。联合国哥本哈根气候变化会议，让全世界更加关注经济发展对气候变化的影响。随着中国经济日益融入全球经济一体化体系之中，中国经济的可持续发展也越来越受到世界的关注。

此外，可持续发展不仅仅是社会经济系统与自然生态系统的和谐相处问题，而且也是社会系统内部的和谐相处问题。如果社会系统不能协调运行和发展，那么这种社会发展也不具有可持续性。

对于一个发展中的国家来说，中国在经历2008年的世界风云变化之后，已经逐步意识到自己在世界中的地位和角色。以往我们将“发展”作为一个硬道理、一种永恒的主题。如今，这种理念又得以进一步提升，那就是：我们不仅追求发展，而且我们追求的发展是可持续的发展。

中国在可持续发展意识方面的强化，集中体现在政府积极主动将节能减排纳入到发展规划之中，进一步强调巩固农业的基础地位、发展新能源、开发可再生资源、发展低碳经济等。在社会可持续发展方面，政府加强了医疗、住房、教育、就业等重要民生建设工程，高度重视收入分配领域中的贫富差距问题，以及社会中的矛盾和冲突化解问题。所以，总体来看，2009年可持续发展观念在中国得到更为广泛而深刻的关注。这一思想动态预示着中国的发展模式将逐渐发生转换，即从粗放型、高代价的不可持续发展模式逐步向可持续发展模式转换。

3. 自主创新

由美国次贷危机引发全球性金融危机，并由金融危机逐渐转移到实体经济危机，这一过程让世人看到了经济全球化所具有的双刃剑的影响。中国经济虽率先走出了经济衰退的困境，但全球经济危机的负面影响依然存在。这样的事实给中国未来发展提出了新的挑战，那就是对于一个有十几亿人口的大国来说，如何既能保持快速的发展，又能规避全球经济的周期性危机，维持可持续的发展。

中国的改革开放经验验证了开放搞活能推动经济社会的高效发展，尤其是市场经济体制的建立和完善，促进了经济的快速增长和人民生活水平的大幅提高。而且中国特色的社会主义市场经济制度在有效应对亚洲金融风暴和美国金融风暴冲击方面，显示出了较大的优势。因此，实践经验表明，中国的深化改革开放必须走自主创新之路，也就是建立具有自身特色、符合自己国情的制度安排。一味地追求全球化、美国化或西方化，必然大大提高可持续发展的风险。西方的发展经验只能是借鉴和参照，真正的发展道路还需要自己去开拓创新。

此外，在现代社会，发展对科学技术的依赖越来越明显。科学技术的创新水平和创新程度对发展的潜力影响巨大。中国要实现发展方式的转变，实现可持续发展，就必须在科学技术创新方面处于领先地位。

（三）2009 年社会主义核心价值体系建设重点

核心价值体系的建设是一个社会、一个国家、一个民族在思想文化领域里的基本建设任务，无论什么时期、无论什么环境，都需要根据时事之特点，围绕某些重点来建设和维护核心价值。核心价值体系不仅是社会、民族、国家凝聚起来的精神黏合剂，也是最基本的精神支柱。自中共十六届六中全会提出加强社会主义核心价值体系建设以来，核心价值体系成为社会文化建设的基本内容。就 2009 年来看，社会主义核心价值体系建设重点围绕以下几个方面展开：

1. 科学发展观

科学发展观的学习和实践活动是社会主义核心价值体系建设的重要构成。随着马克思主义、毛泽东思想和邓小平理论的与时俱进，科学发展观成为引领当今中国推进社会主义建设的重要思想。

将科学发展观作为社会主义核心价值的重要内容，就是要通过不断的创新，探索出符合中国国情的发展道路，建设有中国特色的社会主义，并在社会主义现代化建设的过程中，形成广泛的社会认同。

2. 爱国主义

结合建国 60 周年纪念活动，爱国主义思想得以更广泛传播，爱国主义教育得以进一步深化。所以，在 2009 年，爱国主义思想的培育成为社会主义核心价值体系的重点之一。

在社会中广泛树立爱国主义的价值，并使这一价值成为公民的基本价

值，不仅仅具有重要的政治建设意义，而且也能够促进社会认同，增强社会凝聚力。确立爱国主义的核心价值地位，也是一个国家、一个社会得以发展的重要精神支柱。通过爱国主义的思想教育，还能激发社会各界的创造热情和奉献精神，提高社会发展的活力和动力。

3. 勤政廉洁

社会主义荣辱观是社会主义核心价值体系的重要构成。社会主义荣辱观的树立，实际上就是确立社会行为的价值标准。社会主义荣辱观所探讨的就是什么样的行为是光荣的、什么样的行为是可耻的，由此引导社会选择光荣的、正义的行为，而要抛弃那些可耻行为。

社会主义荣辱观教育的重点在党员干部，如果广大党员干部不能树立鲜明的社会主义荣辱观，那么就会在百姓中造成较大的负面影响。对于广大党员干部来说，必须把树立勤政廉洁的价值观作为重点。只有广大的党员干部具有廉洁奉公的精神，执政党和政府才能具有公信力，才能将社会凝聚起来。

如今，中国社会正处于市场转型的过程中，党员干部的思想作风建设面临着巨大挑战。所以在新的形势下，需要重点推进执政党勤政廉洁的思想作风建设。

三、居民生活方式的变迁及社会认同

生活方式是指居民在社会生活中的行动方式，主要包括人们使用哪些生活资料，又是怎样使用的。在马克思主义思想里，生活方式取决于一个社会的生产方式，“个人怎样表现自己的生活，他们自己就是怎样。因此，他们是什么样的，这同他们的生产是一致的——既和他们生产什么一致，又和他们怎样生产一致。”① 生活方式虽是行为方式的表现，但在行为表象背后，包含了一定时期的某些观念。

（一）金融危机下的居民消费

居民的消费行为和消费方式是生活方式的重要构成，人们消费什么、如

① 《马克思恩格斯选集》，2版，第1卷，67～68页，北京，人民出版社，1995。

何消费，虽受物质条件的制约和影响，但同时也是一定时期人们价值观和生活态度的重要体现。

2009 年，由于美国金融危机的消极影响逐渐向实体经济蔓延，中国经济也在一定程度上受到负面影响。这一点在居民消费行为上表现得尤为明显，从国家统计局公布的月度数据来看，2009 年 1—11 月社会消费品销售总额（见图 9—1）较之 2008 年 7 月之前有明显下降趋势。

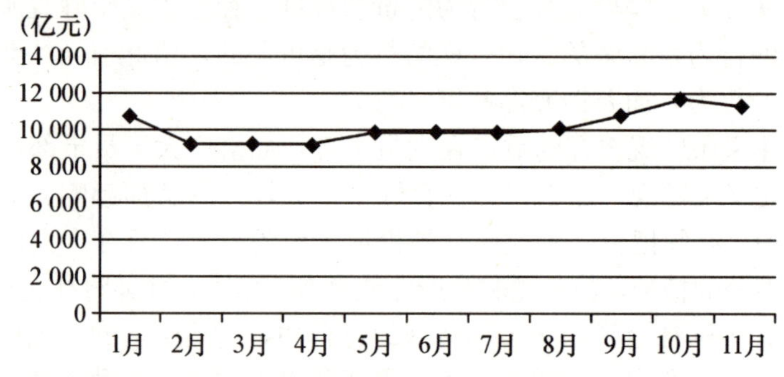

图 9—1　2009 年 1—11 月全国社会消费品销售总额

资料来源：国家统计局网站，http://www.status.gov.cn/tjsj/2010-01-12。

特别是在第一季度，消费品销售总额跌至 1 万亿元以下，直到 5 月份开始回暖并维持弱平衡，9 月份之后，有明显的上升趋势。这一数据说明，全球性经济危机影响了我国居民的消费心理和消费观念。虽然消费总额的下降与人们的购买力变化有直接关系，但恐慌性心理因素和消费观念的变化也有重要影响作用。

图 9—2 反映的是 2009 年消费品价格指数（CPI）的变动情况，图中数据说明，2009 年上半年消费品价格指数一直处于下降通道，7 月份以后，消费品价格指数开始回升，到 11 月份由负转正，表明居民的消费需求逐步恢复和增长。居民消费需求的回升和增长，与政府推行的经济刺激计划有着密切的关系。为了拉动国内消费需求，政府出台了一揽子刺激计划，其中力度较大的是刺激农村居民的消费需求。因为农村消费市场的相对疲软是拉动内需的主要阻力之一。由于大量农村流动劳动力受金融危机影响而回流农村，而这部分人的消费以往主要在城镇，在农村消费需求较为有限，因此对总体内需有较大的制约。家电下乡、汽车下乡政策的出台，对刺激农村居民的消费需求起到了一定作用。尤其是汽车下乡计划、农机补贴力度

的加大，激励了一些农户扩大了消费需求。有不少农户开始购买汽车和增添家电等，2009 年全国汽车销售量快速增长，与农村居民购买汽车有着一定的关系。

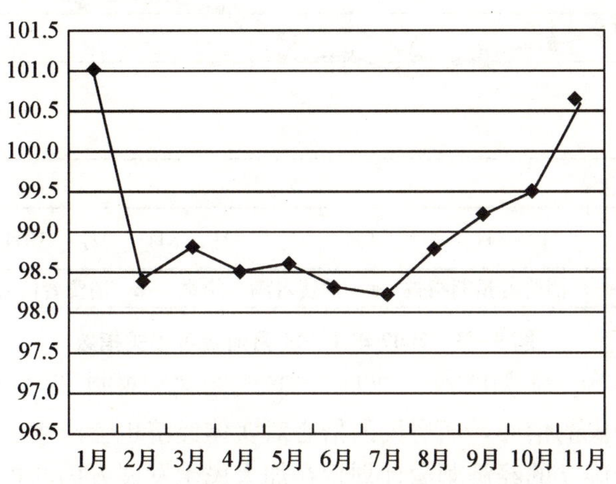

图 9—2　2009 年 1—11 月消费品价格指数

资料来源：国家统计局网站，http://www.status.gov.cn/tjsj/2010-01-12。

居民消费需求虽受经济增长和收入水平的重要制约，但是，不容忽视的是，我国居民的消费行为与消费传统和习惯有一定关系。尤其在农村地区，居民的超前消费或信用消费观念并未形成，而存钱和积累的习惯较为突出。刺激政策在短期内可能会对居民消费观念和需求产生一定作用，但居民的传统消费观念和消费习惯难以有较大的改变。所以，在推进市场化和全球化的过程中，发展模式、发展道路的选择需要充分考虑到居民的文化传统和固有的意识。

在图 9—3 中可以看出，2009 年第一季度居民的消费信心指数处于下降通道，第二季度以后，居民的消费信心显著回升，并不断提高。这一数据说明，金融危机对中国居民的消费心理和观念虽产生一定影响，但这种影响较快地得以消化。消费者在经历恐慌之后，相对较快地得以恢复，这表明居民对国民经济的向好发展是充满信心的。

此外，就 2009 年中国经济的宏观环境而言，实体经济保持 8%以上的增长，是提振消费者信心的重要物质条件。而保持 8%以上的增长与政府的宏观调控政策有着密切关系，由此也从一方面说明，政府的宏观政策在一定

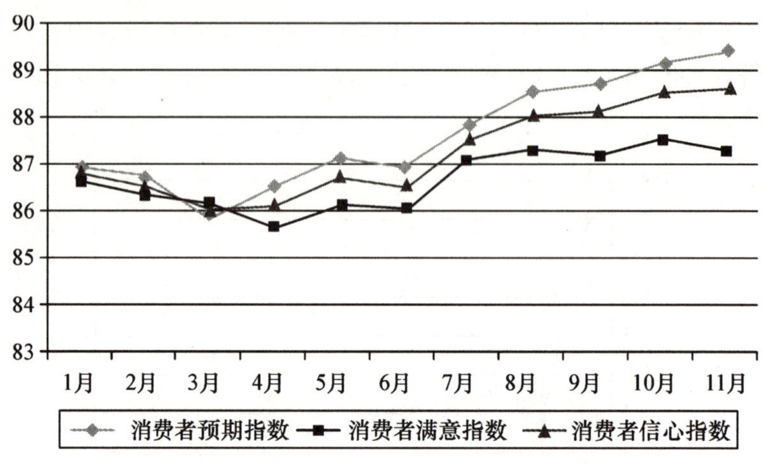

图 9—3　2009 年 1—11 月消费者相关指数

资料来源：国家统计局网站，http://www.status.gov.cn/tjsj/2010-01-12。

程度上影响居民的信心，而居民的信心对实体经济也会产生一定的作用。具体而言，政府确立的经济刺激计划旨在加大民生发展方面的投入，一方面既扩大了政府投资，另一方面又解决了更广泛群众的后顾之忧，这些无疑提升了消费者的信心，拉动内需的扩大。

（二）金融危机背景下的社会心态

社会心态是指社会成员在一定时期对社会生活中的事物的思想意识和社会心理状态。人们的社会心态对社会行动有着重要影响，甚至某些社会行为的动机与特定的社会心态联系非常大。因此，了解社会心态是预测社会系统运行走势的重要方面。

为了解社会成员对党和国家发展方向、发展形势、发展政策的评价态度和思想动态，国家统计局进行了“社会各阶层思想动态调查”。调查内容主要涉及人们对党和国家发展方向、政治制度、发展政策、政府威信、国家认同等诸多方面。①

根据调查结果（见图 9—4），民众对具有中国特色社会主义发展方向、发展道路和发展前景的信心指数很高，达到 91.5%，其中“很有信心”的

① 参见孙明泉、肖国忠：《“社会各阶层思想动态调查”结果公布引发专家学者广泛关注》，载《光明日报》，2009-01-25。

占 56.3%，“较有信心”的为 35.2%，共计为 91.5%。“信心不足”和“没有信心”的分别仅占 3.8%和 1.3%，合计占 5.1%。在对中国特色社会主义政治制度的认同方面，有 95.1%的人认为“非常符合”和“基本符合”中国国情。关于 2020 年中国能否全面实现小康社会，有 86.4%的民众表示“很有信心”和“较有信心”。在应对金融危机方面，人们的信心指数达到 80.9%，即有 80.9%的人认为党和政府会领导人民克服金融危机带来的影响，实现经济的平稳快速发展。

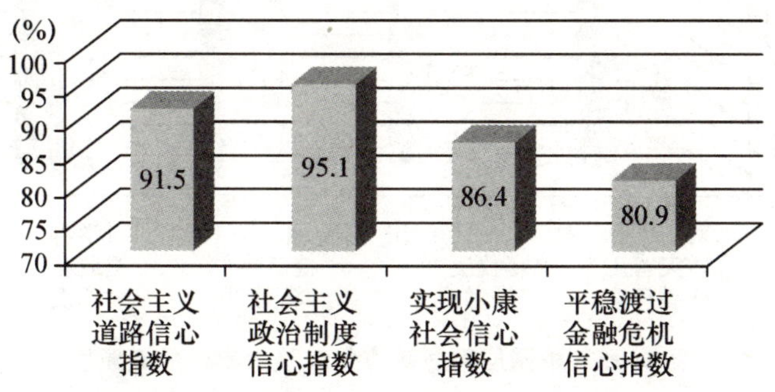

图 9—4　2009 年中国居民政治经济与社会信心指数

在对党和国家的信任度，以及对政府处理重大事件、应对紧急情况的满意度方面，阶层思想动态调查结果显示，群众对党和政府的满意度很高（见图 9—5）。其中，对党和政府在南方雨雪冰冻灾害中的表现的满意度达到 95.1%，“很满意”和“比较满意”的分别占 62.0%和 33.1%。对在“5·12”汶川大地震中的表现的满意度达到 98.3%，其中“很满意”和“比较满意”的分别占 81.5%和 16.8%。对在拉萨“3·14”事件中的表现的满意度达到 81.7%，“很满意”和“比较满意”的分别占 44.9%和 36.8%。人们对党和政府组织领导北京奥运会的成功举办的满意度达到 78.5%。

最后，调查结果还显示①，有 93.8%的人认为改革开放 30 年来的成就“巨大”和“比较大”，其中排在前三位的成就是“老百姓日子越过越好”、“综合国力显著增强”、“国际地位和国际影响力显著提高”。有 97.1%的人认为我国在国际社会中的地位和影响“大幅提高”和“有所提高”。对于十

① 参见孙明泉、肖国忠：《“社会各阶层思想动态调查”结果公布引发专家学者广泛关注》，载《光明日报》，2009-01-25。

七届三中全会，91.5%的人认为对推动改革发展作用“很大”、“较大”和“有作用”。从这些调查数据看来，广大百姓所关注的首先是民生，其次是国家的实力，第三就是国际地位。另外一方面，从思想动态这一调查中也体现了人民群众对改革开放的认同程度较高，对深化改革开放也有较高的支持程度。

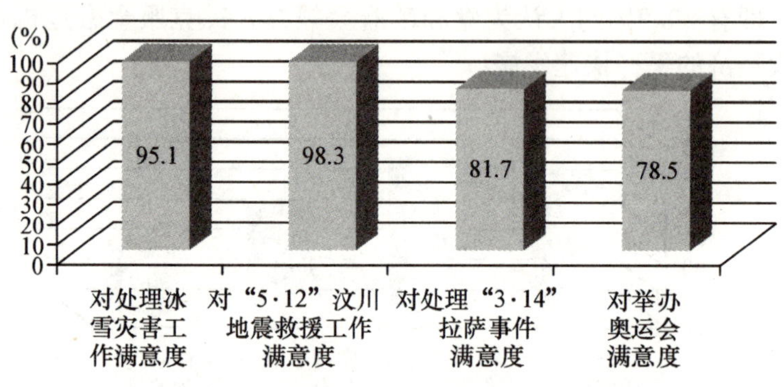

图 9—5　中国居民对政府处理重大事件的满意度

（三）偏低层的阶层认同

阶层认同属于居民对自己所处社会位置的一种主观感受和认知。由于个人对整个社会也就是所有其他人的具体社会状况不可能达到准确、全面的了解和认识，所以，个人的阶层认同并不一定反映个人真实的社会位置状况，阶层认同只是代表人们的相对社会地位意识和生活感受。不过，阶层认同也包含一定的社会态度，尤其是对外部群体即非认同阶层的一些看法和态度。

根据 2006 年中国综合社会调查（CGSS2006）的情况来看（见表 9—1）①，广大民众的阶层认同具有偏低层的认同特征。虽然这样的阶层认同与当前中国社会的结构有着总体的一致性，即处于低层的人口仍居多，但是，人们认同的阶层地位相对实际阶层位置则显示出明显的偏低倾向。

① CGSS2006 是中国人民大学于 2006 年实施的全国性抽样调查，调查运用标准随机抽样法和问卷调查获得 10 151 个有效样本。

表 9—1　居民的阶层认同情况

	人数（人）	比例（%）	有效比例（%）	累积比例（%）
上层	30	0.3	0.3	0.3
中上层	286	2.8	2.9	3.2
中层	2 617	25.8	26.3	29.5
中下层	2 946	29.0	29.6	59.1
下层	4 065	40.0	40.9	100.0
小计	9 944	98.0	100.0	
缺失值	207	2.0		
总　计	10 151	100.0		

资料来源：中国人民大学 CGSS2006。

人们偏低层的阶层认同现象在某种意义上反映出人们的相对满足感较低，也就是说，虽然随着中国社会经济的快速发展，人民生活水平实际上有了较大程度的提高，但是人们对生活和自己境遇的相对满足感并没有大幅提高，有些阶层甚至可能有较强的相对剥夺感。相对满足感与相对剥夺感是一对指标，相对满足感越高，相对剥夺感就越低；相反，相对剥夺感越强，相对满足感就会越低。而这两个主观指标都是与人们的社会比较相联系的，这两种主观感受是人们在与别人进行攀比时而产生的。

相对满足感偏低代表两种可能的心态，一是人们的欲求在扩大，二是社会差别在扩大。就中国当前的现实来说，这两方面的原因都可能存在。一方面，自改革开放尤其是在向市场化转型的过程中，贫富差距和社会不公现象越来越显现出来。在社会差别不断扩大的情况下，即便个人特别是较低层群众得到了较多的实惠，但他们不可能不与其他优势阶层进行比较。而一旦比较，就会大大降低他们的满足感。另一方面，在现代化的大背景下，现代性观念已经广泛向社会各阶层意识中渗透。在现代性观念中，对自我欲望的追求以及欲望的膨胀成为一个显著特征。人们对成功的评价标准已经不再是一个基本的、稳定的标准，而是相对的、不断增长的速率。所以受这种观念的影响，人们即便取得了不错的成绩，而如果用相对标准去评价，仍然会产生不太满足的感受。

从理论的角度看，针对民众偏低层的阶层认同现象，政府可以从两个方面进行调节和引导。一是加大收入分配公平化的调节力度，遏制收入和财富差距拉大的势头，并力争在尽量短的时间内逐步缩小社会差距。如果社会差别不能控制和缩小，社会相对满足感难以提高。二是加强核心价值观念的引导作用，来应对现代性观念的冲击。核心价值观念的基本功能就是能帮助社会个体形成正确合理的价值观、人生观，而不是一味地扩张自我欲望。在刺激内需、拉动消费的政策中，尤其要谨慎处理消费主义观念与拉动消费之间的关系，切不可因小失大，因短期利益而牺牲永恒价值，不能让后现代的消费主义文化在社会中盛行，这既不符合中国的文化传统，也不符合中国发展的国情需要。

四、文化事业的发展状况及问题

文化是社会系统的重要构成，文化事业的发展在社会经济和政治发展中发挥着奇妙的作用。文化犹如黏合剂，能够很好地将社会各个子系统黏合起来；文化犹如润滑剂，能够促进各种力量平稳运行，协调相处，减少摩擦，降低消耗；文化犹如催化剂，能加速和提高经济活动的效率。文化之所以有着如此奇妙的功能，是因为文化是一个民族、一个国家、一个社会的精神载体。文化不光是吹拉弹唱、涂涂画画的形式，而是一种精神的载体。任何个人、民族和国家的发展，都不能仅仅依靠物质的发展，精神的发展也是必不可少的。甚至在有些情况下，精神的发展更为重要。

(一) 文化“软实力”的再认识

改革开放 30 年来，中国的经济实力显著提升，目前已经成为世界第三大经济体，而且在不远的将来，可能成为世界第一大经济体。在物质经济实力不断提升的过程中，文化“软实力”的提升问题已经越来越受关注。如果只有物质经济实力的提升，而文化不被人们理解和接受，那么在国际社会中的地位就存在不协调问题。

2009 年，由于受经济危机的影响，世界较多地方的华人和华商遭侵袭事件明显增多，华人、华商与当地人的冲突也在增多。在这些事件背后，实际上也存在着经济交流与文化交流的关系问题。虽然利益上的关系会影响国际交往互动，但文化和价值观也在很大程度上影响着国际交往和族群融合。在国际经济交往中，如果只关注物质产品的被接受程度问题，而忽视文化价

值的被理解程度，那么，摩擦和冲突发生的可能性会大大提高。所以，在经济全球化的今天，不仅要让人们接受和喜欢我们的物质产品，还要让更多的人理解和喜欢中华文化。

那么，如何才能让更多的人理解和喜欢中华文化呢？这个问题就涉及到一个国家的文化“软实力”。“软实力”越强，文化的影响力和被接受的可能性就越大。

文化“软实力”的提升，需要遵循文化发展和文化交流与融合的规律，推进民族文化的大发展，以及国家文化的大传播、大交流。具体说来，需要从两个方面来推进：一是按照发扬传统、不断创新的原则，促进中华文化的振兴和大发展。发扬传统就是要充分认识到文化传统是一个民族的立身之本，任何时候都不能丢。无论现代化发展何种程度，自己的文化传统的精髓都应得到保留。发扬传统并非因循守旧，自缚不前，而是要在开发传统文化资源的基础上，不断推陈出新。文化创新的关键在于按照“百花齐放、百家争鸣”的文化方针，鼓励和促进文化创造的自主性、独立性和开放性。

二是按照文化传播的规律，大力推进国际文化交流，不断扩大中华文化的国际影响力。要掌握文化传播的规律，需要加强文化人类学的研究。目前，我国的文化人类学研究较为滞后，尤其是对其他地域文化的人类学研究更为落后，这与一个快速兴起的经济大国形象是不相称的。政府需要加大这方面的投入，促进地域文化的人类学研究，为文化传播和文化交流提供科学的理论支撑。此外，在加大与各国经济交往的同时，需要结合中华文化的传播和国际交流，因为经济往来与文化传播有着相互促进的作用。例如，美国的麦当劳、肯德基等快餐公司之所以能在全球不断扩大市场，这与它们的文化传播策略有着重要关系。中国的企业要推进全球化战略，必须加强文化传播战略的研究。因为只有越来越多的人理解和接受我们的文化，才会有越来越多的人接受我们的产品。

由此看来，提高国家的文化“软实力”，不仅仅是政府需要的事，也是广大企业界要做的事，而且还需要更广泛的社会参与。

（二）文化产业的发展

在经济结构调整中，推动文化产业的发展有着重要意义。目前，中国文化产业的发展仍有非常广阔的空间。

2009年的1—7月份，文化产业产值的增长达到17%以上，高于GDP增长10个百分点。“我国的文化产业虽然发展势头良好，但总体上而言仍处于起步阶段，文化企业素质较低、产业集中度不高、原创能力不强、文化外贸逆差仍比较突出。”① 因此，中国文化产业发展依然任重道远。

2009年8月，国务院推出了《文化产业振兴规划》，这一规划从八个方面明确了文化产业发展的重点任务，并提出了文化产业振兴的五项措施。《文化产业振兴规划》的出台，表明了国家对文化产业发展的重视，这一政策为文化发展确立了一种方向。

不过，要真正实现文化产业的大发展，还需要在多方面深化改革。其中主要有：一是继续推进和深化文化体制的改革，理顺各种文化主体或组织的关系，为文化产业大发展提供良好的制度环境。二是建立和完善文化市场体系，发挥市场在促进文化繁荣中的积极作用。三是正确处理政府与文化市场、意识形态与文化创造之间的关系，推进文化市场和文化产业健康、快速发展。四是文化产业发展的生命力在于创新，而创新的关键在于人才，振兴中国文化产业，需要重视创新型文化人才的教育和培养，同时要形成文化创新的社会氛围和机制，为创新型人才的成长提供有利环境。

文化产业的发展，不仅要着眼于国内，而且还需要有国际化视野。一方面，要在满足人民群众不断增长的文化需要中不断壮大产业；另一方面也要在“走出去”的过程占领国际文化市场，不断扩大中华文化的世界影响力。

五、2010年思想文化发展动向

展望2010年，全球从经济危机中逐步恢复增长，经济发展状况不断得以改善，这预示着中国经济发展的外围环境将有所改观，同时也预示着中国社会经济的发展面临新的任务和挑战。随着经济条件的变化，在中国思想文化领域中，以下问题将备受关注：

（一）社会公平正义将备受关注

公平正义是指社会资源和社会事务得以公平、合理、正确地配置和处

① 欧阳坚：《开启文化产业发展新纪元》，载《求是》，2009（24）。

理。公平正义问题既包含客观的方面，也有主观的成分。客观的方面主要体现在制度和管理体制上，不同的制度会反映一定时期社会的公平正义程度，因为制度安排可能将不同的个人或团体配置成不平等的权利集；此外，公平正义也包含人们对现实状况的主观感受。在物质经济水平不断提高的同时，人们对公平正义的要求也会提高。正因如此，一个社会的和谐，“不患多寡，而患不均”。也就是说，人们主观上对公平正义的感受，并不一定取决于物质分配的水平，而在较大程度上取决于分配制度是否让人感到公正、合理。

在经历全球经济危机之后，中国经济与社会发展面临着新的挑战。其中，结构调整将成为今后经济增长和社会稳定的重要战略侧重点。结构调整不仅仅是经济结构的调整，而且是整个社会系统结构的调整。以往主要依靠掠夺初级资源和廉价劳动力的增长方式，不仅造成生态环境的不可持续，而且也会带来社会系统的不可持续。劳资分配、资源配置、权力与权利的不公平、不合理，都会造成诸多的不和谐因素。

目前，在解决社会分配不公问题上，政府主要依靠再分配的机制。而从现实来看，这一途径确实能达到一定的实效，但无论从实际情况还是从人们的主观感受来看，解决社会不公问题依然任重道远。也就是说，光靠政府的再分配机制难以遏制社会不公，可能还需要从制度、法律的层面来协调。其中制度、法律的调节要重点解决的问题在三个方面：一是劳动和资本的分配不公问题，也就是劳动的收益率太低，而资本收益率太高。二是要解决资源配置的不公。很多地方经济的发展是靠获取初级资源，从法理角度看，这些资源属于公有，因而其收益也应该惠及广大百姓。而现实情况是，一些地方靠资源开发富起来了，而老百姓并没有从中获得理想的发展机会。三是要解决权力分配不公问题，也就是社会分配中权力标准过于突出的问题，即谁权力大，谁收益高；此外，就是权力的寻租或腐败问题，即拥有公共权力者利用权力获取额外收益。

（二）自主创新精神将更加强调

中国要启动新一轮的经济快速增长，必须在技术和制度上有进一步的创新。世界经济危机，可能导致贸易保护主义势力的增强，因而会使得国际竞争更加激烈。面对越来越严峻的国际经济形势，中国的产业尤其是制造业若想发展，必须转变发展模式，必须从依靠初级加工的发展方式向依靠技术创新的发展方式转变。要实现这样的转变，需要在各种行业乃至整个社会培育一种创新的氛围。

自主创新精神的树立，关键在于这样几个方面：一是推进创新型教育，促进创新型人才的培养。一个社会是否具有创新精神，实际上就是指这个社会的人是否有创新的特点。而人的创新性和创造力，在很大程度上取决于这个社会的教育。在新的形势下，中国的教育，无论是基础教育还是高等教育，都面临着重大改革创新的历史任务。一方面，基础教育需要从应试教育向素质教育转变，另一方面，高等教育需要把素质教育与精英教育加以合理的分工。二是建构促进自主创新的社会机制。社会创新气氛的形成，与相应的创新激励机制有着重要联系。如果人们的创造性行为得到激励，就会有助于社会树立崇尚创造的风气，从而带动更多的人参与创新和创造性劳动。

（三）中华文化的国际传播越显重要

随着全球化的深化与拓展，中国与世界的联系越来越密切。一方面，世界需要中国，另一方面，中国也离不开世界。中国在国际社会中扮演的角色需要随着经济及综合国力的变化而变化，要实现国际社会角色的转换，必须有文化的国际性传播，使得中华文化的国际影响力不断提升。

文化的传播和交流是增进相互理解和促进交往的重要条件。文化的理解和交融对于国际经济与社会交往来说，显得尤为重要。如今，中国经济与世界各国经济的联系越来越密切，在促进经济交往的过程中，推动文化的交流也非常必要。只有不同文化之间能够相互理解、相互包容，其他各种交往才具有可持续性。让世界理解中国，尤为重要的是让世界懂得中国文化。

在促进文化传播和文化交流中，需要加强两方面的工作：一是不断增强文化自觉。所谓文化自觉，就是增强人们对自己文化的自尊、自信，不断推动具有本民族特色、有着优良传统的中华文化的大发展。只有自身的发展，才会有国际化的发展。民族的、传统的文化，是文化国际化的重要基础。二是不断增进文化包容。文化交流的基础是不同文化间的相互了解和相互理解，只有了解别人文化，并能赞赏别人的长处，包容文化差异性，这样才有利于不同文化的相互交往。因此，了解、研究不同文化意义非常重大。只有掌握各种不同文化的特点、规律和差异之处，才能更好地推动文化传播和交流。所以在加强经济联系的同时，需要注重对世界不同文化的研究，加深和拓展对各种文化的理解，在此基础上促进文化的传播和交流。

[社区建设]

第十章　我国城市发展与社区建设的新态势

——金融危机背景下社会资源的社区化配置机制探索

杨　敏*

在发展中国家的城市化浪潮中，中国的城市发展处于最前锋，在全球城市化中发挥着引领作用。对于我国城市化来说，2008 年初美国发生的金融危机既是严峻挑战也是非常机遇。展望近期未来，我国新一轮的城市化运动浪潮迭起，与此同时，我国社区建设也将开启一个新的里程。从社会学的视野看，无论是城市化、社会建设或是社区建设，都涉及到社会资源的配置格局与配置方式的调整。因此，快速城市化过程的社区建设面对的一大挑战，其实质问题在于如何使社会资源的配置更为合理和优化。就此而言，我国社区建设正面临社会资源配置格局和机制的深刻变化。这种变化将进一步促使以人为本、科学发展、共建共享以及社会公平正义的原则，真正在基层社会"落地"。我们将这一过程称之为"社会资源配置的社区化"。

2009 年 6 月，我们对杭州市上城区社区建设作了深入的实地调查。这次调查涉及了区委区政府相关直属部门和职能机构，覆盖了上城区的全部 6

* 杨敏，中央财经大学社会学系教授，中国人民大学社会学理论与方法研究中心研究员。

个街道办事处，深入到几十个社区的工作一线。上城区社区建设进行了许多新的探索，使社会资源配置的“复合型”社区机制发挥出了明显的实际作用，以灵活的方式将各种社会资源转化为社区的可支配资源，从而提高了社会资源配置的合理性和有效性。我们的实地调查发现，上城区社区建设的这些新鲜经验集中在社区信息化系统建设，开创了“双维社区建设模式”的一个典范，使虚拟化、数字化和信息化社区建设与实体性、物理性和地域性社区建设形成双向促进的效果，实现了社区的直线管理和闭环服务，使信息化成为了服务型政府的载体，实现“三个贴近”——贴近百姓、贴近实际、贴近生活，从实质上解决了社区服务的落地问题。对于我国新一轮的城市化过程及城市社区的建设，上城区的探索和实践有着深远的意义。

一、金融危机背景下中国经济社会的宏观态势

在全球城市化浪潮中，中国城市发展处于最前沿。这也意味着，中国的城市化进程与全球经济社会的最新动态已形成密不可分的关系。2008年美国爆发了金融危机。随着危机的蔓延，其深刻性也许将远远超出人们的预见。对于做好准备的城市来说，危机意味着更大的机会。深刻地理解这一点，能够把握住难得的历史机遇，带动起整个中国城市的快速发展。

（一）金融危机周年展望：危机杠杆化效应与中国宏观经济调控

2007年8月，美国次贷危机开始浮现，从最初的债务危机发展到流动性危机并形成了信用危机，最终造成了实体经济的受损。至2008年初，这场危机开始失控，导致多家大型金融机构倒闭或被政府接管。不仅如此，这场次贷危机继续发挥出“杠杆效应”，引发了整个西方世界的金融危机，后迅速向其他国家和地区蔓延，形成了全球性的经济大萧条。

面对60年来最为严重的一场全球性危机，中国政府采取了一系列措施。根据2008年中国经济运行情况，一年来中国宏观调控政策四度微调。一是2007年12月初召开的中央经济工作会议确定了新的宏观调控政策，“把防止经济增长由偏快转为过热、防止价格由结构性上涨演变为明显通货膨胀，

作为当前宏观调控的首要任务”。二是 2008 年 7 月 25 日召开的中央政治局会议明确了下半年经济工作的重要任务：要深入贯彻落实科学发展观，把保持经济平稳较快发展、控制物价过快上涨作为宏观调控的首要任务，把抑制通货膨胀放在突出位置，即“一保一控”。三是 2008 年下半年，经济下滑趋势明显，10 月 17 日的国务院常务会议将宏观经济调控目标由“一保一控”转为“保字当先”。四是 2008 年 11 月 5 日，国务院常务会议再次修改宏观经济调控目标，将“保持”改为“促进”。中国宏观调控政策通过四度微调实现了从“双防”向“一保一控”、“保增长”、“促进”转变。

2008 年 11 月 28 日中共中央总书记胡锦涛主持召开了政治局会议，分析研究 2009 年的经济工作，提出要把“保持经济平稳较快发展”作为首要任务，把保持增长、扩大内需、调整经济结构三个方面结合起来，以应对国际金融危机的扩散和蔓延。会议提出了 2009 经济工作“九要”：要把保持经济平稳较快发展作为明年经济工作的首要任务，把保增长、扩内需、调结构更好地结合起来；要坚持灵活审慎的宏观经济政策，继续实施积极的财政政策和适度宽松的货币政策；要积极扩大消费特别是农村消费，坚持扩大投资规模和优化结构并举；要巩固的强化农业基线地位；要保持对外贸易稳定增长，优化进出口结构；要抓住机遇加快推进结构调整，加快发展高技术产业和装备制造业；要实现节能减排的更大进展，强化目标责任；要加快推进重点领域改革，深化农村综合改革、加快推进财税体制改革；要着力改善民生，积极扩大就业，实施城乡保障性安居工程，健全社会保障制度等。

与此同时，中国还积极推动国际社会经济秩序的调整。2009 年 4 月举行的 G20 峰会上，胡锦涛阐述了中国应对金融危机的立场和主张，指出当前国际金融危机仍在蔓延和深化，国际金融市场仍处于动荡之中，全球实体经济受到的影响越来越明显。应对国际金融危机、推动恢复世界经济增长已成为当前国际社会共同面临的严峻挑战。胡锦涛提出了四项主张：一是要尽快稳定国际金融市场，切实发挥金融对实体经济的促进作用，提振民众和企业信心；二是要采取符合各自国情的经济刺激举措，加强各国宏观经济政策协调，共同实现保发展、保就业、保民生；三是要努力抑制贸易和投资保护主义，减少危机对世界各国，特别是对发展中国家造成的损害；四是要按照全面性、均衡性、渐进性、实效性的原则，推动对国际金融体系进行必要改革，避免类似危机重演。①

这些措施促成了中国经济的企稳回升。据国家统计局网站消息，统计局发布 2009 年前三季度国民经济运行情况显示，初步测算，前三季度国内生产总值 217 817 亿元，按可比价格计算，同比增长 7.7%，比上半年加快 0.6 个百分点。此前，世行 2009 年 3 月预计中国今年经济增速仅为 6.5%，之后在 6 月份上调至 7.2%。而在 2009 年 11 月 5 日发布的《中国经济季报》中，世行又把这一预期上调至 8.4%，并且预计 2010 年增长有望达到 8.7%。世行中国局首席经济学家韩伟森认为，中国货币政策刺激力度比预期更强，因此 2009 年实现 GDP 增长“保八”目标将无悬念。

（二）金融危机持续扩散下的中国宏观经济调控政策走向

尽管目前世界经济似乎出现了触底迹象，中国经济正在企稳回升，但这场历史罕见的危机实际上还在蔓延，其影响从局部到全球、从发达国家到发展中国家、从金融领域到实体经济，正在扩大和深化。据有关专家预测，全球经济的复苏前景目前尚不明朗；世界经济的困境 2010 年会甚于 2009 年。金融危机爆发以来，中国政府快速采取了一系列有效的宏观政策促使经济振兴，然而随着金融危机时间的持续和范围的扩散，政府调控回旋的空间越来越有限。而且，由于世界经济的困境 2010 年会甚于 2009 年，如果振兴中国经济的宏观政策方向不调整，已有的严重生产过剩的危机将会爆发。②

从实践来看，政府各种宏观调控政策表达为具体的经济刺激路径，概括起来不外供给和需求两个方面，更具体地说是四个主要方面——扩内需、振产业、科技撑、提社保。其中，扩大内需和提升社保水平是从刺激需求出发制定的政策，振兴十大产业和促进科技则是从改善供给出发制定的政策。其实际绩效必然受到目前我国经济和社会总体结构性背景的约束。扩大内需如刺激农村需求，由于农民工返乡、在岗农民工的收入下降和农村家庭收入收缩而受到很大限制；改善供给如振兴十大产业和促进科技，在我国已经产能过剩并且不对社会总供求结构作大调整的前提下，由政府来推动产业振兴将

① 参见中国新闻网，http://www.chinanews.com.cn/gn/news/2009-04-01/1626843.shtml，2009-04-01。

② 参见王建：《城市化振兴经济的关键所在》，载《中国证券报》，2009-04-13。

继续推动总量扩张，势必加重生产过剩的危机。因此，有关分析认为，如果危机持续，用光了政府的调控回旋余地经济可能还是走不出来。

从外部环境看，如今尽管金融危机促使各国达成了共同反对贸易保护主义的共识，但不和谐因素仍在，随着贸易战开始增多，美国总统奥巴马批准轮胎特保案给贸易报复打开了大门，再现了1929年之后丑陋的贸易保护主义硝烟，情形亦不禁令人担忧。[①] 在美国的示范下，一些国家不再看重自由市场经济的装饰，使得世界范围的贸易保护主义进入了一个活跃期。继美国对华轮胎特保案之后，欧盟、乌克兰、印度等国也对我国一些出口产品实行反倾销政策。这种趋势使得较短时间内出现全球经济复苏更加困难重重。在此情形下，中国政府对宏观政策方向和经济刺激路径的再度选择可以说是迫在眉睫。

（三）困局中的机遇：中国城市化推向新阶段

城市化也称都市化或城镇化。一般来说，“城市化是由第一产业为主的农业人口向第二产业、第三产业为主的城市人口转化，由分散的乡村居住地向城市或集镇集中，以及随之而来的居民生活方式的不断发展变化的客观过程。通常以城镇居住人口与总人口的比值，代表城市化的发展水平。”[②] 随着城市化的发展，人们从人口学、地理学、社会学、经济学、组织管理、社会生活方式等不同的学科及角度对这一过程给予了更为深入的透析，对城市化的内涵与外延的把握也更为丰富和完善。

走进现代意义的城市只有300余年的历史。但是，其对人类生活的深远影响超过了以往的任何时期。约18世纪末，欧洲的工业革命迅速推进，城市化彻底告别了自然演化的缓慢进程，欧洲、北美、拉美以及亚洲、非洲等逐渐发生了城市化，而且这一过程日益提速。根据联合国人口基金发布的《2007年世界人口状况报告》，“2008年，世界走到了一个无形而又重要的里程碑：有史以来第一次，世界一半以上的人口，即33亿人，将生活在城市地区。到2030年，这一数字将有望达到50亿。”[③] 在发达国家，一定时期以来城市的增长已进入稳定甚至停滞状态。与此同时，发展中国家城市的快

---

① 参见刘阳：《金融危机一周年：做好自己的事情最重要》，人民网，http://finance.people.com.cn/GB/10053073.html，2009-09-15。

② 鲍世行主编：《城市规划新概念新方法》，140页，北京，商务印书馆，1993。

③ 联合国人口基金：《2007年世界人口状况报告》，http://www.un.org/chinese/esa/swp/2007/。

速增长势头令人关注。据联合国有关机构预测，到2030年，发展中世界的城市和城镇人口将占世界城市人口的81%。在此趋势中，亚洲和非洲被认为是最引人关注的，因为这些地区人口众多，且具有巨幅城市增长的前景。2005年，亚洲的城市化程度为40%，而非洲为38%。① 在发展中国家的城市化浪潮中，中国的城市发展处于最前锋，在全球城市化中发挥着引领作用。

西方世界的金融危机对于我国经济和社会发展的影响，既有很大的负面作用，也有重要的积极作用。仅就我国城市化来说，这场危机既是严峻的挑战也是非常的机遇。鉴于危机的蔓延和持续效应，我国政府经济振兴方案必须立足于应付一场严重的、长期的世界性萧条，从而进行更具有战略性的政策考虑。这一战略考虑应当达到相互联系的几个目标：一是创造长期内需，二是优化经济与社会结构，三是抑制和释放过剩产能，四是使中国现代化登上一个更高的历史起点。十分明显，这些将极大地显示和发挥城市化的战略意义。

第一，城市化创造长期内需。城市化会引发大规模的投资需求，包括生产性投资、基础设施投资和房地产投资；城市化也会引发更多的消费需求，城市化过程提升了城市人口的比重，将带来消费总量的扩张；此外，城市化还将为服务产业需求打开巨大的空间。

第二，城市化促进经济与社会结构优化。我国城乡二元结构、第一第二第三产业结构、高技术产业与低技术产业、出口与内需等存在明显的不合理性，这又导致了职业结构、收入分配以及社会资源配置的不合理。金融危机的一个重要警示即在于，我国经济与社会结构的优化已紧迫。城市化是促进经济与社会结构优化的一个必然途径。

第三，城市化抑制和释放过剩产能。我国产业结构的不合理也导致了重点产能过剩问题。在国务院产能过剩的观察名单中，钢铁、水泥、平板玻璃、煤化工、多晶硅、风电设备等榜上有名。国务院发改委等部门已研究相关措施抑制部分行业产能过剩和重复建设，引导产业健康发展。城市化是改变产业结构，从而应对产能过剩问题的一个重要战略。根据国际经验，当一国处在人均收入3 000美元发展阶段的时候，各国的平均城市化率在55%左右，在人口稠密的东亚地区为75%左右，服务产业比重在50%左右，而在今天的中国却只有1/3的城市人口，服务产业比重只有40%。如果把中国城市人口的比重提升到2/3，即从目前的4.5亿增加到

① 联合国人口基金：《2007年世界人口状况报告》，http://www.un.org/chinese/esa/swp/2007/。

9 亿，使服务产业比重提升到 50%，就可以为经济增长创造出一个长期的内需释放过程。

第四，以城市化提升国家现代化水平。我国 30 年的城市发展历程表明，城市化是提升现代化水平的一个重要指标。1978—2007 年，城市数量由 193 个发展到 655 个。其中，市辖区人口 200 万人以上的城市由 10 个增加至 36 个；100 万～200 万人的城市由 19 个增加至 83 个；50 万～100 万人的城市由 35 个增加至 118 个（见图 10—1）。城镇总人口增长了 2.44 倍，乡村总人口减少了 7.9%。城镇人口占总人口比重由 1978 年的 17.92%上升到 2007 年的 44.94%，提高了 27.02 个百分点，年平均提高 0.9 个百分点；乡村人口所占比重由 82.08%下降到 55.06%。城镇就业人员从 9 514 万人增加到29 350 万人，年均增加 661 万人；城镇就业人员占全国就业总量的比重从 1978 年的 23.7%上升到 2007 年的 38.1%；乡村就业人员占全国就业总量的比重从 1978 年的 76.3%下降到 2007 年的 61.9%。①

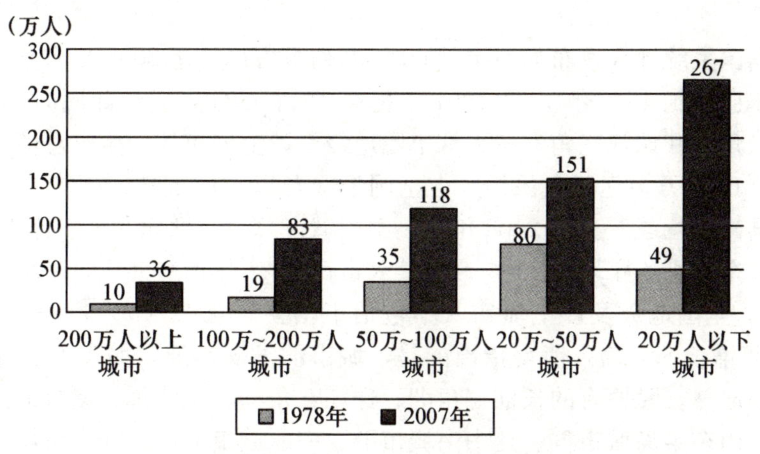

图 10—1　1978、2007 年城市数量

我国“离土不离乡式”的农村人口流动已持续了近 30 年，近年来又提出了“新农村建设”，2009 年三中全会出台了“新土改”政策主张。农村的任何一个改革都离不开相应的城市，特别是“新土改”政策，迫使城市经济

① 参见《经济结构在不断优化升级中实现了重大调整——改革开放 30 年我国经济社会发展成就系列报告之三》，见中央政府门户网站，http://www.gov.cn/gzdt/2008-10/29/content_1134672.htm，2008-10-29。

必须具有吸纳大量农村转移人口的能力。所以，中国农村改革的症结也要求启动更大的规模城市化过程。

二、我国城市社会新态势与更高阶段的社区建设

在我国目前的城市化进程中，“城市群”发挥的加速器和推进器作用，成为了令人瞩目的发展趋势。与此同时，“城市群”的板块效应及其风驰电掣的势头，使得我国城市社会将面对更多的实际问题。在积极应对城市社会的经济、政治、文化、社会生活和生态环境五大领域的挑战中，我国社区建设将走向一个新的里程。

（一）城市群崛起：当前我国城市化的逼人之势

据国家统计局发布的新中国 60 年系列报告称，迄 2008 年末止，中国城市化率已达到 45.68%，比 1991 年提高 19 个百分点。与此同时，京津冀、长江三角洲和珠江三角洲三大都市圈地级及以上城市地区生产总值（包括市辖县）10.6 万多亿元人民币，占全国地级及以上城市地区生产总值（包括市辖县）的三成三。到 2008 年底，中国城市总数达到 655 个，比 1991 年增加 176 个，平均年增加 11 个。城镇人口比 1991 年增逾九成，平均每年增长 5.6%。全国地级及以上城市（不包括市辖县）总人口 37 000 多万人，比 1949 年增长 8.5 倍。值得指出的是，城市群发展迅速，城市发展体系已逐渐走向成熟。除原有的长江三角洲、珠江三角洲、京津冀、厦泉漳闽南三角地带，山东半岛城市群、辽中南城市群、中原城市群、长江中游城市群、海峡西岸城市群、川渝城市群和关中城市群，已显端倪。[①] 近几年来，我国有关部门和研究机构密切关注中国城市发展的最新动态，年度研究报告和评估分析频频推出。这里，仅以 2009 年发布的最新研究报告为例。

2009 年 4 月 14 日，中国社会科学院举行“2009 年《城市竞争力蓝皮书》发布暨中国城市竞争力研讨会”。《城市竞争力蓝皮书》指出，2008 年

① 参见《中国城镇化率逾四成五三大都市圈 GDP 超十万亿》，见中国新闻网，http://money.stockstar.com/info/darticle.aspx? id=SS，20090918，30211820&columnid=1527，2009-09-18。

是中国城市在应对全球金融危机的同时，继续加快发展的非凡之年。并称，与沸腾的城市同行，在持续进行的理论、计量、案例和主题研究中，报告又获得了重要进展和新的发现。在理论研究部分，提出了“地均 GDP 及其增长是测度城市竞争力的适合指标”的重要假设，构造了更为简练的城市竞争力计量模型。报告中，中国最具竞争力的前十名城市依次是：香港、深圳、上海、北京、台北、广州、青岛、天津、苏州、高雄。①

2009 年 6 月 6 日，中国科学院可持续发展战略研究组发布了《2009 中国新型城市化报告》。报告从全球的视野和高度，深入探讨了具有中国特色的新型城市化道路。研究组选择了中国具有代表性的 50 个城市，从“发展动力”、“发展质量”、“发展公平”等指标对之进行了新型城市化水平定量评估。在新型城市化总水平的评比中，第一是上海，第二是北京，第三是深圳，第四是广州，第五是苏州，第六是成都，第七是天津。报告还全面梳理了 60 年来中国城市户籍制度和土地制度的变迁过程。②

2009 年 6 月 15 日，中国社会科学院发布《城市蓝皮书：中国城市发展报告（NO. 2）》。报告指出，总体上，2009 年中国城市经济发展仍处于较快增长区间。由于中国经济积累了雄厚的物质基础和足够的外汇储备，市场空间广阔，发展动力强劲，且具有较强的宏观调控能力，所以金融危机并没有改变中国城市经济发展的基本走势，城市经济发展的基本面依然向好。并称 2009 年，国家发改委将抓紧制定成渝经济区、江苏沿海地区、辽宁沿海经济带和促进中部崛起等一系列区域发展规划，加快报批和实施《京津冀都市圈区域规划》及《长江三角洲地区区域规划》，以充分发挥城市密集区在突破行政区划界限、优化资源配置中的重要作用。《城市蓝皮书》认为，中国新一轮城市化浪潮将开启。③

“蓝皮书”、“报告”的系列发布，无疑为已经是快速激烈的城市化进程添加了高潮迭起的效果。同时也表明，我国城市以及城市群之间的竞争已达白热化的态势。

---

① 参见倪鹏飞主编：《2009 年中国城市竞争力蓝皮书：中国城市竞争力报告（NO. 7）》，北京，社会科学文献出版社，2009；《〈2009 中国新型城市化报告〉在蓉首发》，见 http://www.chinanews.com.cn/cul/news/2009-06-06/1723468.shtml。

② 参见牛文元主编：《中国新型城市化报告 2009》，北京，科学出版社，2009。

③ 参见潘家华、牛凤瑞、魏后凯主编：《城市蓝皮书：中国城市发展报告（NO. 2）》，北京，社会科学文献出版社，2009。

（二）快速城市化过程及社会建设挑战中的社区

在 2050 年之前，中国的城市化率将提高到 70%以上，这就意味着每年平均需增长 1%左右的城市化率（即每年约 1 000 万至 1 200 万人口从农村转移到城市）。在这个过程中，各种挑战是不可避免的。从社会建设的基本领域看，具体表现为来自经济、政治、文化、社会生活和生态环境五大领域的挑战。也因如此，快速城市化过程以及社会建设挑战也是社区建设面对的新考量。譬如：

面对快速城市化过程经济建设挑战的社区。城市化水平的快速提升与社会对经济发展要求的提高，使得经济建设在产业模式、产业结构、产业形态、市场竞争能力、经济创新能力，以及发展低碳经济、节约型经济和循环经济等等方面都要加以调整和提升，这些调整升级将使城市经济发展面对诸多挑战，这在很大程度上又将转化为社区问题。例如，产业集聚、人口集中，导致了生产及生活要素资源的短缺，从而加剧社会群体及个人之间的竞争；产业结构调整和升级在一定时期和发展阶段上可能影响城市经济的发展速度、降低提供就业岗位的能力；特别是实施“退二进三”、“优二兴三”、“腾笼换鸟”，发展新型都市工业、高新技术产业和现代服务业，短时期可能降低对农村人口和低技术群体的吸纳能力。经济建设过程引发的社会问题在很大程度上将转化为社区问题，从而加大基层社会治理的强度。

面对快速城市化过程政治建设挑战的社区。城市化过程的一项重要任务，就是使城市的行政管理、民主政治、法治环境达到更高的水平，一些严峻的挑战也随之而来。随着城市化的快速推进，城市人口急剧增长和城市规模在不断扩张，“熟人社会”陌生化了，“陌生人世界”却常态化了，社会行为也“匿名化”了。城市管理任务越来越重、难度越来越大，人民群众对城市管理的要求也越来越高。社会成员权利意识的兴起已成为当代中国社会生活的一个新景观，其中，最为突出的是社会成员对于民主权利与公民权利的意识和要求。因此，要落实市民的知情权、参与权、选择权和监督权，使市民的政治权益得到切实保障，“问需于民”、“问情于民”、“问计于民”，形成市民的积极参与、健康参与。所有这些都增加了城市政治建设的难度，有待通过社区管理来化解。

面对快速城市化过程文化建设挑战的社区。对我国城市的历史稍作回溯

就会发现，许多名城往往处于中华古文明滥觞或发展的地带。然而，随着我国城市化速度的加快、城市人口的密集化，城市建设和人居环境正在挤占历史文化遗产的空间。因此，在城市化进程中，保护与发展、保护历史文化遗产，往往与城市经济发展和改善人民生活会形成一定的矛盾。这意味着，这些城市将面对一种特别的考量——如何保护自己的历史文化遗产。而且，对于那些越是文明历史悠久、文化底蕴深厚的城市，这项任务也越是艰巨。总体上看，我国城市化过程必须避免“拆老城、建新城”，探索有特色的、科学的城市化道路，传承历史、面向未来，注重以人为本，注重历史价值保护，注重城市可持续发展等。在此过程中，使文化遗产获得生命力，推进“文化的生活化”与“生活的文化化”，将传统文化、历史文化、高雅文化融入到城市的现代文化、通俗文化、大众文化之中，使生活、创业、消费、休闲融为一体，这些发展目标都有赖于通过社区文化建设实现“落地”。

面对快速城市化过程社会生活建设挑战的社区。高品质的生活质量越来越成为社会成员对当今城市生活的迫切要求，这本身也提升了城市化过程的挑战。譬如，城市化的快速发展必然面对人口的压力。目前，我国人口三大高峰（即人口总量、劳动就业人口总量、老龄人口总量）相继来临，由此引发的城市居民生存保障问题、劳动力的就业机会问题、全国社会保障体系的一体化和完善问题、人口老龄化趋势与社会抚养负担加重问题等等，都是城市化进程面临的巨大挑战。再如，从改善民生来看，城市已成为民生问题集中的重要区域，而且，城市发展本身往往导致了各种民生问题，如“交通难”、“出行难”、“停车难”、“上学难”、“看病难”、“住房难”等等，已经成为许多城市难以根治的顽症。如何让人民群众共享城市化带来的好处和实惠，让人民群众拥有与经济社会发展水平相对应的幸福感和满意度，是一个重大课题。为此，必须加强社会建设，不断改善民生，使广大人民群众学有所教、劳有所得、病有所医、老有所养、住有所居，实现发展成果由人民共享。所有这些都离不开社区建设。

面对快速城市化过程生态环境建设挑战的社区。城市化的战略目标强调自然系统与社会系统的和谐、生态环境系统与居住环境系统的协调，实现城市建设与生态建设的统一，以保证城市的快速发展和生活质量的提高。然而，快速发展的城市化本身使得城市生态环境的转变面临很大难度。有关研究表明，我国城市的生态环境（大气环境、水环境、固体废弃物环境、社区环境和居室环境）目前仍然处于局部改善、整体恶化的状态。城市经济发展带来的垃圾处理量剧增，水污染和大气污染加剧，光污染、噪声污染日趋严重等等，不仅使城市生态环境付出了巨大代价，也使城市居民付出了巨大代价。总体上说，我国城市生态环境建设仍然比较滞后，而社区生态环境建设无疑是这种状况得到彻底改变的一个基础。

三、社会资源配置的“社区化”：重大变革与机制创新

如果采取社会学的眼光，无论是经济政策的调整或产业结构的升级，还是社会治理方式和制度体系的转变，其实质都将这样或那样地与社会的利益结构形成联系，最终将涉及到社会资源配置格局与配置方式。因此，快速城市化过程对社会建设以及社区建设提出的挑战，实质上也可以说是一个社会资源配置格局与配置方式问题。

对于不同的学科而言，“资源”可以有不同的解释。经济学中的“资源”主要被理解为物质的、有形的和经济的、市场的资源，强调其对于经济生产和市场发展所具有的规定性与决定性。而在社会学中，“资源”被理解为“社会资源”，也就是说，“资源”是社会性的，资源的广泛含义和社会属性应受到更多的关注。“所谓‘社会资源’，其内涵是指一个社会赖以生存和发展所需的人力、财力、物力、机会等生产和生活资料。社会资源的外延，按不同划分标准，可分为可再生资源和不可再生资源，人力资源和非人力资源，经济资源和非经济资源，物质资源和非物质资源，即硬资源和‘软’资源等。人们还经常按不同领域来划分广义的社会资源，于是又有了政治资源、经济资源、文化资源、社会生活资源等。人们还按照公私关系，把社会资源分为‘公共物品’和‘私人物品’。”[①] 从社会学的视角来看，物质的、有形的、现实的、经济的、市场的资源固然重要，非物质的、无形的、抽象的、文化的、符号的资源也十分珍贵，某种意义上甚至更为重要。

在我们看来，目前我国社区建设正面对社会资源配置格局和机制的深刻变化。城市化过程的诸多挑战引发的各种新现象和新问题提醒我们，必须促

① 郑杭生：《走向更加公平合理的社会资源配置格局——新中国60年社会发展和建设成就》，见郑杭生主编：《新中国60年·学界回眸：社会学与社会建设卷》，北京，北京出版社，2009。

成社会制度安排与日常生活行动这两个侧面创新的双向促进，在平凡琐细的工作中逐渐积累起于微见著的制度性效果，以新的方式推进社会管理和社会治理。因此，社会建设的宏观构想势必要向基层社会下沉，从而有效应对社会建设各个领域的挑战。确切地说，社会建设必须向社区下沉，逼近城市居民的切实需要，在基础一线服务过程中实现“落地”。这也正是一系列的“进社区”行动——便民服务、警务治安、人民调解、基层民主、教育科技、社保医疗、卫生环保——的基本意义所在。

“进社区”系列行动逐渐推进了基层社会利益结构的调整、制度体系的创新、治理方式的变革，在此过程中形成更为合理的、有效的社会配置格局和配置机制，从而使以人为本、科学发展、共建共享以及社会的公平正义，真正落实在基层社会。我们将这一过程称之为“社会资源配置的社区化”。从我们的实地调查研究来看，其最为重要的变化主要表现为两个方面：一是在社区建设的重大领域建立更为合理的社会资源配置格局，二是通过社区服务和治理体制的创新来探索更为有效的社会资源配置机制。

（一）五大领域变革与社会资源配置的“社区化”格局

自上世纪 80 年代中期至今，在中共中央、国务院等有关部门的指导下，以人为本、服务居民，资源共享、共驻共建，责权统一、管理有序，扩大民主、居民自治，因地制宜、循序渐进等成为我国社区建设的基本原则，社区服务的范围不断扩大、质量不断提高。同时，社区工作具有了前所未有的社会化特征，涵盖了社区经济、治理、卫生、文化、教育、治安以及社区矫正、救助、社会保障、再就业工程、流动人口管理、人民调解、环保等各个方面。经过近 20 多年的努力，我国社区建设的地位和作用已经提到了新的历史高度，成为了一项意义深远的伟大建设性工程。与此同时，一项变革也随之悄然发生，这就是社会资源配置格局和机制的社区化过程。其深远意义仍然有待我们进行更为深入的研究和探索。

如果从社会的基本领域进行分析，社会建设具体又可划分为经济建设、政治建设、文化建设、社会生活建设和生态环境建设这五大领域。社会建设的基本领域也是社区建设的重大领域。沿着这些重大领域的变化可以看到，随着社会资源配置格局和机制的社区化进程，社区建设出现了新的特点。

其一，社区民生问题的化解。在社区，经济利益很大程度上集中表现为社区民生问题。所谓民生问题，通俗地说，就是老百姓遇到的与衣食住行、生老病死等日常生活相关的问题，也可以说是老百姓过日子所遇到的种种问题。用社会学的术语说，就是社会成员如何从社会和政府那里获得自己生存和发展的社会资源和社会机会，来支撑自己的物质生活和精神生活的问题。[①] 党的十七大报告提出了改善民生的六个重点，即教育、就业、收入分配、社会保障、医疗卫生和社会管理，要使人们“学有所教、劳有所得、病有所医、老有所养、住有所居”。随着民生问题成为社会关注的一个重点，社区建设的重要性也必然进一步提高。社区是各种民生难题和社会矛盾的交汇点，“如企业改革的‘4050’人员、大中专毕业生的去向以及农村大量富余劳动力涌向城市等交织在一起引起的就业问题；老龄化日益严重所带来的养老问题；收入分配调节机制尚不完善，带来的贫富分化问题；看病难、上学难、住房难，等等。”[②] 正因如此，通过社会资源的社区化配置使社区民生问题得到化解，是和谐社会建设最为直接和最为基础的必要条件。

其二，社区的民主自治与善治。在一定意义上可以说，社区民主自治与善治是社区建设的题中之义。早在 1955 年联合国社会局在《通过社区建设实现社会进步》报告中即指出：“社区建设可以说是一种通过全体居民积极参与和充分发挥其创造力，以促进社区的经济、社会进步的过程”。全球治理委员会 1995 年的研究报告《我们的全球伙伴关系》将治理界定为，各种公共的或私人的个人和机构管理其共同事务的诸多方式的总和，是使相互冲突的或不同的利益得以调和并且采取联合行动的持续的过程。[③] 2000 年 11 月，中共中央办公厅和国务院办公厅转发《民政部关于在全国推进城市社区建设的意见》，明确了“以人为本、服务居民，资源共享、共驻共建，责权统一、管理有序，扩大民主、居民自治，因地制宜、循序渐进”等社区建设

---

① 关于民生问题的系统分析参见郑杭生：《社会建设：改善民生与公平正义》，载《中国社会科学院院报》，2007-11-15；郑杭生：《抓住改善民生不放，推进和谐社会构建》，载《广东社会科学》，2008 (1)；郑杭生、杨敏：《关于社会建设的内涵与外延》，载《学海》，2008 (3)；郑杭生、黄家亮：《论社会建设的理论意涵与实践思路》，载《中国共青团》，2008 (11)。

② 马丽华：《关于如何构建“和谐社区”的几点思考》，见社会学视野网，http://www.sociologyol.org/yanjiubankuai/tuijianyuedu/tuijianyueduliebiao/2009-08-03/8510.html。

③ 参见俞可平主编：《治理与善治》，242 页，北京，社会科学文献出版社，2000。

的基本原则。近年来，我们对广州、深圳、武汉、郑州、杭州等城市社区进行的实地调查研究表明，社区的民主参与和居民自治已成趋势，大大推动了政府公共服务和公共管理向社会基层的下移，也提高了社会治理与善治的发展水平。

其三，社区文化与共同意义的建设。社区文化是社区物质文化、精神文化和制度文化的总体表现，是社区居民在长期的共同生活中形成的，是社区共同体的一个重要标志。我们曾经作了如下一些探讨：在实践中，社会共同性至少有两个基本的方面，其一是利益的共同性。利益共同性往往直接取决于一个社会的利益结构是否正义、公正。其二是意义的共同性。社会成员、群体或阶层对自我利益赋予怎样的意义，涉及到“意义的共同性”问题，这在任何一个社会的共同生活中都有着核心位置。前者有赖于制度安排形成制度资源；后者则有赖于意义构建形成意义资源。在这两种资源中，共同的意义基础上塑造和确立的共同理想，是共同行动、共建和共享的前提。因而意义资源的功能是有形的、物质的资源无可替代的，所带来的实际效果也是独有的。由于意义的共同性本身是无形的，意义资源的稀缺是隐性的，更易被忽视。[①] 然而，市场机制的过度渗透使得人们之间的联系变得以利益纽带为主，以及日常生活的公共化和人际关系的疏松化，人们价值观念高度分化等，“对于当今中国的社区建设来说，相对于利益共同体的构建，意义共同体的培育任务更加艰巨”[②]。因此，社会资源的社区化配置对于社区文化与共同意义的建设有着深远意义。

其四，社区生活世界的重建。市场经济和城市化的迅速发展带来了人们生活的高速变频，使传统上的社区生活世界遭受了重创。我们归结了社区生活世界的两个重要变化——日常生活公共化和人际关系疏松化。[③] 所谓日常生活公共化，是指我们的衣食住行、人际交往等日常生活的各方

① 参见杨敏、郑杭生：《依然在路上：穿越历史大弯道的个人与社会》，载《中国人民大学学报》，2007 (6)。

② 郑杭生：《和谐共同体和硬实力/意义共同性和软实力——从广州深圳的实践看社区建设的两大层面及其基本问题》，见郑杭生主编：《和谐社区建设的理论与实践——以广州深圳实地调查为例的广东特色分析》，10～13 页，北京，党建读物出版社，2009。

③ 参见郑杭生主编：《中国特色和谐社区建设“上城模式”实地调查研究——“上城经验”的一种社会学分析》，参见核心报告的第五章“在价值观开放多元的时代促进意义共同性的上城特色”，98～109 页，北京，世界图书出版公司，2009。

面，越来越多地由公共设施来承担，因而越来越方便。在我国城市社区，这种日常生活公共化已成明显趋势，如饮水、食物、能源还有其他各种生活服务，都持续地“公共化”了。与此同时，利益驱动倾向和人际关系疏松化也日益突出。社区生活世界的重建也成为一个问题。在实际中我们观察到，一些城市在社区建设中建立了社区幸福指数，包括社区成员的归属感、安全感、舒适感、方便感、关爱感、自治感、参与感、群体感、亲情感、保障感等指标，作为社区日常生活进行评估的指标化体系。① 对于社区生活世界的重建来说，社会资源在社区的合理配置是不可或缺的重要条件。

其五，社区生态环境的保护。改革开放标志着我国经济社会发展进入了新的时期，与此同时，“初级发展”的困境也逐渐显现出来。所谓初级发展主要表现在五个方面：第一，发展目标是初级的；第二，发展的手段是初级的；第三，用于发展的资源是初级的；第四，参与发展的各主要方面的关系是初级的；第五，发展的结果也是初级的。② 客观地说，在目前，这些发展的初级性并没有从根本上得到扭转，仍然是我国经济社会发展的困境，也对我国城市化形成了瓶颈制约。在初级发展带来的困境方面，城市生态环境保护面临的严重问题是有典型性的。“自 1995 年以来，我国环保部门收到的群众来信数量和接待的群众上访数量都呈增加的趋势。特别是 2002 年以来，虽然环境污染与破坏事故次数有所下降，但是群众来信却以每年 13%的速度递增。”③ 所以，生态环境问题已成为引发社会矛盾、影响社会稳定的一个重大因素。应当把新一轮城市化变为从初级发展向科学发展转变的机遇，将城市建设成为生态城市和绿色城市，其中，极为关键和实质性的环节是社区生态环境的建设。社区生态环境不仅仅是社区绿化覆盖率的提高，更为重要的是使社区的生态系统能够形成自我持续、自我循环和自我发展的机制，最大限度地实现社区各种物质资源

① 参见《杭州市上城区和谐社区建设测评规范》，杭州市服务标准规范，DB3301/T. FW09—2007。

② 本报告中有关改革开放一定时期以来我国经济社会的初级发展的论述，参见郑杭生教授的文章《改革开放 30 年：社会发展理论和社会转型理论》，载《中国社会科学》，2009 (2)。

③ 熊凤水：《生态型城市：郑州“三化两型”社会建设的理念与实践》，参见赵君、杨敏：《“三化两型”城市：科学发展与和谐社会建设的具体体现——以郑州实地调查为例的河南特色分析》，307～308 页，北京，世界图书出版公司，2009。

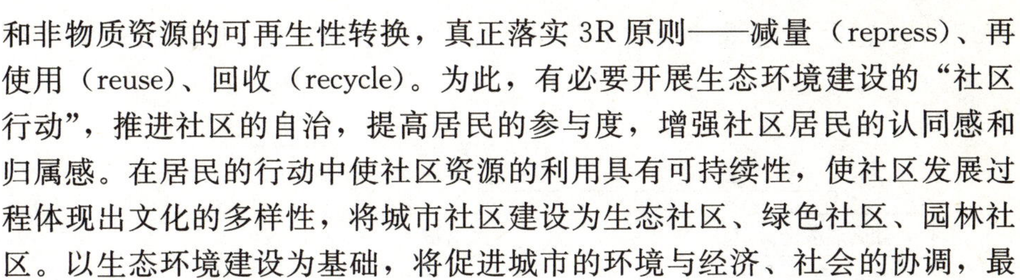

和非物质资源的可再生性转换，真正落实 3R 原则——减量（repress）、再使用（reuse）、回收（recycle）。为此，有必要开展生态环境建设的“社区行动”，推进社区的自治，提高居民的参与度，增强社区居民的认同感和归属感。在居民的行动中使社区资源的利用具有可持续性，使社区发展过程体现出文化的多样性，将城市社区建设为生态社区、绿色社区、园林社区。以生态环境建设为基础，将促进城市的环境与经济、社会的协调，最终实现人与自然的和谐。

（二）组织优化与社会资源配置的“社区化”结构

社区是个人间亲密关系构成的生活共同体，也是一种社会的组织和制度体系。一般而言，中国城市社区组织架构包括三大部分——社区党组织、社区居委会、社区服务工作站，通过“三位一体”的运作方式共同实现社区事务的管理。在实际上，社区组织是一种更为复杂而多元的制度体系，在有关社区中，往往集中了党组织与群众组织、政府组织与自治组织、中介组织与专业组织等。这些组织具有不同的形式、达成不同的目标、体现不同的功能、实行不同的权利与义务规范，总体上可归结为三种类型——公共性组织、市场性组织、社会性组织。在社区中，这些组织的基本目标应当是一致的，这就是以更好的服务来满足社区居民多方面的利益需求。为此，社区组织需要进行不断的自我调整和变革，以促成组织设置、目标、功能、职责、行为规范等的优化和提升。近年来，我们通过对不同城市及社区的实地调查研究，获得了社区组织自我调整和变革的第一手资料。

譬如，根据我们 2007 年对郑州市社区的实地调查，金水区经八路街道办事处几年来对所辖社区组织持续进行了结构优化和功能提升，使社区党组织、社区居委会、社区工作站整合为一体，形成一种“复合”结构。街道办事处对社区组织作出了明确的规定：社区党组织按照组织要求，由书记、组织委员、宣传委员、统战委员各一名组成支委会；社区居委会按照社区内不同的户数要求，由主任、副主任、委员若干名组成；社区工作站根据社区行政工作的需要，设社会劳动保障、计划生育管理、税源经济管理、安全生产监督管理岗位各一个。① 社区组织的具体关系参见图10—2。

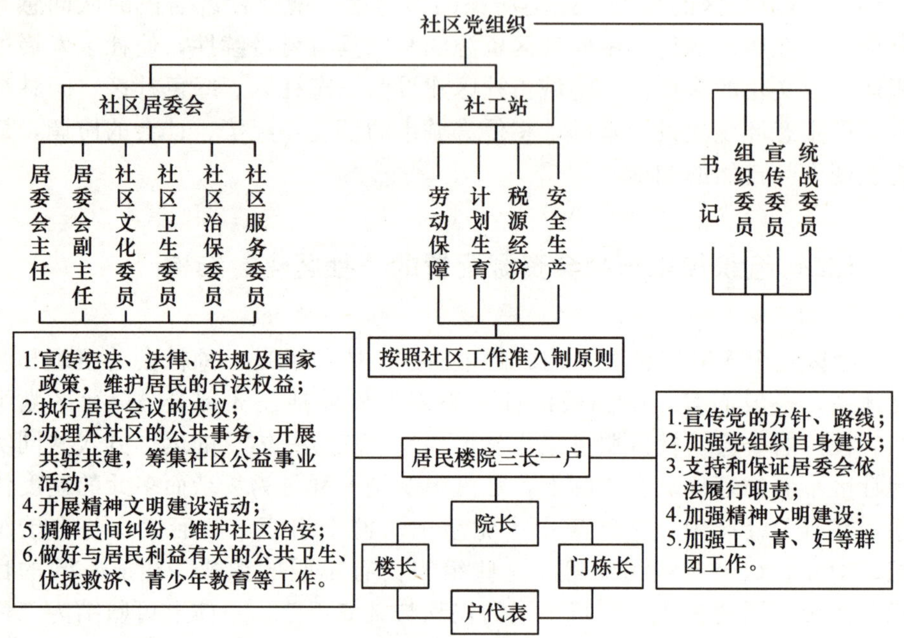

图 10—2　郑州市金水区经八路街道办事处社区组织架构

再如，2009 年我们对杭州市上城区社区进行了实地调查。上城区实行由社区党组织、社区居委会、社区公共服务工作站组成的“三位一体”的组织架构（见图 10—3）。从实际来看，“三位一体”的组织架构内部还有多种组织设置，它们之间通过人员相互兼职、项目彼此交叉、运作互为支撑，形成一个具有整体性的复合性主体。② 中国的城市社区通过微观世界与宏观结构这两个侧面的生动集合，使自身转变为新型的实体架构，为承载和实施社会资源配置的“社区化”提供了现实的组织基础。

---

① 参见郑州市金水区经八路街道党工委、经八路街道办事处：《郑州市金水区经八路街道街区建设工作资料汇编》，28 页，2006-05。

② 参见杭州市民政局：《杭州市社区公共服务工作站试点建设经验交流材料汇编》，200 页，2009-04。

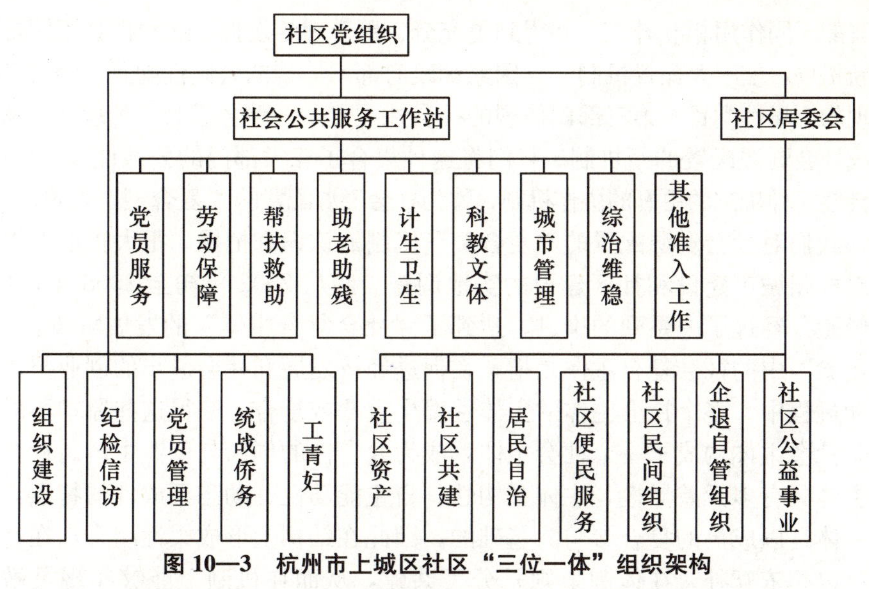

图 10—3　杭州市上城区社区“三位一体”组织架构

（三）复合型模式与社会资源配置的“社区化”机制

30 年来，我国经济体制不断由计划体制向市场体制转轨，社会资源的配置方式也随之出现了越来越明显的转变。从实际来看，社会资源的配置有三个主体力量的参与，即政府主体、市场主体和社会或民间主体。一般而言，“政府主体主要的责任是制定规则、监管调控、维护秩序，提供公共物品”，“市场主体的作用主要是在经济领域保障供给、实现交换、创造财富、增进福利”，“社会主体的责任主要是公益性和志愿性的”。① 随着我国经济和社会的发展，对社会资源采取单一的配置机制（譬如，传统上由国家和政府对所有的社会资源实行统一配置，以单一的行政化方式实现对社会资源的管理；或者由企业等营利组织自发地进行公共物品的生产和供给，以单一的市场化方式对社会资源进行调配；或者由非营利的社会组织自愿地提供资源或服务）都不能很好地满足社会生活的实际需要。现实的要求是，在社会资源的配置方面必须形成三大部门的“合力”，使国家和政府部门、经济部门以及不属于前两大部门的第三部门共同构成社会资源配置的新格局，使三大部门对社会资源

① 参见郑杭生撰写的本书第一章《总论：优化社会资源配置　建设新型社会主义》。

配置的不同作用相互补充，并得到更充分、更合理的发挥。这种社会资源配置的新格局，使三大配置机制——国家和政府部门体现的公共性配置、经济部门体现的市场性配置、第三部门体现的社会性配置——整合成为一种现实，从而促成社会资源配置的新机制。我们将这种集合了三大部门的公共性、市场性、社会性三种机制的更好的协作机制，称为社会资源配置的“复合型”机制。

我们对社会资源配置的“复合型”机制的认识和把握，很大程度上得益于对杭州城市建设和社区建设的实地调查。约从2002年初至2008年，“杭州经验”经过了一系列的推进，达到了“社会复合主体”的发展阶段。“杭州经验”中的社会复合主体是指，在促进经济发展和社会进步的创业与创新行动过程中，多个社会主体的主体性发生重叠或复合，使得这些原本不同的多个社会主体构成了一个社会主体，成为复合性的创新与创业主体。社会复合主体具有多元差异性、主体互构性、自主能动性、动态开放性的特点，由于主体是以成员的复合参与为基础的，因此在结构上形成柔性组合，在功能上可以相依互补，在体制上则是分类共建，从而在机制上能够实现灵敏活化、相互协调。从杭州市的实践来看，社会复合主体这种创新型构架容纳了“四界”、涵盖了“五域”。所谓“四界”是指社会复合主体的构成主要来自四大方面——党政界、知识界、行业企业界、媒体界，是政府与行业企业、知识界、媒体、社会组织、市民之间的彼此联动和互相支撑。“四界”表明，社会复合主体是使国家政府、企业、社会组织、个人等不同行动主体之间形成协调和整合关系的一种形式。所谓“五域”即指社会复合主体的行动涵盖了社会建设的五大领域——经济建设、政治建设、文化建设、社会建设、生态环境建设，通过五大领域的建设行动奠定了杭州市“生活品质之城”的基础。五大领域的建设行动进一步表现为经济生活品质、文化生活品质、政治生活品质、社会生活品质、环境生活品质的五大提升，并直接转化为了城市建设过程的“五大关注”——关注创业创新、关注文化文明、关注民生民安、关注民主民意、关注生态生息。由此可见，社会复合主体推动了社会资源和社会机会在配置方面的优化和合理化。

值得注意的是，社会复合主体也是杭州市社区组织的新型主体架构。2009年6月，我们对杭州市上城区社区进行实地调查时，在紫阳街道办事处看到了上羊市街社区的一份文件——《创新思路　健全制度　积极打造社区民主自治复合主体》。文件指出：“根据市委、市政府关于积极培育社会复合主体的要求和区委、区政府《关于在区、街、社区开展社会复合主体试点

工作的通知》的文件精神，上羊市街社区紧密结合‘新中国第一个居委会’打造工作，大力开展社区民主自治复合主体创建工作，创新思路，整合资源，大力开展社区自治和社区建设，强化社区居委会民主自治的性质。”文件进一步阐述了健全“四会三制度”、夯实工作基础。所谓“三制度”即民主协商申请制度、民主协商实施程序制度、民主协商监督制度；所谓“四会”即民主恳谈会、民主听证会、民主议事会、民主评议会。为了真正落实“协商式民主”，上羊市街社区还明确规定了民主议政日。我们特别注意到，为了实现邻里自治互助、培育“残疾人民间艺术中心”，上羊市街社区建立了“残疾人创业自治复合主体”——“残疾人民间艺术中心”，使社区助残组织与解百集团、华日集团、杭州松下、数源西湖、张小泉集团、杭州新新扇业有限公司和杭州王星记扇厂等企业形成联系，开展“残疾人拜师就业”活动，组织辖区残疾人和企业优秀技师签订技能培训和师徒备忘协议，由技师为残疾人免费传授家电维修、剪刀制作、工艺扇制作等技术，对有就业需求和就业能力的残疾人开展订单培训和定向培训，对表现突出的残疾人优先考虑招工。① 上羊市街社区通过社区复合主体这一组织形式，促成了多方社会资源在社区的整合，实现了社会资源配置的社区化。

紫阳街道办事处上羊市街社区的经验仅仅是杭州市社区复合主体的一个案例，只是社会资源配置的“复合型”社区机制经验中的一个典型代表。杭州市社区建设以“社区复合主体”促成政府组织、经济组织、社会组织以及个人的合力，为社会资源的三种配置机制——公共性机制、市场性机制、社会性机制——的协调整合提供了实际的组织载体。社区中的各种社会组织、群体、个人的广泛参与，形成了上下互动、彼此互制的格局，协调了利益关系、优化了资源配置、增进了相互认同，大大提高了社区的善治水平。

四、社会资源配置的“社区化”机制创新案例采撷

——杭州市上城区“二化四网六平台”的社区信息化

2009 年 6 月，我们对杭州市上城区社区建设作了深入的实地调查。这

① 参见紫阳街道上羊市街社区：《创新思路　健全制度　积极打造社区民主自治复合主体》。

次调查不仅涉及了区委区政府相关直属部门、民政局、司法局、区委组织部、公安分局、综治委、卫生局、文广新局、劳动与社会保障局、残联、社区学院等单位，而且覆盖了上城区的全部街道办事处——南星街道、紫阳街道、小营街道、湖滨街道、望江街道、清波街道。调查组还深入到了以下社区：南星街道的海月桥社区、复兴桥社区、紫花埠社区、美政桥社区，湖滨街道的东坡路社区、岳王路社区、青年路社区、东平巷社区，清波街道的劳动路社区、定安路社区、柳翠井巷社区，紫阳街道的上羊市街社区、彩霞岭社区、凤凰社区，小营街道的小营巷社区、葵巷社区、金钱巷社区，望江街道的在水一方社区。这次调查不仅直接接触到上城社区建设工作战线上的绝大多数领导同志，还直接接触到了该区的 6 个街道，以及在 52 个社区从事一线工作的一批社区工作者和社区居民。

上城区社区建设进行了许多新的探索，通过“社区复合主体”形成社区内外部的政府组织、经济组织、社会组织以及个人力量的整合，使社会资源配置的“复合型”社区机制发挥出了明显的实际作用，以灵活的方式将各种社会资源转化为社区的可支配资源，从而提高了社会资源配置的合理性和有效性。我们的实地调查发现，上城区社区建设的这些新鲜经验都离不开一条核心经验——社区的信息化建设。

（一）构建“双维社区”，实现资源配置的社区化

改革开放和我国城市化的快速推进，使我国社会基层的微观治理格局发生了深刻变化。随着单位制的解体，越来越多的社会成员由“单位人”转变为“社会人”，最终变为了“社区人”沉淀在社会基层。这一变局促使我国社会治理走向了新的发展阶段，政府的工作职能也发生了由管理型向服务型的持续转变，政府各职能部门的工作重心也不断下移，将服务和治理不断推向一线的实际需要。这推动了社区建设事业的勃然兴起，与此同时，社区一线工作也承受着前所未有的压力。客观地说，在相当时期内，中国社区工作都普遍面对一种矛盾——可支配资源的有限性和所承担责任的无限性。这就迫使基层社区必须探索新的思路和方式，强化工作能力、提升管理效能、破解实际难题。其中，如何建立社会资源的社区化配置格局和配置机制，是实现新型社区服务和治理的关键。

社会资源配置的“社区化”首先要应对社区工作的一系列实际难题。譬

如，小政府与大社会的矛盾。一方面，政府在社区的机构设置、组织规模和人员编制日益收缩，另一方面，我国社会结构日益分化和复杂化使得社区所需处理的事务却在急剧增加。这种政府“小”体制的制约与社会“大”需求的压力，直接对基层社区的工作带来了十分明显的影响。再如，政府部门分割的矛盾。主要体现在四个方面：一是纵向的条条分割，二是横向的块块分割，三是条块交叉分割，四是垂直的层级分割。这些分割降低了部门之间的交流与协作，而且导致了各部门争资源、重政绩、避责任，造成了许多不必要的竞争和隔阂。政府行政部门的分割状态使基层社区的工作常常处于为难的境地。又如，政府工作下移、基层负担过重的矛盾。从我们的实际调查来看，社区负担过重的情况主要体现在七个方面：一是台账材料多，二是调查报表多，三是证明盖章多，四是会议活动多，五是检查考核多，六是组织牌子多，七是硬件性指派任务多。而且，在社区负担过重的同时，管理成本高、工作效率低、群众意见多成为了突出的问题。①

显然，社区建设必须探索新的道路、方式和手段来解决上述问题。在我们看来，社会资源配置的“社区化”也是寻找这些难题的现实出路的过程。在党的十五大、十六大和十七大报告中，都着重强调信息化的战略地位，提出“推进国民经济信息化”，“以信息化带动工业化”，“全面认识工业化、信息化、城镇化、市场化、国际化深入发展的新形势新任务，深刻把握我国发展面临的新课题新矛盾，更加自觉地走科学发展道路”等等。杭州市上城区正是将信息化和电子技术作为社区建设的发展战略，构建起了一种特殊的软环境，铺设出了一条新的运行轨道，化解了政府“小”体制的制约与社会“大”需求的压力，消除了政府行政部门之间的分割，使原来分而治之的各种资源得到整合，降低了管理成本、提高了工作效率。在杭州市上城区，以这种软环境和运行轨道为依托，社会资源的社区化配置就得以成为现实。

从 2001 年起，杭州市上城区即开始尝试“双维社区”建设之路。一些社区和单位已经进行了初步的信息化探索，而后来，这些探索又被认为是一项宝贵的经验而在浙江全省范围内进行了推广。目前杭州上城已建立了“二化四网六平台”的信息化工作格局，并形成了上城自身的工作标准。应当

---

①　参见郑杭生、杨敏、黄家亮等：《中国特色和谐社区建设“上城模式”实地调查研究——“上城经验”的一种社会学分析》，参见专题报告的第一章《信息化与电子社务——上城治理创新引领下的信息化工作模式》，167～171 页，北京，世界图书出版公司，2009。

说，这一工作格局和标准既体现并遵循了党的方针政策，同时又形成了符合上城自身特点的上城信息化特色模式。①

杭州市上城区的信息化和电子技术的社区发展战略，是我国当前社区建设在发展理念和发展道路方面的重要探索，为城市社区的快速发展和科学发展提供了新鲜经验。这一探索的创新性在于，从传统上的“单维社区建设模式”初级阶段，发展到了“双维社区建设模式”的最新阶段（见图10—4）。所谓“单维社区建设”是指将社区建设理解为单一的实体性、物理性和地域性社区的建设。所谓“双维社区建设”则是指社区建设的内涵不仅仅是单一的实体性、物理性和地域性社区的建设，而且还包括虚拟化、数字化和信息化社区的建设。

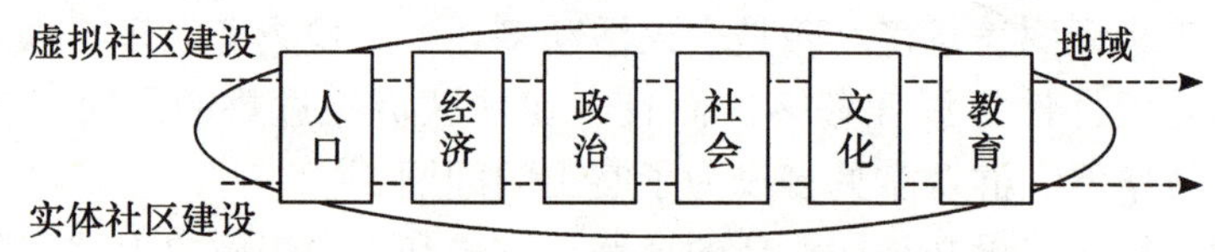

图10—4 杭州市上城区双维社区建设示意图

在今天，我国的经济和社会发展正在走出初级发展的误区，迈向科学发展的更高阶段。在此过程中，虚拟化和信息化社区的建设有着非常重要的、甚至是更为重要的意义。凭借社区信息化提供的更为先进而合理的发展理念、方式和手段，以“双维社区建设模式”来打破“单维社区建设模式”的局限性，从而使实体性和地域性社区中以传统方式和手段难以应对的多种实际难题得到了解决，使社区党组织、社区居委会、社区服务工作站组成的“三位一体”的社区管理架构，以及政府组织、经济组织、社会组织和个人构成的“复合型”模式发挥了新的作用。这就推动了社会资源配置的社区化格局和机制走向了现实过程。

（二）“二化四网六平台”与推向一线的社区服务

具体来说，杭州市上城区的“双维社区建设模式”，就是在进行实体性、

① 参见郑杭生、杨敏、黄家亮等：《中国特色和谐社区建设“上城模式”实地调查研究——“上城经验”的一种社会学分析》，参见专题报告的第一章《信息化与电子社务——上城治理创新引领下的信息化工作模式》，167～171页。

物理性和地域性社区建设的同时，实现高度信息化、数字化的虚拟社区的建设，通过社区信息化系统提供的技术手段和网络轨道，扩容社区政务的处理，扩展社区居民的服务。“双维社区建设模式”使社区建设取得了突破性的进展。上城区的信息化、数字化虚拟社区的技术依托是社区信息化系统，可概括为“二化四网六平台”。所谓“二化”是指社区管理信息化和社区服务信息化；所谓“四网”是指“e家人”社区事务管理网、社区电脑服务网、社区电视服务网、社区电话服务网；所谓“六平台”是指社区事务管理平台、居民互动网络平台、公共服务信息平台、社会志愿服务平台、居家养老服务平台、为民服务联盟平台。以“二化四网六平台”为技术载体，上城区解决了多年来难以解决的诸多问题，社区建设呈现出新的面貌。

社区工作推向了第一线，解决了政府服务和治理的“落地”问题。譬如，上城区搭建了网上“在线互动一站式”审批服务平台（见图10—5、图10—6），涵盖了计生、民政等绝大部分与民生密切相关的事项。自2008年6月份运行以来，纳入行政审批服务项目81项，其中29项已实现互联网上预受理，52项可以通过社区、街道或各业务部门以及区行政服务中心来申报。

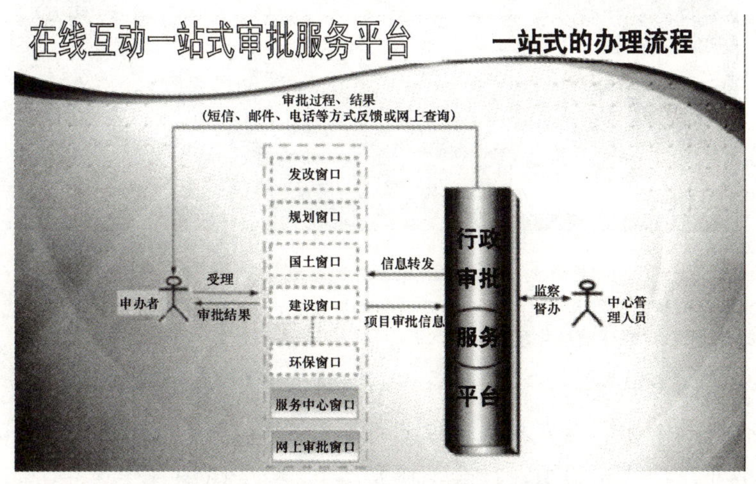

图10—5 杭州市上城区“在线互动一站式”审批服务平台示意图1

资料来源：朱雅芬、邢黎闻：《服务型政府的信息化亮点——记杭州市上城区“在线互动一站式”审批服务平台》，载《信息化建设》，2009(4)。

通过网上预受理系统，掌握电脑的基本操作的人，可以在任何时间和地点，通过一台联通互联网的电脑，进行所需服务事项的申办。不会使用电脑的人，则可以将纸质申办材料交给就近社区、街道或是区行政服务中心，让办事员在电脑里录入申办事项信息。接着，系统的“审批事项自动流转”功能会让各相关业务部门通过该平台来完成受理审批业务。同时，系统提取每一个流程环节的状态信息以语音电话、短信、网络查询平台自主查询等多样的形式，在第一时间内通知申办者。这一程序使得“人不跑、信息跑”和“一站式全程委托、自动代办”的理念成为了现实。网上审批事项部门办结的平均时间由原来传统模式的 3 天，缩短为了目前的 0.9 天。这些举措的直接效果是办事时限提前，百姓得到了快捷高效的优质服务。

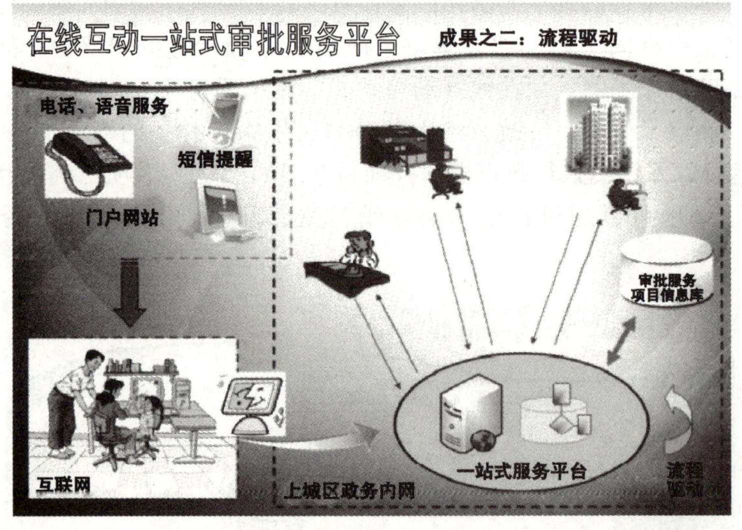

图 10—6　杭州市上城区“在线互动一站式”审批服务平台示意图 2

资料来源：朱雅芬、邢黎闻：《服务型政府的信息化亮点——记杭州市上城区“在线互动一站式”审批服务平台》，载《信息化建设》，2009 (4)。

社会主体多元参与，构成“社区复合主体”。上城区社区信息化系统体现了社会行动主体的多元参与，这些社会主体包括政府组织（区委区政府、街道办事处、社区党组织、社会工作站等）、经济组织（生产企业、中介组织、股份公司等）、社会组织（民间非营利组织等）以及个人（见表 10—1)。仅以经济组织为例，上城区驻地的浙江迪佛网络科技有限公司、浙江援通科技发展有限公司、浙江华数数字电视有限公司等多家企业都是社区信息化系统建设的参与者。这样，借助社区信息化系统形成了一个个“社区复合

主体”，为社会资源得到更为合理和有效配置提供了条件。

表 10—1 上城社区信息化四网的复合参与主体

四大网络	政府	企业	社区	非营利组织	公众
e家人社区事务管理网	上城区政府、民政局、信息化工作办	浙江迪佛网络科技有限公司	湖滨街道岳王路社区居委会先行试点	—	上城区居民户籍基本信息提供
电脑服务网	上城区政府、区民政局	信雅达公司	各社区在电脑服务网中有专门工作平台	各社区内各类非营利组织的入网融入	上城区各社区居民广泛参与资料提供
电视服务网	上城区政府	华数电视有限公司	—	—	上城区居民参与信息提供
电话服务网	上城区政府	区电信公司	—	杭州市民呼叫中心、上城区各家医院、养老院	—

“复合型”机制推动社区建设，促进社会资源的合理配置。如前所述，社区集中了社会中的各种组织——党组织与群众组织、政府组织与自治组织、中介组织与专业组织等等，因而每一个社区几乎都可以看到社会三大部门的缩影，它们往往体现了公共性、市场性、社会性这三种不同的机制，对社会资源配置发挥着各自不同的作用。基于社区组织的多元参与而构成的“社区复合主体”，体现为一个有机协作的整体，既能发挥各自的活力，又能实现有序的运作。在上城区的社区中，党组织与群众组织、政府组织与自治组织、中介组织与专业组织的联动运行，形成你中有我、我中有你的格局，通过彼此关联、互为支撑来实现资源共享。“社区复合主体”使公共性、市场性、社会性这三种不同的机制能够相互补充，共同形成“社区复合型机制”，实现了社会资源在社区的重新、合理和有效的配置。

在上城区社区信息化系统建设中，以这种社区复合主体为承载实体，体现出“事业项目带动、运作弹性灵活”的运作机制。根据社区信息化参与主体的多元性质，上城区以政府部门为核心，采取了自建式、外包式、合作式等多样复合方式。譬如，对于直接应用于政府政务和社区实务的基础性网络建设及维护，政府部门主要是采取自建方式。① 对于网络的运行、经营和管理，由政府部门出资购买服务，委托专业化的企业公司和非营利性组织来进行。② 对于应用于大范围的综合性网络和专业化软件，则由政府部门与相关企业或事业单位（如通讯公司、社区等）合作研发、共同运营。③

实际上，早在 2004 年，杭州市就制定了社区信息化建设的近期工作重点（见表 10—2)，以异常创新而前沿的理念，着力提升和扩大“社区复合型机制”的运作方式，推动公共性、市场性、社会性三大机制的“复合型模式”。

表 10—2　　杭州市社区信息化建设八项重点工作

项目名称	实施目标	主要建设内容	责任单位	资金筹措
市民呼叫服务系统	用 1 年左右时间，构建面向全市市民的便民服务系统，打响 96345 服务品牌	建立 96345 呼叫平台，组织部门、街道、社区商贸服务资源	市民政局、市信息办	社会资金为主，政府资金配套
网站系统	用 1～2 年时间，建立街道、社区网站系统，普及市民家庭和居委会电子信箱	依托市政府门户网站，每个街道建立网站，适时建立社区网站，每个社区居委会和每户居民家庭拥有独立电子邮箱	市民政局、各区政府	政府投入为主
电子政务外网公共服务网络	用 2 年左右时间，建立统一的公共服务网络	提升、改造、整合各网络系统，建设能统一提供强大功能的公共服务网络	市信息办、市民政局、各区政府	政府投入为主
应用系统软件	在 2 年内，提供满足应用的街道、社区管理软件和交换平台	研发满足街道、社区管理工作需要的软件，提供数据交换平台并推广使用	市信息办、市民政局	社会资金为主，政府资金配套

① 如小营街道办事处通过对 GIS 软件的自主开发及其功能掌握，建立了街道内部的地理数据系统，并由街道办事处自主维护。这是较为典型的政府自建的社区信息化系统。

② 如专为老人等特殊群体服务使用的智能软件开发，采取了合作方式，由政府出资，委托浙江援通科技发展有限公司进行管理和运营。

③ 如上城区的“四网”——“e 家人”社区事务管理网、社区电脑服务网、社区电视服务网、社区电话服务网——融合，采取了政府与企业和事业单位合作研发的方式。

续前表

项目名称	实施目标	主要建设内容	责任单位	资金筹措
市民卡服务系统（含视频会议系统）	用1～2年时间，建立市民卡服务系统	与社区信息化结合，在街道、社区建立市民卡服务网点	市信息办、市民政局	市场运作为主，政府投入为辅
电子阅览室	用2～3年时间，在50%的社区建立电子阅览室	加快社区电子阅览室建设	市文明办、市文化局	政府投入为主
小区家庭智能化建设	实现安全监控、智能楼宇、家庭智能化	对老城区小区的安全监控实施改造，开展物业管理信息化建设等	市公安局、市建委、市信息办	社会资金，政府投入
居民基础数据库	用1～2年时间，基本建成居民基础数据库	以市公安局现有居民信息数据为基础，以社区为单位，补充、采集、录入居民基础数据	各区政府	政府投入为主

资料来源：杭州市社区信息化建设实施纲要（2004—2006）。

小　结

我们就社区信息化对杭州市上城区民政局进行了较为深入的访谈。杭州市信息办信息化推进处处长童汉清表示：全国信息化，杭州市走在了前列，杭州市信息化，上城区则走在了前列，目前上城区正在申报相关的国家标准。童汉清处长的一条总结是："体制不行，机制找出路"，上城区的重要经验就在于以运行机制的创新来弥补政府或社区在体制方面的不足。①

总结上城区社区信息化服务体系，其特点在于：(1) 目标明确，"四网"融合，打造现代社区直线管理。把多媒体终端引入家庭，构成现代社区服务业，体现了"科技以人为本"的理念。(2) 讲实效，实现闭环服务，从信息服务转向了解决社区服务的落地问题。(3) 实现"三个贴近"：贴近百姓、贴近实际、贴近生活。(4) 区委区政府高度重视，使信息化成为了服务型政

① 参见杨敏整理：《杭州市上城区民政局信息化建设访谈和座谈纪要》，地点：杭州市上城区民政局会议室；时间：2009年6月15日下午。

府的载体。(5) 充分利用杭州市已有的信息化平台，降低了社区信息化成本。(6) 注重信息资源的共享，建立人口数据库，形成一个整合性的服务平台。(7) 将信息平台的顶层设计落实到社区的基础运作，通过街道和社区建成全区数据库。这就奠定了起草国家标准的基础。(8) 社区信息化推动了社区自治和基层民主进程，为社区直选创造了条件。①

正是在“双维社区建设模式”提供的软环境和技术轨道之上，以“社区复合主体”为承载实体，以“社区复合型模式”为运作机制，杭州市上城区实现了社会资源配置的社区化，将社区的经济、政治、文化、生活、生态环境建设推入了快车道。上城区的这一创新性探索与快速发展的城市化进程相适应，对于我国社区建设有着深远的意义。

① 参见杨敏整理：《杭州市上城区民政局信息化建设访谈和座谈纪要》，地点：杭州市上城区民政局会议室；时间：2009 年 6 月 15 日下午。

［生态环境］

第十一章　从低碳经济到低碳社会

洪大用*

2009年，面对金融危机的延续冲击，中国政府采取了一系列重大措施，推动经济资源的有效配置，保持了我国经济持续较快的增长势头。与此同时，为了应对日益严重的环境威胁，中国政府也更加重视环境保护。2009年1月施行的《循环经济促进法》和2009年8月颁布的《规划环境影响评价条例》，都是推动经济发展方式转变、提高资源利用效率、注重从源头预防环境污染和生态破坏的重要制度创新。特别是，为了因应全球气候变化，履行国际责任，中国政府更加强调自主节能减排。2009年12月，联合国气候变化大会在丹麦首都哥本哈根召开。温家宝总理在大会发表讲话指出①，中国始终把应对气候变化作为重要战略任务，并决定到2020年单位国内生产总值二氧化碳排放比2005年下降40%～45%，该减排目标将作为约束性指标纳入国民经济和社会发展的中长期规划，保证承诺的执行受到法律和舆论的监督。

* 洪大用，中国人民大学社会学理论与方法研究中心教授。

① 温家宝：《凝聚共识，加强合作，推进应对气候变化历史进程——在哥本哈根气候变化会议领导人会议上的讲话》，见新华网，2009-12-18。

在应对全球环境变化，减少温室气体排放的大背景下，人们越来越多地谈到低碳经济。本报告认为低碳经济必然与低碳社会相关连，没有低碳社会建设，不仅难以保障低碳经济发展，而且最终也无法成功应对全球环境变化。从资源配置角度看，我们应该运用必要的资源推动整个低碳社会建设。

一、何以要谈低碳社会?

自 20 世纪 60、70 年代环境问题进入社会和政治议程以来，科学界以及公众对于环境问题的研究与建构也在不断推进。最初人们更多关注的是工业废水、废气、废渣等“三废”问题，人们对于环境问题的发现和解决主要局限于地区性层次。20 世纪 80 年代以来，随着科学研究的深入，人们发现环境问题有从区域性向全球性发展的趋势，全球变暖、臭氧层耗竭、生物多样性丧失等被认为是全球环境恶化的表征，以至于到了 20 世纪 90 年代，“全球环境变化”（Global Environmental Change，GEC）成为一个相当流行的词汇。后来，各种极端气候现象的反复出现使得人们更多地关注全球变暖问题①，而全球变暖这个词也随着科学研究的深入逐步被全球气候变化所取代。很多科学家发现，自工业革命以来，由于人为因素向地球大气层中排放的温室气体不断增加，是导致全球气候变化的重要原因②。为此，限制温室气体排放，特别是二氧化碳排放，就进入了各国政策议程，并成为国际环境外交的重要议题。

1992 年 6 月，在巴西里约热内卢举行的联合国环境与发展大会上，150 多个国家制定了《联合国气候变化框架公约》（United Nations Framework Convention on Climate Change），确定了最终要将大气中温室气体浓度稳定在不对气候系统造成危害的水平的目标。1997 年 12 月，《联合国气候变化

---

① 实际上，从建构主义的角度看，全球变暖在全球环境问题中的凸显还有着更为复杂的社会、经济、政治背景，比如说其中就不排除发达国家企图借此议题维护其在全球格局中的主导地位，并限制发展中国家的发展。

② 关于全球气候是否变化以及发生变化的原因，在科学界仍然有着争论。例如，新加坡《联合早报》2010 年 2 月 21 日刊出的署名文章《气候暖化：另一个千年虫?》，就怀疑气候变化议题像几年前关于会使世界各地电脑大瘫痪的千年虫传言一样，是个骗局。但是，主流的观点已经认可全球气候变化是个客观事实。

框架公约》第三次缔约方大会在日本京都召开，149 个国家和地区的代表通过了旨在限制发达国家温室气体排放量以抑制全球变暖的《京都议定书》，这个文件在 2012 年即将到期。为了商讨《京都议定书》一期承诺到期后的后续方案，通过一份新的约束全球温室气体排放的共同文件，联合国于 2009 年 12 月 7 日—19 日在丹麦首都哥本哈根召开世界气候变化大会。尽管这次被喻为“拯救人类的最后一次机会”的会议没能通过具有法律约束力的文件，但是《哥本哈根协议》仍然维护了《联合国气候变化框架公约》及其《京都议定书》所确立的“共同但有区别的责任”原则，就发达国家实行强制减排和发展中国家采取自主减缓行动作出了安排，并就全球长期目标、资金和技术支持、透明度等焦点问题达成广泛共识。

国际社会对于全球气候变化和温室气体减排的关注，催生了时下颇为流行的低碳经济概念。自 2003 年英国能源白皮书《我们能源的未来：创建低碳经济》发表以来，发展低碳经济逐步成为一些国家应对全球气候变化的一项重要经济政策。2008 年的世界环境日主题确定为“转变传统观念，推行低碳经济”，更加唤起了世界各国的关注。

究竟何谓“低碳经济”？按照其字面的理解应该是碳排放较低的经济体系。有的学者将其简单地理解为“建立一个比较少地依赖化石能源、减少温室气体排放的经济体系”①；也有学者对其进行了更为详细的阐释，例如冯之浚等认为“低碳经济是低碳发展、低碳产业、低碳技术、低碳生活等一类经济形态的总称。低碳经济以低能耗、低排放、低污染为基本特征，以应对碳基能源对于气候变暖影响为基本要求，以实现经济社会的可持续发展为基本目的。低碳经济的实质在于提升能效技术、节能技术、可再生能源技术和温室气体减排技术，促进产品的低碳开发和维持全球的生态平衡。这是从高碳能源时代向低碳能源时代演化的一种经济发展模式”②。

大体上，“低碳经济”的概念容易给人这样一种印象，即将应对全球气候变化问题还原为一个技术问题，而且主要是能源资源使用技术问题。只要我们改变了现有能源结构，提高了能源使用效率，优化了产业结构，减少了温室气体排放，我们就可以成功应对全球气候变化，而且可以建立新的竞争

---

①　夏光：《动员国家力量发展低碳经济》，载《绿叶》，2009（5）。

②　冯之浚、金涌、牛文元、徐锭明：《关于推行低碳经济促进科学发展的若干思考》，载《光明日报》，2009-04-21。

优势，继续保持高速经济增长，享受建立在新工业技术文明基础上的“美好生活”。我们无须讨论和推动整个社会的变革，包括推动社会、文化、政治的变革，只要设计出新的鼓励技术创新的经济政策和制度就可以了。甚至，我们也无须对人类征服自然的观念进行什么反思，无须建立什么新的环境伦理，无须质疑工业化以来经济增长目标的合理性。总之，一切可以照旧，我们要做的很简单，就是继续推动技术创新。工业革命以来，我们的经济体系因应不同的需求已经推动了多次重大技术创新，当前所面临的全球气候变化，无非是推动技术创新的又一次机遇而已。

如果我所感受的以上印象基本上是正确的话，那么可以说“低碳经济”概念相对于20世纪80年代所提出的可持续发展概念，既是进步了，又是退步了。这两个概念可以说都是在日益严重的环境威胁下提出的。就操作性而言，可持续发展主张不如低碳经济主张，谈到可持续发展，人们往往觉得无从下手。我们说低碳经济主张的进步性正是体现在这个方面，它直接说出了具体问题，给人们行动指明了方向，更具有操作性，以至于有人认为低碳经济是目前最可行的可量化的可持续发展模式。但是，就理念的合理性而言，可持续发展明显是一种更为全面的、更为深刻的、更为整体性的发展主张，它认识到了整体性社会变革对于应对环境威胁的必要性和重要性。而低碳经济主张明显是强调局部的社会变革，主要是经济系统的变革。就此而言，低碳经济主张实际上比可持续发展主张退步了。

从社会学的角度看，经济系统只是大的社会系统的一个组成部分，经济系统与其他的政治系统、司法系统、宗教系统、教育系统等是密切相关的。在很大程度上，经济系统只是一个基础性系统，其功能在于满足其他系统的资源需求。由此看来，如果没有其他系统的变革，经济系统的导向机制就不会发生变化。在此情况下，经济系统内部的技术创新和制度变革可能提高单位经济产品的能效，即降低单位经济产品的能耗和排放，但是其总能耗、总排放的趋势仍将是持续增加的。比如说，如果不改变人们消费汽车的价值偏好，不改变人们贪求住大房子的价值偏好，即使每辆汽车的能耗再低、每条道路修得再好、每套房子再节能，其总消费以及由此带来的总能耗还是要增加的。

因此，我们在看到时下流行的低碳经济概念的合理性的同时，也要看到其局限性。如果低碳经济建设不与整个社会变革联系起来，只是局限在技术层面，那么，一方面我们很难看清楚低碳经济建设的复杂性，以及由此发现推动低碳经济建设的社会、政治和文化路径；另一方面，我们最终也是无法实现整个人类社会的低碳排放的，未来的结局很可能是在单位效率更高的经济基础上的高碳排放。

正是基于此种认识，笔者认为要真正有效地应对全球气候变化，我们在接受低碳排放理念的同时，需要进一步扩展实现低碳排放的视界，不能仅仅局限于低碳经济，而应着眼于推动整个社会变革，建设低碳社会。在此，低碳社会是指适应全球气候变化、能够有效降低碳排放的一种新的社会整体型态，它在全面反思传统工业社会之技术模式、组织制度、社会结构与文化价值的基础上，以可持续性为首要追求，包括了低碳经济、低碳政治、低碳文化、低碳生活的系统变革。相对于低碳经济概念，笔者更加偏好使用低碳社会概念①，认为推动这样一种社会建设，不仅是推动低碳经济建设的重要前提，实际上也是成功应对全球气候变化的必由之路。

二、低碳社会建设的复杂性

回到中国的现实场景中，要发展低碳经济、建设低碳社会则面临着一系列难题。我国以煤炭为主的能源结构就是一个显而易见的基础性的限制条件。根据《中国统计年鉴》（2008）的数据，从1978年到2007年，我国能源消费总量从57 144万吨标准煤增加到265 583万吨标准煤，增长3.5倍。但是，其中煤炭消费所占比重最高，1978年为70.7%，2007年仍占69.5%，其间，煤炭消费比例一度甚至更高。相对而言，我国石油消费所占比例还有下降趋势，1978年占22.7%，2007年这一比例是19.7%。水电、核电、风电等所谓低碳能源占能源消费的比重很低，1978年是3.4%，到2007年也只有7.3%。

另外，很多研究者也都注意到我国经济发展阶段的制约。我国目前正处于工业化快速发展阶段，这个阶段的制造业，特别是重化工业占有很大比重，不利于降低碳排放。根据《中国统计年鉴》（2008）的数据，改革开放以来我国第一产业在国内生产总值中所占的比重不断下降，第三产业所占比

① 当然，如果有人将低碳经济概念给予更加泛化的阐释，使之包含了经济领域之外的其他方面，那么这种低碳经济的概念实际上已经混同于低碳社会了，不如直接使用低碳社会概念。

重不断上升，但是第二产业所占比重基本稳定，甚至还略有上升，在 2007 年仍占 48.6%。与此同时，从 1978 年到 2007 年，我国城镇人口占总人口的比例由 17.92%增加到 44.94%。快速推进的城镇化，导致城镇住房、交通以及其他各种基础设施建设的大量增加，能源资源消费也迅速增长，由此使得城镇成为巨大的温室气体排放源。

理论上讲，我们也可以通过技术创新来减少生产生活领域的能源消费和碳排放，这也是很多学者所支持的观点。从实践上看，中国改革开放以来由于节能技术的开发使用等原因，也确实使得单位产值能耗具有下降的趋势。但是，在低碳排放系列技术方面，我们还有很大的不足，不仅创新能力不够，而且引进国外先进技术也面临重重障碍。有的学者指出在电力等六大部门降低碳排放的关键技术中，大部分我国目前都不掌握。①

以上从资源、经济、技术层面的分析，确实可以让人了解到发展低碳经济、建设低碳社会所面临的一些制约。但是，这类分析还是欠缺社会学的视角，或者说忽视了对于其他社会、文化方面的分析。在笔者看来，我们建设低碳社会实际上还面临着其他更深层次的、更为系统性的制约，这些制约是与中国社会转型的特殊性密切联系的。

关于中国社会转型，人们可以从多种角度进行分析。在笔者看来，中国社会的现代化转型至少具有以下几个重要特征：（1）后发性。相对于西欧、北美以及俄罗斯、日本等国家而言，我国是比较晚进入现代化的。这种后发性使得我国现代化在很大程度上是以现代化的先行者为榜样的，是一种移植和赶超的现代化。（2）多目标性。由于现代化转型的时序差别，西方社会在不同发展阶段所提出的发展目标，在我国都成为共时性的目标，诸如经济增长、社会进步、环境保护等等，我们都不可能像西方那样按部就班地解决，而需要同时面对。此外，面对国际上强国的威胁以及国内秩序的威胁，我们保障国家主权独立以及维护国内政权稳定的任务也非常繁重。（3）复合性。首先因为我国幅员辽阔，国内各地经济社会文化差异本来就比较大；其次因为我国现代化转型的外生性，我国不同地区、不同行业进入现代化的时序也不同，内部发展存在着巨大差异；再次是因为我们需要在发展的同一阶段应对多种任务；最后是因为外来文化价值与模式的强力渗透，所以，我国现代化转型过程突显出复合性，既同时并存着传统因素与现代因素，又同时并存

---

① 参见邹骥、傅莎、王克：《中国实现碳强度削减目标的成本》，载《环境保护》，2009（24）。

着发达状态与不发达状态，既要完成西方早期的现代化目标，又要适应现代化晚期所提出的各种挑战，如此等等。重要的是，这些复合的因素不是简单地体现为异质性，而是常常体现为势均力敌、相互冲突。(4) 依附性。尽管使用依附这个词可能令人感觉不舒服，有些人甚至会说我们的现代化转型是独立自主的；同时，尽管依附理论受到众多的批评，在此我还是使用这个词。我所说的依附性主要是指我国的现代化转型依然受着严重的外部国际环境的制约，特别是西方发达国家主导的国际经济与政治秩序，依然限制着我国的发展。我国经济对外部市场的严重依赖就是一个明证。从世界体系理论的角度看，尽管我国现代化转型速度很快，但是我们依然是发展中国家，依然是世界体系中的半边陲国家。

由此，对于推动低碳经济发展、建设低碳社会而言，我们面临的深层制约体现在以下几个困境上：

(1) 选择困境。一般而言，人们总是面临着各种选择，并且因为各种因素导致选择困境。但是，在国家和社会层面，我们目前所面临的，甚至今后相当长一段时期都要面临的选择困境是深层的、结构性的。由于我国现代化转型的多目标性，特别是由于这些目标在很大程度上都需要同时兼顾，分别地、分阶段地实现没有太大回旋余地。所以，我们所面临的不仅是所谓鱼与熊掌不可兼得的困境，更是鱼与熊掌以及其他价值物都必须兼得的困境。这样的选择实际上往往是没有选择、无法选择。比如说，我们如果简单地选择迅速降低碳排放总量，发展所谓低碳经济，而不顾及其他社会目标，这种选择就是自杀性的，将对我国经济快速增长产生严重负面影响，由此也将影响到民生改善、社会稳定。但是，完全忽视低碳社会的建设目标，对于我国的未来也明显是不利的。因此，建设低碳社会对我们的决策机制以及决策内容提出了更高的要求，更加要求我们在发展进程中时时处处坚持统筹兼顾。

(2) 整合困境。任何社会都有整合的问题，没有适度整合的社会是难以正常运行的。我国建设低碳社会也需要实现有效的整合，形成社会合力。但是，如前所述，由于我国社会转型的多目标性和复合性，我们要实现有效的社会整合是极其困难的。首先是价值层面的整合。我国与当代西方发达国家不同，它们在经济发展的基础上整体上已经进入了后物质主义社会，社会的主体价值观已经发生转变，并且呈现出很大的同向性。对于建设低碳社会，它们已经有比较强的民意基础。例如，一项调查表明，英国、德国、法国、日本等国家，有半数以上的民众认为全球变暖是一个严重问题，在日本的这一比例达到 73%，即使是对建设低碳社会不积极的美国，这一比例也有 42%。在所有受访国家中，中国的这一比例最低，只有 24%①。事实上，我们很多人对于低碳经济、低碳社会还非常陌生，他们最关心的是现实的物质利益，拜金主义、消费主义正在中国盛行。有的调查指出，中国目前是世界第一的"拜金主义"国家②。在此背景下，要以建设低碳社会为中心形成社会主流价值非常困难。其次是利益层面的整合。由于我国社会经济发展非常不均衡，不同地区、不同行业、不同阶层之间都存在着巨大差别。如果不能系统地贯彻低碳社会建设的各项政策，实现以低碳为中心的政策整合，就不可能有效地建设低碳社会。而要实现这种整合，就必然会损失一些地区、一些行业、一些阶层的利益，扩大原有的利益差别，甚至造成新的利益冲突。比如说，经济已经发展很快的东部地区转变经济增长方式或许要容易一点，让广大正处在经济快速增长阶段的中西部地区实现低碳排放就很困难。在某种程度上，目前国际上发达国家与发展中国家的矛盾会在国内东部地区与中西部地区之间重演。再次是制度层面的整合。尽管中国是最早制定实施《应对气候变化国家方案》的发展中国家，并且先后制定和修订了《节约能源法》、《可再生能源法》、《循环经济促进法》、《清洁生产促进法》、《森林法》、《草原法》和《民用建筑节能条例》等一系列法律法规，把法律法规作为应对气候变化的重要手段，但是我们目前还不能说已经实现了以低碳社会建设为中心的制度整合。不仅现有的制度安排还不够全面细致，而且其执行力与执行效果也还需要评估，我们社会转型中的制度形式化是一种比较普遍的现象。

（3）持续困境。建设低碳社会不是喊口号、搞运动，需要有持续的社会经济效果。在此方面，我们面临的困境主要在于：一是前文所说的制度整合困难。面对全球气候变化，我们实际上已经很难在原有的经济政治制度框架内解决问题，我们的整体制度需要在考虑气候变化的因素下重新调整、组合。换句话说，我们需要制度重建。没有整合的、有效的制度支撑，低碳社会建设也许可以取得一时一地的效果，但注定是不可推广、不可持续的。二是我们目前的社会结构是一种不可持续的社会结构，这种社会结构也制约了持续有效的低碳社会建设进程。经过数十年的经济快速增长，我们积累了大

① 参见 http://www.greenlaw.org.cn/blog/? p=159。

② 参见 http://finance.21cn.com/tbbd/2010-02-25/7364342.shtml。

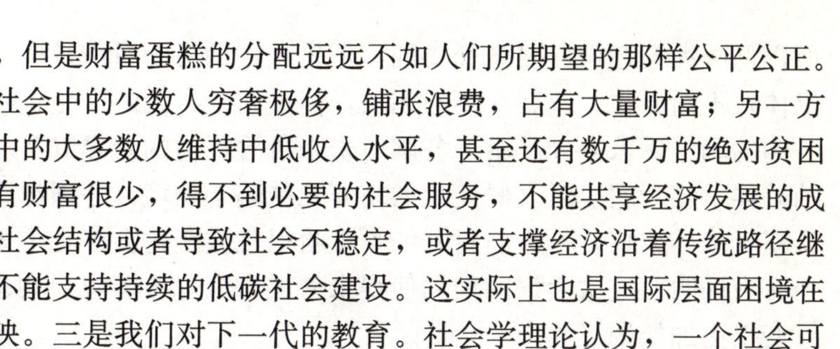

量的物质财富，但是财富蛋糕的分配远远不如人们所期望的那样公平公正。一方面，我们社会中的少数人穷奢极侈，铺张浪费，占有大量财富；另一方面，我们社会中的大多数人维持中低收入水平，甚至还有数千万的绝对贫困人口，他们占有财富很少，得不到必要的社会服务，不能共享经济发展的成果。这样一种社会结构或者导致社会不稳定，或者支撑经济沿着传统路径继续发展，但却不能支持持续的低碳社会建设。这实际上也是国际层面困境在国内的一种反映。三是我们对下一代的教育。社会学理论认为，一个社会可持续的重要机制是社会化，通过这个过程使新生社会成员接受并内化现有社会的价值观和行为规范。教育是社会化的重要形式。现在的问题是我们如何教育孩子？我们目前并没有形成一致的、有效的符合低碳社会要求的价值观和行为规范，我们对于孩子的教育内容还有很大偏颇，其中的环境教育分量还很轻，效果也还有限。

（4）突围困境。时下讨论低碳经济很火热，很多观点集中在创新技术、开发新能源、调整产业结构上，大概这是想探索发展低碳经济、建设低碳社会的捷径。但是从国际环境看，我们要依靠这种捷径实现低碳社会建设的“突围”，事实上也面临着很多制约。首先是我们掌握的低碳技术并不是很充分、很先进，我们的很多技术依赖于发达国家。即使他们无偿转让，我们也还要为适应新技术做大量工作，并检验技术的稳定性。何况目前发达国家并没有无偿转让的意愿，一些国家还想靠这种先进技术获得新的竞争优势以实现咸鱼翻身呢！其次是我们替代能源的获得非常困难。当今世界对于石油等能源的争夺是非常激烈的，我国进入国际石油市场总是面临着一些发达国家设置的重重阻碍，每进一步都很艰难。再次是在全球产业分工的格局下，我们要迅速调整产业结构也是非常困难的。前不久的经济危机也表明，必要的实体经济是抗拒金融风险所必需的。我们如果自动放弃全球制造中心的位置，有可能导致经济增长的巨大风险。最后，我们指望发达国家施以援手，给予经济支持，支付我们低碳转型的成本，也是不现实的。全球经济政治的基本格局还是没有大变，还是不利于中国低碳转型的迅速突围。

（5）协同困境。从最终的意义上讲，低碳社会必然是一个全球性社会。这不仅意味着低碳社会可以增进全球人的福利，更意味着全球都必须为建设低碳社会而努力。在此意义上，低碳社会实际上是不可能仅仅在一个国家和地区持续实现的。因为全球大气层是相通的。一个地方低碳了，其他地方照样排放，那么低碳的地方还是要遭受危害，还是不能享受低碳社会的福利。

所以低碳社会建设需要全球协同。但是，这种协同目前是极其困难的。尽管媒体在不断鼓吹，政客在不断倡议，但是由于各国的文化、经济差异，由于各国的利益诉求差异，由于各国对未来风险评估的差异以及对责任主体认知的差异，国际间应对气候变化的博弈几乎陷于困境，各国都企图保障自己的温室气体排放权。不久前召开的哥本哈根气候变化会议几乎无果而终就是一个有力证明。这次会议的结局使得未来谋求全球各国协同共建低碳社会的前景变得更加扑朔迷离。

三、低碳社会建设的中国优势

以上分析了中国低碳社会建设的复杂性，但是这种分析并不意味着我们无法启动低碳社会建设进程。事实上，我们一直在做，也取得了一些效果。面对全球气候变化的客观事实，我们不低碳也不行。世界各国在建设低碳社会方面也都面临着各自的挑战与困境，其中一些甚至是全球各国共同面对的。但是，当今世界的主流是需要各国联手，共同应对气候变化。在分析挑战与困境的同时，各国也都在寻找自身低碳转型的优势，推动各自的低碳转型。那么，中国的优势，特别是能够破解以上困境的优势在哪里呢?

笔者注意到，有的学者认为中国目前的经济发展阶段是一个优势，我们还处在经济发展过程中，人均碳排放水平还比较低，我们存在后发优势，可以避免走发达国家的老路，通过加大技术创新和引进力度，可以用较低的成本实现低碳转型。甚至，有的学者更进一步指出，就中国城市与农村比较而言，低碳中国的希望在农村，因为中国城里人和发达地区的碳排放已经和发达国家差别不大了，人均碳排放已经超过了世界平均水平。“如果在中国农村尽量通过技术创新和观念革新，以农业和相关的低碳产业为基础，创造一个安居乐业的低碳乡村发展模式，那么中国的碳减排就会更有实效”①。在此，中国巨大的城乡差距似乎成了中国低碳转型的一种机遇。

也有学者认为中国的优势在于中国的传统文化，这种文化崇尚节俭，反对奢侈，亲近自然，有着对于美好生活的独特理解。“中国传统文化中

① 吕植：《低碳中国的希望在农村》，载《绿叶》，2010 年第 1、2 期合订本。

最隐秘、最深刻的内核都是俯仰天地、取譬万物、与自然无障碍交流的产物”①。而现代市场经济文化将财富和资源占有的多少作为衡量一个人价值大小的最重要（甚至是唯一）的尺度，刺激超级消费，型塑了消费主义的文化价值观，造就了高碳生活方式，加剧了人与自然的隔离，破坏了环境。言下之意似乎是我们要对当下的流行文化进行反思批判，发扬光大中国传统文化精神，推动低碳社会建设。

有的学者认为中国的优势在于坚持市场经济体制。在传统计划经济体制下，中国经济增长方式过于粗放，对能源和资源依赖程度较高，单位 GDP 能耗和主要产品能耗均高于主要能源消费国家的平均水平。② 自 1978 年以来的市场化改革，使得我国经济市场化程度不断提高，能源资源的配置效率提升，由此导致我国在实现经济高速增长的同时，单位产值的能源消耗和碳排放有降低的趋势。一些人由此认为坚持市场经济方向，改革能源资源产品价格，充分发挥市场机制在有效配置资源和鼓励技术创新中的作用，是中国低碳转型的一个重要路径。

还有学者认为中国不断成长的公民社会是推动中国低碳转型的一支重要力量。笔者在以前的研究中也曾提出培育中国民间环保力量，促进民间力量与政府的合作，是推动中国环境保护的重要路径。③ 的确，自 20 世纪晚期以来，以“团体革命”（associational revolution）为标志的全球公民社会的勃兴引起了广泛关注，有人认为它对 20 世纪晚期的意义，如同民族国家的兴起对 19 世纪晚期的意义一样重大。④ 自改革开放以来，我国民间环保社团也蓬勃发展，它们在传播环境知识信息、开展环境宣传教育、进行社会动员、推动政府开展环境保护工作等等方面确实发挥着重要作用。但是，如果把以其为主体的公民社会看作是中国实现低碳转型的一种优势和路径，显然是有很大缺陷的，在此不及细述。

在笔者看来，以上一些观点确实看到了中国低碳社会建设的一些积极因素，但是，对于破解以上困境，推动低碳社会建设这样一种整体性变革而言，它们实际上都不能构成真正的中国优势。事实上，由于“碳锁

① 格非：《当代文化与环境的对立》，载《绿叶》，2010 年第 1、2 期合订本。

② 参见金乐琴、刘瑞：《低碳经济与中国经济发展模式转型》，载《经济问题探索》，2009（1）。

③ 参见洪大用等：《中国民间环保力量的成长》，北京，中国人民大学出版社，2007。

④ 参见［美］莱斯特·赛拉蒙：《第三域的兴起》，见李亚平、于海编选：《第三域的兴起》，上海，复旦大学出版社，1998。

定”① 现象的存在，发展低碳经济、推动低碳社会建设所面临的一个重大问题是社会中缺乏强有力的利益集团来推动。“在‘技术—制度综合体’的惯性作用下，人们趋向于不采取行动。因为解锁对于每一个人都意味着痛苦和损失，无论是物价的上升，还是生活方式的改变”②。就此而言，低碳社会建设是一项长期的系统工程，要解除“碳锁定”就意味着要推动技术、经济、社会、政治、文化的系统变革。由此观之，中国低碳转型的真正优势在于国家动员体制及其强大的能力，只有这种体制及其能力的适当发挥，才有可能实现碳解锁。

中国的国家动员体制强调国家，包括各级政府，在社会经济生活中的中心地位和作用，这种地位和作用为一系列的经济、政治、文化和社会制度安排所保障，并且有着传统的文化心理基础。这种国家动员体制对内具有强大的规划、决策、动员、执行、监督和协调能力，可以快速决策，可以推动社会形成合力，可以保证政策的连续性，可以集中力量办大事。对外而言，这种体制可以有效维护国家主权，推动国家参与国际竞争与合作。在很大程度上，改革开放以来中国经济的长期高速增长奇迹应当归功于这种体制和能力，同时也证明了这种体制对于作为发展中大国的中国的优势。而低碳社会建设恰恰也是需要这种体制和能力的，否则我们所面临前述各种困境就很难破解。现在的问题主要是两个方面：一是如何使这种体制和能力实现必要的功能转换，在面临气候变化的威胁下，更加注重低碳社会建设，以实现低碳转型为目标全面规划和推动中国发展；二是如何适应经济社会发展的新形势，改进这种体制的作用方式，谋求更多的社会合作。

事实上，面对气候变化的威胁，学术界已经有越来越多的人对自由市场体制和西方民主进行反思和批判，强调要更好地发挥国家作用。例如，英国社会学家吉登斯就区分了“赋权型国家”（enabling state）和“保障型国家”（ensuring state）的概念，指出要强化国家在应对气候方面的保障作用，重

---

① 西班牙学者格利高里·乌恩鲁（Gregory C. Unruh）提出的概念。他在研究气候友好型技术扩散为何艰难的问题时指出：对化石能源系统高度依赖的技术，自工业革命以来成为主导技术盛行于世，政治、经济、社会与其结合成一个“技术—制度综合体”（Techno-Institutional Complex，TIC），并不断为这种技术寻找正当性，为其广泛的商业化应用铺设道路。由此形成了一种共生的系统内在惯性，导致技术锁定和路径依赖，阻碍替代技术（零碳或低碳技术）的发展，这种现象被称为“碳锁定”。参见谢来辉：《碳锁定、“解锁”与低碳经济之路》，载《开放导报》，2009（5）。

② 谢来辉：《碳锁定、“解锁”与低碳经济之路》，载《开放导报》，2009（5）。

视政府的决策和执行过程。[①] 一些西方国家的低碳社会建设实践也表明，充分发挥政府的主导作用是非常重要的。例如，日本政府就是有计划、有步骤地推动低碳社会建设的核心力量。[②] 早在2004年4月，日本政府就启动了“面向2050年的日本低碳社会情景”研究计划。2007年2月，项目组发表了题为“日本低碳社会情景：2050年的二氧化碳排放在1990年水平上减少70%的可行性研究”的研究报告，对低碳社会构想的可行性加以肯定。2008年5月，项目组又完成了“面向低碳社会的12项行动”的研究报告。2008年6月9日，日本前首相福田康夫发表了题为“为实现低碳社会的日本而努力”的讲话，明确勾勒出日本建设低碳社会的远景和蓝图。2008年7月26日，日本内阁会议通过了“实现低碳社会行动计划”，开始实施全面的低碳转型。日本政府在低碳社会建设方面的突出作用表现为制定全面规划与目标、负责监督管理、利用财税政策加以引导、推动低碳社会制度建设、鼓励科技创新、重视示范试点、推动国际合作等等方面。

当然，我们在此强调中国国家动员体制和能力的优势，并不是说仅仅依靠政府来建设低碳社会，而是强调应通过充分发挥政府主导作用，形成政府、市场与公民社会的适当关系，共同推动低碳社会建设。事实上，改革开放以来我国的经济社会形势已经发生了深刻变化。我们选择了市场作为资源配置的重要机制，而市场化改革也带来了社会结构、行为方式、价值观念的巨大变化。在经济发展的基础上，公众社会参与的意愿与能力也在提升，公民社会的力量正在成长壮大。在此情况下，如果依然按照传统的方式简单地运用国家动员体制，必将遭遇越来越多的挑战。因此，沿用国家动员体制的优势，充分发挥政府在低碳社会建设中的作用，无疑是重要的。但是，几乎同等重要的是，我们也要因应形势的变化，对这种体制作必要的改进，吸纳新的机制和力量，建立政府主导的，与市场和公民社会开展有效合作的新体制。如果我们能够确立这种改进的体制，并且切实贯彻落实科学发展观，明确低碳社会的建设方向，在发展目标和规划层面就做到经济、社会与生态的统筹兼顾，并像推动经济发展那样去认真落实，那么，我们就有可能破解前文所述的一些困境，集中并有效运用更多的资源，推动低碳社会建设取得实质性进展，中国社会低碳转型的前景由此也是可以预期的。

---

① 参见陈洁：《气候将如何改变世界?》，载《中华读书报》，2010-01-20。

② 参见陈志恒：《日本构建低碳社会行动及其主要进展》，载《现代日本经济》，2009(5)。

后　记

2010年度中国人民大学社会发展报告，以当代中国社会快速转型中的“社会资源及其合理配置”为主题。同时，它也和以前出版的七本一样，属于“走向”系列，即“走向更加合理的社会”。为了便于检索，我把这八本发展报告的书名列在后记中。它们是：

1.《中国人民大学中国社会发展研究报告2002·走向更加公正的社会：弱势群体与社会支持》；

2.《中国人民大学中国社会发展研究报告2004·走向更加安全的社会：风险社会来临及其应对》；

3.《中国人民大学中国社会发展研究报告2005·走向更加和谐的社会：社会结构与社会和谐》；

4.《中国人民大学中国社会发展研究报告2006·走向更讲治理的社会：社会建设与社会管理》；

5.《中国人民大学中国社会发展研究报告2007·走向更加有序的社会：快速转型期社会矛盾及其治理》；

6.《中国人民大学中国社会发展研究报告2009·走向更讲创新的社会：社区建设与制度创新》；

7.《中国人民大学中国社会发展研究报告 2009·走向更有共识的社会：社会认同的挑战及其应对》；

8.《中国人民大学中国社会发展研究报告 2010·走向更加合理的社会：社会资源及其合理配置》。

本书由一篇总论和涉及广泛领域的十个专栏的十篇研究报告构成。这十一篇报告的内容已在摘要中作了介绍，不再重复。这里只是把每篇报告和相应的作者列在后面，以便一目了然，也表示对各位作者付出的劳动的尊重和感谢。

总　　论：第一章　优化社会资源配置　建设新型社会主义（郑杭生）

兴教育人：第二章　教育改革和发展——走向更加公平的中国教育（奂平清）

劳动就业：第三章　金融危机中的就业稳定与就业促进（陈云）

社会保障：第四章　社会保障制度的改革与发展（李迎生　李玲）

医疗卫生：第五章　医药卫生体制改革的新进展（刘仲翔）

组织制度：第六章　改革以来的组织与制度变迁（冯仕政）

经济社会：第七章　市场经济道德基础的缺失与重建（刘少杰）

法治社会：第八章　社会转型期的群体性突发事件及其解决机制（郭星华　秦强）

思想文化：第九章　社会观念和文化事业的发展现状及动向（陆益龙）

社区建设：第十章　我国城市发展与社区建设的新态势（杨敏）

生态环境：第十一章　从低碳经济到低碳社会（洪大用）

当代中国社会快速转型中的“社会资源及其合理配置”是一个极其复杂的问题，系统研究的成果还不多。我们希望本年度的社会发展报告能够对从社会学视角系统地研究“社会资源及其合理配置”这一重要问题有所促进。我们也深深意识到，本年度社会发展报告一定存在一些疏漏不足，恳请读者批评指正。

郑杭生

2010 年 1 月

于中国人民大学社会学理论和方法研究中心

图书在版编目（CIP）数据

中国人民大学中国社会发展研究报告．2010，走向更加合理的社会：社会资源及其合理配置
郑杭生主编．
北京：中国人民大学出版社，2010
ISBN 978-7-300-10438-6

Ⅰ．①中…
Ⅱ．①郑…
Ⅲ．①社会发展-研究报告-中国-2010②社会管理-研究-中国
Ⅳ．①D668

中国版本图书馆 CIP 数据核字（2010）第 058573 号

中国人民大学
中国社会发展研究报告 2010
走向更加合理的社会：社会资源及其合理配置
顾　问　袁宝华　程天权
主　编　郑杭生
副主编　刘少杰　洪大用

出版发行　中国人民大学出版社
社　　址　北京中关村大街 31 号　　**邮政编码**　100080
电　　话　010－62511242（总编室）　010－62511398（质管部）
010－82501766（邮购部）　010－62514148（门市部）
010－62515195（发行公司）　010－62515275（盗版举报）
网　　址　http://www.crup.com.cn
http://www.ttrnet.com(人大教研网)
经　　销　新华书店
印　　刷　涿州星河印刷有限公司
规　　格　155 mm×235 mm　16 开本　　**版　　次**　2010 年 7 月第 1 版
印　　张　18.75 插页 3　　**印　　次**　2010 年 7 月第 1 次印刷
字　　数　315 000　　**定　　价**　39.00 元